中國學術思想 研究輯刊

三九編

林慶彰 主編

第 22 冊

雲棲袾宏的融合思想研究

周天策 著

花木蘭文化事業有限公司

國家圖書館出版品預行編目資料

雲棲袾宏的融合思想研究／周天策 著 -- 初版 -- 新北市：花
木蘭文化事業有限公司，2024〔民113〕
序 2+ 目 4+262 面；19×26 公分
（中國學術思想研究輯刊 三九編；第 22 冊）
ISBN 978-626-344-594-9（精裝）
1.CST：（明）釋袾宏 2.CST：學術思想 3.CST：佛教傳記
030.8   112022482

ISBN-978-626-344-594-9

中國學術思想研究輯刊
三九編　第二二冊　　　　　　　ISBN：978-626-344-594-9

雲棲袾宏的融合思想研究

作　　　者　周天策
主　　　編　林慶彰
總 編 輯　杜潔祥
副總編輯　楊嘉樂
編輯主任　許郁翎
編　　　輯　潘玟靜、蔡正宣　美術編輯　陳逸婷
出　　　版　花木蘭文化事業有限公司
發 行 人　高小娟
聯絡地址　235 新北市中和區中安街七二號十三樓
　　　　　　電話：02-2923-1455／傳真：02-2923-1452
網　　　址　http://www.huamulan.tw 信箱 service@huamulans.com
印　　　刷　普羅文化出版廣告事業
封面設計　劉開工作室
初　　　版　2024 年 3 月
定　　　價　三九編 23 冊（精裝）新台幣 62,000 元　　版權所有・請勿翻印

雲棲袾宏的融合思想研究

周天策　著

作者簡介

周天策，1977 年生，江蘇沛縣人。西北農林科技大學經濟貿易學院畢業，河北大學政法學院碩士，東南大學人文學院博士，目前任教於山東藝術學院。

提　要

　　雲棲袾宏為晚明「四大高僧」之首，弘化淨土，慈悲濟世，卓然獨行，被尊為「蓮宗第八祖」。袾宏的佛學思想浩瀚廣博，於教內淨、禪、教、律諸宗無不精通，教外的儒、道等學亦有深入的研究，對近世中土佛教的發展有著不可替代的歷史作用，而貫穿思想中的一個主要的特徵就是融合。

　　從人類文化的發展歷程來看，「融合」不僅是一個非常重要的哲學概念與方法論範疇，而且是客觀事物、現象世界以及人類社會的一種運動、發展方式，蘊含著深遠的哲學內涵。中國佛學中有著豐富的融合思維與表達內容，而在袾宏的佛學代表作品《佛說阿彌陀經疏鈔》中亦表現出濃厚的融合意味。在融合方法上，袾宏極大發揮了華嚴圓融方法論，特別是理事無礙論。

　　佛教講求「契理」與「契機」的推行原則，而袾宏亦能於融合思想中成熟地運用此兩大原則。晚明政教環境的變遷，新經濟生產方式的萌芽、民風士習的世俗化發展、政局的動盪以及社會的動亂等因素為佛教復興提供了一個難得的「契機」。在教理上，袾宏以淨土學為融攝諸宗的教體，圍繞心、性、理、事的佛學發揮，而使淨土學具備了融合的特質，即為「契理」。

　　至袾宏以前，淨土宗尚未有一個系統的心性理論。袾宏以「一心」具有圓明遍照、離染清淨、常恒無變、靈心絕待、真實不虛、不可思議等特徵內涵建立融合理論的心性論基礎，並與《阿彌陀經》、《大乘起信論》、《大般涅槃經》及華嚴法界說等相標配，而將「一心」理論的立宗要旨與融合特質凸顯出來。

　　袾宏的諸宗融合論，可謂是以華嚴學對淨土進行改造，而在「一心」基礎上實現對教內諸宗的融攝。袾宏作《疏鈔》闡發淨土學深意，而為袾宏融合諸宗的教體。在賢淨關係上，袾宏以「分圓無礙」完成賢淨在義理上等齊的論證，而對澄觀、李通玄、宗密等華嚴三師，亦持一種融通的態度。在禪淨關係上，袾宏對「自性彌陀，唯心淨土」重新詮釋而在心性論的高度上倡導禪淨合一，同時又認為念佛比參禪更具有解脫的方便，並在修行方法上融參禪於念佛，在心性論上對「即心即佛」以淨土改造等而攝禪歸淨。袾宏的戒律學具有心戒一如的特色，又在戒淨關係上以「孝」貫攝佛教修學的一切法門，將念佛往生作為「大孝之大孝」，而引戒歸淨。在相淨關係上，袾宏將唯識法相宗與淨土宗關於彌陀淨土分歧歸結於法性與法相之辯的探討中來，而在會相歸性、性相圓融的大思辨原則之下，以「一心」統攝法相宗與淨土宗。在顯密關係上，袾宏在《疏鈔》中從持念方法、經咒相聯兩個方面同密教相聯繫，又在《瑜伽集要施食儀軌》中融入了《起信論》與華嚴學等顯教義理，而表現出顯密圓融的深意。

　　在三教關係上，袾宏持「三教一家」論，實是在「一心」基礎上以佛統攝儒、道。袾宏對儒、道也各有不同的態度。對於儒家，袾宏堅持儒佛配合，同時又強調佛教自身的性格，突出佛教的優越性，而導儒入佛。對於與道教關聯的老莊思想，袾宏在融通的基礎上析同辨異；對於宗教形態的道教，袾宏則嚴辨兩者在義理、修行方法與境界上的區別。

袾宏的融合思想在中國佛學史乃至中國思想史上皆有著重要的地位與意義。在學理上，袾宏以「一心」說還源禪宗發揮極致的心性理論，為晚明佛教樹立了一個「佛教還源」的典範，同時又表現出諸說圓融的特徵，而為中國淨土教理史上最高水平的圓融理論。在現實上，袾宏在促進淨土宗的弘興、推進中土佛教的近代轉向、推動居士佛教的興盛等方面，具有著重要的歷史貢獻，但其並沒有改變中土佛教下行發展的總進程，其思想中還有著內在的不圓融以及其濃厚的「出世間」傾向等問題，故還需全面的看待。

謹以本書獻給董群恩師

序

董　群

　　漢傳佛教發展到明代末年有四大高僧之說，其中之一是雲棲袾宏。他們的思想特色之一是融合，雖然諸人有偏重於某一類宗的情形，但都離不開思想融合，袾宏的思想也是如此。就三教而論，他倡導三教一家，強調儒佛配合，就佛教諸宗而論，他兼弘禪、教、律，行歸淨土，被尊為淨土宗第八祖，可以說其宗派的基本歸屬偏於淨土。他於華嚴和禪學亦很專精，特別於華嚴，清代守一的《宗教律諸家演派》將其列為自圭峰下的第二十二世，並列雲棲派二十字，「果與因交徹，心隨境廓通，玄微機悉剖，理性妙咸窮。」可見其在此宗的影響。於禪宗而論，其《禪關策進》是這一時期一種重要的禪學著述。他於律學方面也有一些重要的著述。

　　對於袾宏的研究，中外學術界已有一些成果，但仍然有進一步研究的空間，周天策此文即以袾宏為對象，以其思想的融合論為特徵，比較全面深入地探討了相關的內容，這對於袾宏乃至明末佛教的研究是有所推進的。作者從時代背景來考察這一主題，這一方法角度的研究是非常重要的，在此基礎上，作者分析其融合論的哲學基礎之一心，指出他對於心的理解與圭峰宗密觀點的聯繫。由此進一步從兩個層面討論融合論的具體內容，一是佛教內的融合，二是三教融合。佛教內的融合，雖然佛教史上不乏融合論思想的倡導者，但各人的觀點又有所不同，袾宏的融合論，周天策強調淨土的基礎性地位，因而有以淨融賢、攝禪歸淨、融戒緊淨、融會相淨等特點。對其三教融合思想，作者也有詳細的討論。

　　周天策此文，從博士論文的撰寫角度講是較為成功的，他能夠依照比較嚴

苟的博士生發表論文的相關要求，發表出符合學校規定的刊物等級的相應數量的「小論文」，完成這篇「大論文」，通過校外盲審，得到較高評價，再在校內答辯通過，實是不容易，作為導師，也很滿意。在出版之際，樂意寫幾句話，作為序。

.

前　言

一、選題依據

　　雲棲袾宏（1535～1615），別號蓮池，又稱雲棲大師，被尊為蓮宗第八祖，與紫柏真可、憨山德清、蕅益智旭並稱為「明末四高僧」。本書擬在晚明社會流變和晚明佛教改革與復興的時代背景下，對明末四大高僧之首——雲棲袾宏的融合思想進行系統、深入的分析與研究。

（一）晚明佛教的歷史地位與學術價值

　　一般佛教研究者認為，中土佛教自趙宋以後便「完全處於抱殘守缺的狀態」[註1]，而明代佛教「在下坡路上出現了一些起伏性的演變」[註2]，至萬曆年間竟然出現了奇蹟般的「復興」。具體而言，始自明太祖以「統合三教」為指導思想，對儒、釋、道三教採取扶持的政策，利用三教收攬民心，暫時取得了有利於社會治理的效果。但為達到加強專制統治的目的，明王朝又對佛教界採取制度化的行政管理，對佛教的發展與社會功能加以干預、引導，而在現實上產生了壓制佛教發展的效果。明初至成化年間，朱子學一直被奉為官學，但由於其刻板的性格而呈現為一種僵化的社會思想形態。在此境遇下，儒教與佛教只能固守在原有的形態上勉強發展。隨著商品經濟的發展，資本主義生產關係開始孕育、萌芽。在新經濟因素的影響下，民風世俗開始產生變化，士大夫階層與市民社會的思想道德、價值觀念等開始動盪，而明王朝的封建傳統制

[註 1] 釋東初著，《中國近代佛教史》，臺北：中華佛教文化館印行，1974，第 12 頁。
[註 2] 郭朋著，《明清佛教》，福建人民出版社，1982，第 37 頁。

度與宗法倫理秩序等受到前所未有地的挑戰與衝擊。明中期以來，明王朝統治步步滑坡，社會矛盾日趨激化，農民起義潛滋暗長。在此背景下，王陽明倡揚心學。王學並不要求人們固守某種形態的倫理教條，而是主張「我的靈明，便是天地鬼神的主宰」，意欲覺醒每個人內在的自由主體精神。至此，傳承儒家正統思想的朱子學，再也收攝不住人們日益高漲的主體精神。王學的興起，一掃二百餘年正統理學束縛與積習，推進了中國思想史上的自由思想解放運動。乘此學風，佛教與儒教、道教等多種文化進行深層交融，呈現出融合發展的新趨向，並在明末出現了「四大師」的可喜現象，在佛教史上被稱為「晚明佛教的復興」。由於晚明佛教自身的復興盛況與學術價值，吸引著國內外眾多學者的目光，成為東、西方學術界的高度關注的研究課題。

（二）晚明佛教發展的融合特徵

自宋以來，中土佛教即以禪宗與淨土為發展主流，其餘各宗還有流傳，並總體上是在愈來愈深的會通交融中表現出與淨土相合一的發展取向。晚明佛教亦在多元文化思潮的交融中承續了中土佛教發展中的融合趨勢，並在現實上表現的更加豐富多彩，主要有禪教融通、禪淨合流、顯密圓融、性相融和、佛道對話、儒佛融會等。陳永革先生在《晚明佛教思想研究》中概括晚明佛教中的兩大思想基調為歷史主義的「佛教還源」與現實主義的「佛教圓融」〔註3〕，且兩者構成一種相資互補的關聯。其說很有參考價值。這兩大基調在晚明佛教發展史上表現出來的實際態勢就是多元文化思潮交匯與宗派分張後的融合，而致使晚明儒、佛學人在思想上大都打上了融合的烙印。晚明時期，佛教教內各宗派間會通發展的趨勢更加突出。同時，佛教學人還與士大夫建立了更廣泛的交流，出現了大量的士大夫居士，促進了佛教與儒、道的交融。如聖嚴法師所言「明末佛教，在中國佛教史上，有其重要的地位，上承宋元，下啟清民，由宗派分張而匯為全面的統一，不僅對教內主張『性相融會』、『禪教合一』以及禪教律密的不可分割，也對教外的儒道二教採取融通的疏導態度。而明末的諸大師，更有著容受一切佛法等視各宗各派的寬闊心量。明末，是中國佛教融合以至於成熟的重要時期」〔註4〕，即突出了此一時期佛教發展中的融合特徵。

〔註3〕陳永革：《晚明佛教思想研究》，北京：宗教文化出版社，2007，第15頁。
〔註4〕聖嚴法師：《明末佛教研究》，北京：宗教文化出版社，2006，封底。

（三）袾宏融合思想研究的重要價值

　　雲棲袾宏位於晚明「四大高僧」之首，弘化淨土，慈悲濟世，卓然獨行，被尊為「蓮宗第八祖」。袾宏在晚明佛教復興中發揮了巨大的歷史作用，被荒木見悟先生譽為「中國近世佛教的曙光」。誠不虛言，袾宏的出現，率先打破了當時一度低迷的教內現狀，而對近世中土佛教的發展有著不可替代的歷史作用。袾宏的佛學思想浩瀚廣博，於教內淨、禪、教、律諸宗無不精通，教外的儒、道等學亦有深入的研究，但貫穿其中的一個主要的特徵就是融合。袾宏注重禪、教、淨、律等，推崇禪教一致、教律並重、福慧雙修、顯密圓融，同時注重以淨土宗念佛為主要內容的踐行，融會儒、道，表現出融禪、教、律等歸淨，以及以佛教為本位對儒、道融通的融合特色。在此方面，袾宏堪比唐代的圭峰宗密，如董群先生言「從人類文化發展史的角度來看，融合正是文化發展的一個重要環節，或者說，是帶有一種規律性的現象」〔註5〕，故以融合的向度對袾宏的思想進行研究，將有利於揭示其深層的內涵。

　　日本學者荒木見悟曾指出「袾宏的信仰與行履，不僅是探究萬曆佛教的核心秘鍵，也是確認他對後世具有重大影響力的關鍵，和研究中國佛教的重要課題」〔註6〕，此言並沒有任何誇張的成分。但從當前學術界的研究現狀來看，這位對中國近代佛教革新與發展有著如此重大意義的思想家，卻未被當今廣大學者給予足夠的重視與研究。在國際上只有日本學者荒木見悟和哥倫比亞大學的于君方教授的研究專著問世，而國內除了有限的幾篇博碩論文外還沒有一部系統的學術專著出現。

　　鑑於以上理由，本書擬對袾宏的融合思想進行系統、深入的研究，這無疑不僅對中國佛教哲學與史學的研究有著重要價值，乃至對當代佛教的改革、發展亦有著重要的啟發意義。

二、研究現狀綜述

　　由於晚明佛教自身具有重要的歷史地位與學術價值，自 1975 年聖嚴法師在東京立正大學通過題為《明末中國佛教研究》博士論文以來，明末佛學漸成為東西方學術界的熱門研究課題。近年來，研究袾宏思想的專著開始出現，相

〔註5〕董群：《融合的佛教——圭峰宗密的佛學思想研究》，北京：宗教文化出版社，
　　　　2000，前言，第6頁。
〔註6〕（日）荒木見悟：《近世中國佛教的曙光——雲棲袾宏之研究》，周賢博譯，臺
　　　　北：慧明文化事業有限公司，2001，第18～19頁。

關論文也日漸增長。其研究涉及到了祩宏的佛學思想的各個方面，並且逐漸表現出研究的深度與廣度。

在國際上，首先值得一提是日本史學者荒木見悟，其對中國明代思想有著深入的研究。荒木見悟先生著有《近世中國佛教的曙光：雲棲祩宏之研究》（周賢博譯，臺北市：慧明文化事業有限公司出版，2001 年 12 月）一書，對雲棲祩宏的思想進行了系統、深入的研究，並給予定位、評價。該書從雲棲祩宏登場的背景、祩宏的生涯、祩宏的思想、對後世的影響等四部分對祩宏進行研究。在「雲棲祩宏登場的背景」中，作者獨到的揭示了陽明心學對晚明儒佛融合、佛教復興等的啟蒙作用，並指出陽明心學與「祩宏登場」有著內在的關聯；在「祩宏的生涯」中，對祩宏一生的歷程進行了描述，有發心出離、遊學求道、雲棲入山、提倡戒殺與放生、弘揚淨土、溫和宗風、返歸西方等內容，可謂細緻全面；在「祩宏的思想」中，對祩宏的華嚴學基礎、與曹魯川的論諍、禪淨一致、淨土教的性格、倫理觀、儒教觀、與儒家的往來等內容進行條理、系統的分析，其中作者將華嚴學與禪宗等判歸為「『絕對本來主義』的立場」，而從「心的『本來的始源處』」來認識祩宏對「自性彌陀，唯心淨土」的新詮釋，有著很大的啟發意義；在「對後世的影響」中，論及了祩宏對蕅益智旭、彭際清、楊仁山等的影響和清帝室的保護。在研究方法上，荒木見悟先生以「雲棲祩宏」為特定焦點，而透射於晚明這一特定歷史時期，探討中國社會與思想的發展。這種由點透面的研究方法是「日本學者所慣用的研究方法」〔註7〕，對此亦應關注。日本學者望月信亨著有《中國淨土教理史》，書中對祩宏的事蹟、禪淨同歸說、信願行及一心不亂說、門下等有精要的論述。于君方著有《中國的佛教復興：祩宏與晚明的佛教融合》（The Renewal of Buddhism in China: Chu-hung and the Late Ming Synthesis, Columbia University Press 1981），是研究唐代以後佛教最早的英文著作之一，內容包括蓮池大師生平及著作、禪淨關係、晚明居士佛教、《自知錄》、戒律思想、雲棲寺管理等，該書的特點就是以祩宏為中心勾勒出其與教內及社會人士的交往，反應出晚明時期佛教與社會的現狀，並指出明末佛教具有重要的研究價值。這些論著對今天研究雲棲大師的思想具有非常重要的參考價值。

至今大陸還沒有出現研究祩宏的專著，但涉及其佛學思想的著作相繼出

〔註7〕（日）荒木見悟：《近世中國佛教的曙光——雲棲祩宏之研究》，周賢博譯，臺北：慧明文化事業有限公司，2001，第 22 頁。

現：聖嚴法師《明末佛教研究》在「明末淨土教人物及其思想」章中對袾宏的思想與著述進行了精要的評論；釋見曄《明末佛教發展之研究——以晚明四大師為中心》中「以穩健派看晚明佛教之發展」章對袾宏的出家動機、行事風格、關注的焦點、貢獻等予以論述；郭朋先生《明清佛教》中簡要敘述了袾宏的踐履、著述，並從談禪、兼重禪教、融匯性相論心性、會通儒佛、三教同源、《天說》等方面對其思想進行闡釋；釋大安《淨土宗教程》中歸納袾宏的淨土思想為以淨土融匯各宗、念佛含攝一切功德、注重戒律普勸念佛等；張學智先生《明代哲學史》中從淨土念佛與禪淨合一、性相相融、儒釋互補對袾宏思想進行介紹與分析；潘桂明先生《中國佛教思想史稿》（第三卷下）中在晚明佛教復興的歷史背景下對袾宏、真可、德清、智旭的佛學思想從禪教統一、禪與淨土、三教融合等方面進行比較闡釋，並給予精彩的評價，且其《中國居士佛教史》中還有袾宏與其門下居士群體的相關內容；《中國佛教通史》（第十二卷）中介紹了袾宏的生平、著述、活動，提出袾宏佛教思想的核心應為華嚴教學與淨土思想的結合，其基本內容為在參究念佛修行中包含的以教證禪、禪教結合、以淨為歸等，並有相關戒律思想的論述；陳揚炯先生的《中國淨土宗通史》中對袾宏的生平、唯心淨土、念佛具萬行、報應信仰等進行論述；王建光的《中國律宗通史》中對袾宏的律學撰述、《梵網經》的重視以及佛教儀軌等律儀建設活動等進行了論述；陳永革先生於《晚明佛教思想研究》相關章節中對袾宏攝禪歸淨的本體論、攝心歸戒、性相會通、儒佛相資、批駁道教性命二心說、批駁天主教等有詳細的論述；黃海濤的《明清佛教發展新趨勢》裏敘述了四大高僧的三教合一、諸宗融合的思想。

公開發表的學術論文亦不斷湧現，主要有：四川大學道教與宗教文化研究所的劉紅梅，撰有博士論文《蓮池大師思想研究》，全文敘述了明末佛教復興的歷史背景、生平履歷，並對袾宏的淨土思想、水陸儀軌與放生規範、明末居士佛教、三教融通、對天主教及羅教的態度、思想特質與對後世的影響等方面對袾宏的思想進行論述；劉紅梅《蓮池大師禪淨關係論》（《安徽大學學報》2003 年第 6 期）中對袾宏以圓融無礙的態度融通禪淨並主張禪淨雙修、導禪歸淨等內容進行論述；又劉紅梅《蓮池大師三教融通思想》（《宗教學研究》2004 年第 4 期）中分析了袾宏以佛教為本位而融通儒道的三教觀，及體現這一精神的《自知錄》；華東師範大學人文學院中國哲學系的楊進福，撰有碩士論文《蓮池思想研究》，全文以袾宏重戒思想為切入點，對融通各宗、儒佛義理思想進

行探析，並論述了戒殺放生、理論根據及後世影響等；江西師範大學許諾撰有碩士論文《雲棲袾宏禪淨關係思想研究》，以明末佛教發展所面臨的問題為背景探討了雲棲株宏對禪淨關係的看法，並與其他僧人加以對比。此外，香港能仁書院哲學研究所釋證蓮撰有碩士論文《蓮池大師生平及其思想研究》，全文敘述了時代背景及株宏的生平，並從出家前的七筆勾思想、淨土思想及修行方法、禪淨同歸論、對戒律的弘傳、戒殺放生思想、對世間傳統道德的態度、三教融合思想、對後期淨土的影響及對外來宗教的批判等八個方面對蓮池的思想進行了闡釋〔註 8〕。聖嚴法師的《蓮池大師的淨土思想》，從信願行的淨土實踐與「一心不亂」兩個方面初步歸納了株宏淨土思想；陳兵先生《蓮池大師對「三教一家」說及儒道的批判》（《西南民族大學學報》2005 年第 6 期）中論述了株宏對社會上流行的「三教一家」、「儒佛一致」論進行評論，主張佛為最尊，儒佛心性論有出世與不出世之別，並對儒道兩家關於佛教攻擊的種種錯誤知見進行批駁等內容；陳兵《蓮池大師對邪外和迷信的批判》《法音，2003 年第 4 期）闡述了株宏對無為教等附佛外道和佛教界各種迷信觀念進行批判等內容；英國學者克里斯廷的《袾宏和晚明居士佛教》（《世界宗教研究》，1982 年第 3 期）探討了株宏倡導居士佛教的思想及其作用；王公偉的《叢林儀軌與株宏的叢林改革》中闡述了株宏對佛教叢林的整頓措肅措施，又其《株宏對戒殺放生活動的規範與倡導》探討了株宏戒殺放生活動的經典依據、歷史沿革及意義；林嘯的《蓮池賢淨圓融思想研究——以〈阿彌陀經疏鈔〉為例》（《中南大學學報》2012 年第 8 期）揭示了株宏通過對《入法界品》性質的釐定、華嚴圓頓教的發揮、理事的新解、一即一切的演繹等實現對淨土宗的歷史淵源、持名念佛、圓通內涵、心佛不二等理論的疏通和解釋；王堃的《淨土宗八祖蓮池大師及其思想特色》對株宏的生平與著述、力倡持名念佛、強調戒殺放生和社會道德、主張禪淨融合、積極推動居士佛教的健康發展等進行闡述；陳榮富的《蓮池株宏大師的淨土思想》（《南昌大學學報》2003 年第 1 期）對株宏闡發持名念佛、提倡社會道德、主張禪淨融合、推動居士佛教等進行闡釋；黃家章的《蓮池的彌陀淨土思想觀和蓮池與印光的比較觀》（《經濟與社會發展》2012 年第 6 期）除闡述了株宏的淨土思想與修持外，還論述了印光對株宏歷史性貢獻的評價，並對株宏與印光在彌陀淨土思想、修持與著述等方面的同異進行比較分析；梁一群《明代「三教合一」中異同辨析的意義——基於蓮池，

〔註 8〕轉述自劉紅梅《蓮池大師思想研究》，第 16 頁。

〈竹窗隨筆〉的解讀》（《浙江學刊》2010 年第 2 期）指出袾宏三教互融而互異的思想觀點，體現了當時情勢下對「三教合一」具有清醒認識者所臻之境；崔玉卿《蓮池袾宏與〈壇經〉》（《五臺山研究》2019 年第 4 期）指出袾宏對《壇經》「曹溪不斷思想絕非縱心任身」、「曹溪無心可動絕不同於告子的不動心」的闡釋，及其對《壇經》幾處訛誤文句的考證等。

　　儘管當前已取得相當的研究成果，但還存在著問題與不足：

　　一、就文化層面而言，眾多學者已從各種角度切入對雲棲袾宏思想的研究，表現出一定的深度與廣度，但其中僅有兩部專著與幾篇博、碩論文為深入、系統的研究成果，其餘皆為在某種領域或角度上的淺層涉及，而對袾宏思想還缺少更深刻、系統的研究。

　　二、對袾宏思想還缺少系統、深入的哲學研究。目前可見的對袾宏的專著與專題研究，多是在文化、思想、宗教範限下的研究，而在哲學意義的研究上還表現不足。在其他各種關於袾宏的分散研究中儘管有對袾宏哲學思想的涉及，但或是對袾宏哲學思想某一方面的研究，或是對其某一點的具體研究，還稱不上是對袾宏哲學思想的一種系統、深入研究。

　　三、還缺少綜合向度的研究。袾宏思想本身就是一個宏富的佛學寶庫，有著非常豐富的學術資源，可目前還缺少各種綜合向度的研究。現從晚明佛教融合與復興的大時代背景以及袾宏學說自身來看，融合正是其思想的一個主要特徵，故從融合的向度對袾宏思想進行研究，可進一步揭示其思想的核心與實質，乃至為今天的佛教改革、發展提供參考。這也是前面的各種研究中沒有涉及的內容，正有待我們完成。

　　故現有為數不多的袾宏研究成果還缺乏系統、深入、綜合向度的哲學研究，而融合本具有深刻的哲學內涵，故本文以融合的向度對袾宏思想進行研究可在一定程度上彌補此方面的不足。

三、研究的內容與方法

（一）主要內容

　　總體上說，袾宏的融合思想包括教內諸宗的融合與儒、釋、道三教的融通。本書的共分六個部分：「融合」的哲學意蘊、融合觀的契理與契機、融合的「一心」基礎、諸宗融合論、「三教一家」論以及融合思想的意義等。

　　各章節的主要內容如下：

　　第一章，「融合」的哲學意蘊。伴隨著人類社會發展，「融合」概念也經歷一個由簡單到複雜、由具體到抽象的發展過程。「融合」的哲學意蘊主要有：融合的實質為多樣性的統一；融合是創生的內在源泉；融合是主體精神的內在超越；融合是絕對本體與相對之用的貫合等。中國佛學中有著豐富的融合思維與表達內容，此亦在袾宏的佛學代表作品《佛說阿彌陀經疏鈔》中呈現出來。融合還具有著方法論的意義。袾宏在融合方法上的一大特點就是極大的發揮華嚴圓融的方法論，特別是理事無礙論。本章主要有「融合」概念的出現與演進、「融合」的哲學思維與表達、袾宏融合思想的方法論等內容。

　　第二章，雲樓袾宏融合觀的契理與契機。佛教講求「契理」與「契機」的推行原則。晚明時期作為一個歷史上的特定階段，其佛教發展當有著自己的表現內容，而這又與晚明這一特定時代的政治環境變動、社會需要影響、經濟文化發展等因素有著內在的聯繫。我們將圍繞此等因素探討袾宏融合觀的契機。而在教理上，袾宏為何會選擇淨土作為其一生主弘的教法，又如何實現以淨土宗為教法主體而融合教內諸宗，還應如何面對當時仍處於正統地位的儒教，此等問題將成為探討袾宏融合觀契理發揮的關鍵。本章主要有袾宏融合觀的契機、袾宏融合觀的契理、以淨土為本位的判教史觀等內容。

　　第三章，融合的「一心」基礎。在晚明佛教融合的歷史背景下，袾宏意欲大力弘揚淨土，則不但要為淨土宗構建出系統的心性理論，還要在形上的高度上做到對賢、禪、淨、律等諸宗以及儒道的融和。袾宏即以「一心」為融合思想的心性論基礎，並對「一心」與諸經論相標配。本章主要有袾宏「一心」的特徵內涵、「一心」經證等內容。

　　第四章，教內融合論。袾宏作為淨宗八祖，以禪、律、淨、教並重，表現出了以淨土為弘教主體而融納諸宗的特色。

　　作為融合本體淨土學：袾宏作《疏鈔》闡發淨土學深意，其淨土學包涵有「一心」圓修、事持念佛與理持念佛等內容，而滲透著甚深的圓融品質，為袾宏諸宗融合的教體。此節主要有「澄濁而清，返背而向」的修行解脫論、突出尊崇《阿彌陀經》、以智生信、以智發願、以智起行等內容。

　　以淨融賢：袾宏以淨融賢所面對的最大難題就是，如何在華嚴與淨土的結合中賦予淨土以崇高地位。袾宏即發揮事事無礙而論證淨土分攝華嚴且具足華嚴的全圓之理，而完成了淨土與華嚴在義理上等齊的論證。一般認為澄觀、宗密為華嚴正統，李通玄為華嚴旁支流，而此三師皆為華嚴宗師，並對淨土往

生有不同的論說，這也是袾宏以淨融賢中不可忽視的問題。對此，袾宏亦持有一種融通態度。此節主要有借華嚴提升淨土、對華嚴諸師的承襲與圓融等內容。

攝禪歸淨：「唯心淨土」在中國佛教中被廣為闡發，而其中慧能的解說影響最大，故袾宏對之加以會通。在禪淨關係上，袾宏對「自性彌陀，唯心淨土」重新詮釋而在心性論的高度上倡導禪淨合一，同時又認為念佛比參禪更具有解脫的方便，並在修行方法上融參禪於念佛，在心性論上對「即心即佛」以淨土改造等而攝禪歸淨。此節主要有禪淨雙修、對慧能淨土說的會通、「自性體自靈知，即其土有佛義」、攝禪歸淨等內容。

融戒歸淨：袾宏在戒學上主張心戒為宗，在修行實踐上區分為「事一心持戒」與「理一心持戒」，並尤其推崇菩薩戒。袾宏戒學亦注重在心性層面上與禪、華嚴、天台、淨土等的融通。袾宏又以孝貫攝佛教修學的一切法門，又將念佛往生作為「大孝之大孝」，而表達了以淨土為歸的意旨。此節主要有以戒為宗、戒與禪教相融通、引戒歸淨等內容。

和會相淨：法相祖師注重發願往生彌勒淨土，但亦重視彌陀淨土，而在法相宗教義中彌陀淨土與彌勒淨土的地位並不相同。袾宏意識到此不應僅是一個具體問題的爭論，而應歸結於法性與法相之辯的探討中來。袾宏以本末統一說會通性相，而於會相歸性、性相圓融的大思辨原則之下，以「一心」統攝法相宗與淨土宗。此節主要有「一心」與阿賴耶識、性相融通與和會相淨等內容。

顯密圓融：袾宏在《佛說阿彌陀經疏鈔》後附上《拔一切業障根本得生淨土陀羅尼》，並進行闡解，並以經咒相聯、顯密圓通等理論進行融通，而又在被視為密教儀軌的《瑜伽集要施食儀軌》中融入了《起信論》與華嚴學等顯教義理，體現出顯密圓融的深意。此節主要有《疏鈔》中的顯密圓通、《瑜伽集要施食儀軌》與顯教義理的融通等內容。

第五章，「三教一家」論。袾宏的「三教一家」論實是在「一心」的基礎上，以佛教為本位而統攝儒、道。具體來說，袾宏對佛與儒、道的態度又有不同。對於儒教，袾宏堅持佛主出世、儒主入世，兩者應相資互補，同時又強調佛教自身的性格，以突出佛教的優越性，而導儒入佛。對於道教中關聯的老莊思想，袾宏在融通的基礎上析同辨異，而對於宗教形態的道教，袾宏則嚴辨兩者在理論基礎、修行方法、名詞概念及最終境界上的不同，以提高佛教的正信影響力。此章主要有「一心」統攝三教、儒佛融通、道佛融通等內容。

第六章，袾宏融合思想的意義。袾宏的融合思想在中國佛學史乃至中國思想史上皆有著重要地位與歷史意義。在學理上，袾宏的融合思想為晚明佛教發展樹立了一個「佛教還源」的典範，對晚明佛教的復興有著重要的意義，同時又表現出理論圓融的特徵，而為中國淨土教理史上最高水平的圓融理論。對於其歷史意義，可以說其既有積極促進中土佛教發展的一面，但同時也為中土佛教帶來一些問題，故對之還應辯證分析。此章主要有袾宏融合思想的學理價值與歷史意義等內容。

（二）研究方法

本文將在研究中遵循以下研究方法：

1. 邏輯與歷史相統一的方法。本書將結合辯證唯物主義與歷史唯物主義方法，在宋明以來的思想大融合以及晚明特殊的時代背景下對袾宏思想進行思考，並歸納為心性論基礎、融合方法論、教內融合、三教融合等幾個重要問題，進行哲學分析與研究。通過對袾宏融合思想的論述，期以揭示袾宏學說的形成、演進、發展的歷史過程，顯示出袾宏融合思想的辯證邏輯與思想本質。同時，本文將力圖做好歷史考據與理論辨析有效的結合，做到以史立論、言必有據。

2. 文獻學研究法。筆者將對袾宏流傳下來的文獻進行收集、整理與考證，在詳細佔有原始材料的基礎上，對材料進行理性的分析與詮釋。本文將不僅僅局限於著者史料的簡單整理與歸納，而力圖通過對袾宏融合思想的分析與哲學詮釋，而探析其佛學思想的深層價值與意義。

3. 比較分析法。本文將把袾宏的佛學思想放在晚明特定的歷史與邏輯基點上進行橫向與縱向的比較分析研究。這其中既有以袾宏主要的淨土思想與其他淨宗祖師進行的比較，有在融合的向度上與其他相關的思想的比較，又有在心性論上與儒、道兩家進行的比較等。如此通過各種方位的比較，將有助理解袾宏融合思想的內涵。

四、難點與創新點

本論欲在研究中突破的難點：

1. 心性論在中國佛教哲學中居於核心地位，而袾宏意欲融禪教歸淨，即須在「一心」的理論基礎上實現對諸宗的融通。故如何理清袾宏「一心」與《起信論》的「一心」、華嚴學「自性清淨圓明心」、禪宗「自心」、律宗「戒體」

等的內在聯繫，以及把握袾宏闡發的邏輯脈絡，則需要紮實的佛學功底與精深的思維表達能力。本人將努力提高達到要求。

2. 袾宏的融合思想中既涉及到華嚴學、禪學、淨土學、律學與密教理論等，又在晚明背景下與社會發展、經濟政治、時事品議等諸多因素有著複雜的關聯，故本文不僅需要從宏觀上把握中國佛教的整體發展脈絡，而且應在晚明這一特殊歷史背景下的理清各種交涉，這實是一件耗費心力又需極力克服的工作。

3. 今天，淨土信仰已在中國成為一種最受歡迎的信仰，這實與袾宏宗教融合的努力有著密切的聯繫，但其歷史意義卻為近、現代學者所忽視，故如何恰如其分的評價袾宏的教內融合、三教會通思想，及其對近現代以來的佛教以及儒、道的影響與價值，還需要認真的對待與深入的思考。

4. 本人將在研究中盡可能收集國外學者的研究成果。資料的收集、整理與分析將是一件辛苦又十分精細的工作，且其中不乏有許多日文原著材料，又有英、美學者的原著材料，這還需要本人努力克服。

可能的創新點：

1. 在袾宏思想的研究上，本文率先以融合的向度進行研究。本文以融合的向度對袾宏思想進行研究既可體現出明末佛教對唐以來融合思潮的承續，又可凸顯出袾宏對華嚴圓融學風的繼承與發揚，揭示出袾宏思想的深層內涵。

2. 袾宏融合思想可以說是對儒家思想、道教思想、淨土思想、華嚴思想、禪學思想、律學思想、密教思想等進行的一場思潮大整合，但國內研究袾宏思想的學者並不多，且現有的研究往往多注重其融合思想的局部內容，如禪淨一致、三教融通等，而難能窺其全貌，故本書力圖在明末佛教融合的大背景下對袾宏融合思想進行深入、全面、系統的綜合研究，自然具有十分重要的理論意義與價值。

3. 本文將首次以心性論、方法論、教內融合、三教融合等框架內容對袾宏融合思想進行系統的解讀，期以揭示出袾宏在「一心」的基礎上發揮華嚴學「理事無礙」的方法，而融攝教內諸宗乃至融通三教的思想內涵。目前，在國內外為數不多的研究中本課題將是對深化袾宏思想研究的一種有力推進。

4. 本人將以袾宏流傳下來的所有文本為依據，並廣泛吸收禪宗史、華嚴宗史以及儒、道兩家學史上的相關材料，充分借鑒當前國內外最新的研究成果，而在前人研究的基礎上力求有新的突破與創見。

第一章 「融合」的哲學意蘊

　　從人類文化的發展歷程來看,「融合」不僅是一個很重要的哲學概念與方法論範疇,而且是客觀事物、現象世界以及人類社會的一種運動、發展方式。在中國的早期文化中,「合」與「和」本就有著內在關聯,故「融合」又作「融和」。在西周時期,史伯曾言「和實生物」,以「和」能「生」而使「融合」在中國哲學上最早具有了生成論的意義,然至唐代佛教華嚴宗的法藏法師,「融合」才被作為一個成熟哲學概念使用。「融合」作為一個哲學概念,蘊含著深遠的哲學意義,具有統一性、和生性、超越性、貫合性等內涵。

　　融合的最基本內涵為多樣性的統一,但這多樣的因素之間並非是一種平等、齊同的關係,而是有某種因素居於主導或主體地位的表現,在此前提上多樣性才能夠統一。故在中國文化的發展中儒、道、佛等所主張的三教融合,皆是在以自己文化為本位的基礎上對餘兩家的一種統合,而並非是以一種客觀、平等的態度對三教進行融通合一。在中國佛學的話語體系中,「融合」可表述為「體用一如」、「本末圓融」等,即以「體」與「用」、「本」與「末」等範疇表達這種統一的內涵。晚明時期,中國佛教在發展中呈現出高度融合的發展趨勢,而在袾宏的佛學代表作品《佛說阿彌陀經疏鈔》中亦表現出豐富的融合意味。

　　融合不但具有文化觀的重要內涵,同時亦被運用為一種觀察問題、處理事物的重要方法,具有方法論的意義。袾宏融合思想的一大特點就是極大的發揮華嚴圓融的方法論,特別是依一真之性而起的理事無礙論。下文將詳述。

第一節 「融合」概念的出現與演進

伴隨著人類社會發展,「融合」概念也經歷一個由單一詞到合成詞、由簡單義到複雜義、由具體到抽象的發展過程。本節於此先對「融合」概念出現與演進作一簡單梳理。

一、「融」範疇的涵義及其演進

從詞源上分析,「融」字由「鬲」(lì)與「蟲」組成。「鬲」的甲骨文為「🐾」,《說文解字》解為「🐾鼎屬,實五觳,斗二升曰觳,象腹交文,三足」[註1],可知「鬲」為古代的一種炊具,容積約為六斗,外部的形狀象鼎,有三足。因「鬲」之三足相互隔開,故「鬲」引申為隔離之意。「融」,作為單一的概念,最早出現於甲骨文(🐾)、金文(🐾),《說文解字》解為「炊氣上出也」,(南唐)徐鍇《說文解字繫傳》注為「氣上融散也」,意為炊氣從炊具(鬲)出而上升、消散的狀態為「融」,但其間不乏有將「鬲」的隔離義消融的意味。因「🐾」=「🐾」(三條蟲)+「🐾」(土),字形象似蟲從地裏鑽出來,有人便臆斷為冬眠之蟲在暖春復蘇之意,但著名文獻學家張舜徽先生指出「融之本義為炊氣上出,經傳中多假蟲為之」,即古代經傳中是借用蟲來表達炊氣上升的狀態為「融」[註2],而不是以蟲的復蘇為「融」本義。張先生又舉例「《詩·大雅·雲漢》:『蘊隆蟲蟲。』毛傳云:『蟲蟲而熱。』正義云:『蟲蟲是熱氣蒸人之貌。』熱氣蒸人,無有甚於炊氣上升者,詩曰『蟲蟲』猶云『融融』也。」[註3],即《詩經》之《雲漢》篇中有「蘊隆蟲蟲」的語句,漢《毛詩詁訓傳》中將之注為「蟲蟲而熱」,(唐)孔穎達在《毛詩正義》中注解為「蟲蟲是熱氣蒸人之貌」,以「蟲蟲」表達熱氣蒸人的狀態,猶如炊氣蒸人般「融融」,而證明了上述說法。

張立文先生依據「中國哲學範疇的歷史順序和邏輯順序」[註4],將中國哲學中的各種範疇統分為象性範疇、實性範疇、虛性範疇,而體現出中國哲學思維中的「從低到高,從簡單到複雜,從具體——抽象——具體的發展」特徵。現借用張先生的中國哲學範疇的邏輯發展路徑,則將「融」解義為炊氣上

[註1] 臧克和、劉本才:《實用說文解字》,上海:上海古籍出版社,2012,第83頁。
[註2] 張舜徽:《說文解字約注》(卷六),鄭州:中州書畫社,1983,第16頁。
[註3] 張舜徽:《說文解字約注》(卷六),鄭州:中州書畫社,1983,第16頁。
[註4] 張立文:《中國哲學邏輯結構論》,北京:中國社會科學出版社,2002,前言,第2頁。

升的狀態，仍是一種根據對象的外部形態、變化關係作出的認知，運用的是一種直觀的知性思維，故還處在中國哲學象性範疇的發展階段。在象性範疇向實性範疇發展的過程中，人們已不是僅從某種具體的固定形態或某種特殊的東西中去把握對象，「而是從事物內在的衝突關係中，自然現象和社會現象中，探討世界事物所以存在的原因和根據」〔註5〕。故「融」在演進中，經由人類思維的聯繫、綜合而引申出了多種含義，已位於實性範疇階段。《爾雅·釋詁》中注解「融，長也」，即「融」被作為形容詞使用，為長久的意義。如《詩·大雅·既醉》「昭明有融，高朗令終」〔註6〕。「融」作為形容詞，還被引申為明亮、和順等義，如《國語·卷十六·鄭語》「夫黎為高辛氏火正，以淳耀敦大，天明地德，光照四海，故命之曰『祝融』，其功大矣」〔註7〕，（三國）韋昭對此注為「祝，始也；融，明也」〔註8〕。「融」還被作為動詞使用，引申為融化、和樂、融通、融會、交融等義，如《左傳》「入公而賦：『大隧之中，其樂也融融』」，即為和樂之意。可知，此際「融」已具有了融和多種不同的元素、調和矛盾的思想萌芽，可謂極其難得，但這還算不上嚴格意義上的哲學內涵。

二、「合」範疇的涵義及其演進

「合」字的甲骨文為「」，金文為「」，由「亼」（jí）與「口」組成。「亼」字，沒有發現甲骨文字形，《說文解字》解為「三合也。從入、一，象三合之形」〔註9〕。張舜輝先生注為「凡物之集合，本無定數，而亼字但象三合者，舉三以喻其多也，史記律書云：『數始於一，終於十，成於三。』三既為數之成，古人造字取象焉。凡事物之繁雜者，象其形，悉不過三畫。象三合，象雲氣，象文飾，象流水，象手指，皆以三數概其餘也。亼與集音同義近，實即一語」〔註10〕，即從中可以領會「亼」為象形字，字形義表示三個筆劃閉合時的狀態，為集聚的意思，與「集」語音相同。「口」字的甲骨文為「」，金文為「」，《說文解字》解為「口，人所以言食也。象形」，即

〔註5〕張立文：《中國哲學邏輯結構論》，北京：中國社會科學出版社，2002，第162～163頁。
〔註6〕劉毓慶、李蹊譯注：《詩經》，北京：中華書局，2011，第707頁。
〔註7〕左丘明著，韋昭注：《國語》上海：上海古籍出版社，2015，第338頁。
〔註8〕左丘明著，韋昭注：《國語》上海：上海古籍出版社，2015，第342頁。
〔註9〕臧克和，劉本才：《實用說文解字》，上海：上海古籍出版社，2012，第157頁。
〔註10〕張舜徽：《說文解字約注》（卷十），鄭州：中州書畫社，1983，第20頁。

為人們飲食、發聲的器官，取象形之意而成字。關於「口」字形與義的爭議頗多，其中張奇臻先生認為「現在楷書中的口，是由多種形體規範來的，不能一看到口字就認為是嘴。如『吳』字上面的口就是器皿規範來的；『客』字上邊的寶蓋是房子，夂（zhi）是進來的腳，『口』是門檻的形象；『保』字中的『口』是孩子的頭；『向、宮』中的『口』表示的是窗口；『石』中的『口』字表示的建築材料；『谷』中的口表示的是山澗水流出的谷口等等」〔註11〕，即指出了「口」字的不同規範。那麼，在「合」字中「亼」與「口」又是如何表意的呢？「合」，《說文解字》解為「合口也，從亼從口」〔註12〕。余永梁先生在《殷虛文字考》一文中理解為「合，象器蓋相合之形」〔註13〕，顯然是以「亼」為上蓋，「口」為器皿，表示上蓋與器皿相合的意思。張舜輝先生則注為「錢坫曰：『「古答問字如此」。《左傳》：「既合而來奔。」《爾雅》：「合，對也。」』舜輝按：『許書無答字。艸部：「荅，小尗也，從艸，合聲。」古人讀荅，本為合音也。湖湘間謂物已破口，用膠漆黏連使完者曰荅。當即合字，亦合口之意也』，即贊成錢坫主張的「合」字即為古「答」字，並以《左傳》中的語句為證。且由於湖湘一帶「荅」有使破口相合的之意，從而會同了《說文解字》中的「合口」之意。本文贊同張舜輝先生的主張，以「合口」為「合」的本義。同樣，這還是一種象性直觀思維的運用。伴隨著人類思維能力的深化、認識水平的提高，「合」亦被引申出了諸多涵義。「合」作為動詞，有閉合、聚合、聯合、結合、合併、符合、回答、重合等意，如《戰國策·秦策二》「秦與齊合，韓氏從之。楚兵打敗於杜陵」等；作為名詞，有匹配、配偶等意，如《楚辭·天問》「女岐無合，夫焉取九子」〔註14〕等；作為形容詞，有和睦、融洽等意，如《詩·小雅·常棣》有「妻子好合，如鼓瑟琴。兄弟既翕，和樂且湛」〔註15〕等。

　　「合」範疇在邏輯演進中，遠較「融」具有豐富的哲學內涵。殷周時期，「合」與「和」本是單一的概念，但在《國語·鄭語》中出現了「和合」的範疇，如「商契能和合五教，以保於百姓者也」，意即商契能和合父義、母慈、

〔註11〕張奇臻：《新說文解字》，武漢：崇文書局，2011，第 40 頁。

〔註12〕臧克和、劉本才：《實用說文解字》，上海：上海古籍出版社，2012，第 157 頁。

〔註13〕余永梁：《殷虛文字考》，引自李孝定編述：《甲骨文字集釋》，臺北：中央研究院歷史語言研究所，民國 80〔1991〕，第 1775 頁。

〔註14〕孫雪霄點校：《楚辭》，上海：上海古籍出版社，2015，第 106 頁。

〔註15〕劉毓慶、李蹊譯注：《詩經》，北京：中華書局，2011，第 401 頁。

兄友、弟恭、子孝等五種人倫之教，而使百姓安樂的生活。這裡，「和」指多種因素之間的調和、和諧，「合」則指由「和」而達到的理想融合狀態。從此，「合」與「和」建立起了內在的關聯。當「和合」被表達為不同要素之間最為理想融合的存在狀態時，「合」亦具有了多樣性相統一的哲學意涵。

但《國語》中的「合」指向的還僅是人倫道德原則的融合，而在《易·乾卦·文言》中這種統一已提升到「天人合一」的高度。「夫『大人』者，與天地合其德，與日月合其明，與四時合其序，與鬼神合其吉凶，先天而天弗違，後天而奉天時。」〔註16〕意即「大人」的德性與天地相統一，他的聖明與日、月相映照，他的恩威與四時相一致，他的賞罰與鬼神的福禍相諧同；若「大人」在天時之前作為，天不違背他，而若在天時之後行事，也能奉順天道而為。此皆為「大人」的「天人合一」表現。「天人合一」，在中國哲學中指天道與人道、自然與人等和諧統一，是人生追求的最高理想境界。張立文先生還把「天」與「人」這對範疇規範為實象範疇邏輯結構。故隨著「天人合一」意義的昭示，「合」範疇已具有表達事物普遍關係的實性哲學範疇內涵。

惠施主「合同異」。《莊子·天下》中列舉了惠施「歷物之意」十事，如「大同而與小同異，此之謂小同異；萬物畢同而畢異，此之謂大同異」〔註17〕等，皆是合同異的議論。於此，如張岱年先生評價「惠子學說之要義，在於見異之同，見對待之合一」〔註18〕，惠施已將「合」作為取消「同」與「異」的相對性的方法。莊子受惠施的影響，也有相近的表達，如「合異以為同，散同以為異」〔註19〕等。可以得出，「合」已具有了統一對待雙方的方法論意義。

董仲舒亦論「合」。「凡物必有合，合必有上，必有下……此皆其合也。」〔註20〕於此，「合」即對待、對偶之意。又「陽者陰之合，妻者夫之合，子者父之合，臣者君之合，物莫無合，而合各相陰陽」〔註21〕，即由於陰與陽的相互作用形成「合」，而遍於一切事物、社會現象之中。「合」作為對待，已具有了普遍性、必然性的意義，而為一種虛性哲學範疇。

王充在批判董仲舒「天者，群物之祖也」的觀點時，而對「合」觀念加以

〔註16〕周振甫譯注：《周易譯注》，北京：中華書局，2012，第 10 頁。

〔註17〕劉文典撰：《莊子補正》，北京：中華書局，2015，第 892 頁。

〔註18〕張岱年：《中國哲學大綱》，北京：商務印書館，2015，第 261 頁。

〔註19〕劉文典撰：《莊子補正》，北京：中華書局，2015，第 728 頁。

〔註20〕董仲舒著：《春秋繁露》，北京：中華書局，1975，第 432 頁。

〔註21〕董仲舒著：《春秋繁露》，北京：中華書局，1975，第 432 頁。

改造。「天地合氣，萬物自生，猶夫婦合氣，子自生矣。」〔註22〕王充認為「氣」是構成人與萬物的物質元素，而天地之間的陰陽之氣互相交合可以產生人與萬物。《國語》中史伯言「夫和實生物，同則不濟」，認為不同事物的和合，是事物產生、發展的基礎。這裡，王充的「合」觀念已潛在的包含了「和實生物」的意涵，而與「生」有機聯繫了起來，強調「合」的現實功用為創生萬物。

三、「融合」作為哲學概念出現

　　如葛本儀先生指出「事實證明，任何詞的形成都要有兩個條件為前提，那就是：一個是人們對客觀事物的認識以及與此有關的思維活動，一個是以本民族的語言符號系統為內容的語言要素」〔註23〕，即揭示人類語詞的發展與人們的認識水平相關。在象性範疇階段，人們對事物認識還處在相對簡單的思維水平，多運用單一詞素的整體形式對世界、自然、社會等進行把握。隨著人類思維的上升、發展以及本民族語言要素的豐富，人們開始從多元的、既對待又聯繫的方面看待事物。此時，單一形態的詞素概念已不足以反映對象的各種複雜關係，便會與其他語素結合、形成新的多語素概念範疇。在人類思維發展的推進下，單一形態的「融」亦與別的語素結合，形成許多新的詞語，如「融冶」、「融怡」、「融裔」、「融泰」、「融流」、「融渥」等。其中一個重要的概念就是「融合」。

　　「融」與「合」組成一個詞使用，最早出現在（東晉）常璩《華陽國志·漢中志·涪縣》，如「孱水出孱山，其源出金銀礦，洗取火融合之，為金銀」〔註24〕。從文意可知，「融合」是在提取金銀時用火加熱，使礦石熔化，再將提取物合為一體的過程。故「融合」最初是融化、熔解後再使合為一體意思，還是一個化工用語，並不具有哲學意味。

　　真正把「融合」作為一個哲學概念使用，當推唐代佛教華嚴宗的法藏法師。其在《華嚴經探玄記》一文中多次使用「融合」概念，而具有多重哲學內涵。首先，「融合」具有「體用雙融」義。法藏在《華嚴經探玄記》中指出了法界緣起、圓融無礙的十類原因，而其中第一類為「緣起相由故」，即事物是相對

〔註22〕王充著，張宗祥校注，鄭紹昌標點：《論衡校注》，上海：上海古籍出版社，2010，第364頁。
〔註23〕葛本儀：《現代漢語詞彙學》，濟南：山東人民出版社，2004，第76頁。
〔註24〕常璩著，劉琳校注：《華陽國志新校注·漢中志》，成都：四川大學出版社，2015，第78頁。

而緣起的。法藏又再分十義闡釋，第六義即為體用雙融義。如「六體用雙融義。謂諸緣起法要，力用交涉，全體融合，方成緣起」〔註25〕，意即諸緣有體有用，舉體全用、舉用全體，而有諸緣的相入相即，體用雙融，成為緣起。體與用，即本體及其功用。先秦文獻中就曾出現過體用概念，但至魏晉時，有王弼以體用的辯證思維對「以無為本」的命題展開論證，體與用才真正上升為一對哲學範疇。隋唐時期，而得到了廣泛使用。本體與本體、本體與現象（功用）、現象與現象之間融合至於極致，即是緣起的圓融無礙。圓融是佛教用語，意為破除偏執後的圓滿、融和、融通的境界，最初見於北涼時期所譯《金剛三昧經》，如「總持諸德，該羅萬法，圓融不二」〔註26〕，而法藏於此作體用雙融義的發揮。其次，具有「真」（法身）「化」（化身）融合義。「二融合亦二義，一別合，二通融。初中由真中隨緣則不變故，是故亦真亦不真，非真不非真名為真法身。化中體空則幻有故，是故亦化亦不化，非化非不化名為佛化身。二通融，謂由真不變顯化體空。此是真不無化不有，以為法身不無化用，以有化中空義故。又由真隨緣顯化幻有。此是化不無真不有，以為化身不無真理，以有真中隨緣義故。又由隨緣幻有不異不變體空故，是故現化紛然未嘗不寂，真性湛然無曾不化，真化鎔融為一無礙清淨法界。」〔註27〕法藏在闡明佛的體用時指出，佛的體用與法界相同，法身隨緣而不變，化身應緣而顯，真身即是化身，化身即是佛體，真化鎔融即清淨法界，從而論證了佛身即是宇宙，宇宙即是佛身。在中國佛學詮釋中，前有道生、吉藏以「理」為「法性」、「真如」等，而法藏更從「理」（真如）為本、事（事相）為用的角度加以闡釋。法藏認為理為事相的本體，事相是理的顯現，理事無礙圓融。於此，法藏言「真化鎔融」，顯然是理事無礙的另一種表達。故經法藏的闡釋，「融合」在體用、理事、性相等意義上具有了圓融的意味。

　　繼法藏，華嚴宗四祖澄觀以《大乘起信論》「一心二門」為依據，在強調宇宙萬有的圓融無礙的同時，更以「一心」攝持理、事等四法界。如澄觀在《大方廣佛華嚴經隨疏演義鈔》中釋十地緣起時言「如一念心剎那瞥起，即具六義」、「以一念心上一微塵上即有六義，故總融合」〔註28〕等，即為此意。故在

〔註25〕法藏：《華嚴經探玄記》，《大正藏》第 35 冊，第 124 頁。
〔註26〕失譯人名：《金剛三昧經》，《大正藏》第 9 冊，第 371 頁。
〔註27〕法藏：《華嚴經探玄記》，《大正藏》第 35 冊，第 240 頁。
〔註28〕《大正藏》第 36 冊，第 153 頁。

澄觀的闡釋下，「融合」具有了以「一心」融攝萬法的哲學意涵。至此，「融合」
已演進為一個成熟的哲學概念。

第二節 「融合」的哲學思維與表達

從人類文化的發展歷程來看，「融合」不僅是一個非常重要的哲學概念與
方法論範疇，而且是客觀事物、現象世界以及人類社會的一種運動、發展方式，
蘊含著深遠的哲學意義。中國哲學以儒、釋、道三家為主流，在發展中各自形
成了自己的融合理論模式，而其中佛學的融合思維與表達更具有獨特、豐富的
內容，而在袾宏的佛學代表作品《佛說阿彌陀經疏鈔》中亦表現出豐富的融合
意味。

一、「融合」的特徵內涵

「融合」不僅是一個概念範疇，而且是事物、現象及人類社會等的一種運
動、發展方式，如王夫之言「合者，陰陽之始本一也，而因動靜分而為兩，迨
其成又合陰陽於一也」〔註29〕，即歸納事物的基本運動模式為「合」——「分」
——「合」。當融合作為一種事物現象、發展方式、運動模式及思維方法等存
在時，已在某種程度上具有普遍與必然的意義，故我們有必要探尋其背後的哲
學意蘊。總的來說，「融合」作為一個哲學概念，具有多樣統一性、和生性、
超越性、貫合性等特徵內涵。

第一，多樣統一性。可以說，融合的實質為多樣性的統一。人們面對著千
差萬別的現象世界，而企圖掌握現象背後的真理，如楊國榮先生言「從對世界
的理解看，智慧的特點在於跨越這些界限，把握作為整體的世界」〔註30〕，不
可避免的會將對世界的沉思、探討落實到智慧層面。在智慧的昇華中，將會超
越不同界限內的知識，而「具體表現為對世界統一性與發展過程的把握」〔註
31〕，上升為一種統一性的認識。在這種統一性思維的指導下，人們力求打破
多種因素、事物的差分界限，以一個有機的結構將之和合為一個統一體，而這
個多種差分相和合、統一，就是融合。通過融合，單一的因素或事物將作為一
個統一體中的部分而存在，從中反映出的將是多樣性與統一性、整體與部分、

〔註29〕王夫之：《船山全書》第十二冊，長沙：嶽麓書社，1992，第 37 頁。
〔註30〕楊國榮：《中國哲學史》，北京：人民大學出版社，2012，第 2 頁。
〔註31〕楊國榮：《中國哲學史》，北京：人民大學出版社，2012，第 2 頁。

系統與構成等的辯證關係，而能有機的突破單一性、局部性思維的局限，符合人類認知發展的客觀規律。

第二，和生性。融合是創生的內在源泉。浩瀚宇宙之所以被認為一崇高意義的價值存在，究竟在於其內在的無限生機，如《繫辭》所言「天地絪縕，萬物化醇；男女構精，萬物化生」〔註32〕，即蘊含此意。中國哲學不但強調「天地之大德曰生」，重視生在宇宙的大化流行中的無窮價值，而且有意追尋其生生不已的動力源泉。如西周史伯言「夫和實生物，同則不繼。以他平他謂之和，故能豐長而物歸之。若以同裨同，盡乃棄矣」〔註33〕，意即多樣的因素、事物的和諧統一可以生出新事物，而揭示自然現象中多樣因素、事物的和諧統一作用實為生生、發展的內在根據。老子也有類似的語論，如「道生一，一生二，二生三，三生萬物」〔註34〕，即強調「道」是宇宙萬物產生的內在根據。又「萬物負陰而抱陽，沖氣以為和」〔註35〕，即道蘊含陰陽，而在陰陽中和的作用下促成了萬物。可見，老子將多樣因素的和諧統一抽象為陰陽的中和作用。「和生學」的提倡者錢耕森先生指出「總之，史伯開創了『和生學』，老子則完成了『和生學』。並且，老子後來居上，超越性地創新出中國哲學史上第一個博大精深的並在全世界產生極其深遠影響的形而上的體系──『道生萬物』說，實即『大道和生學』」〔註36〕，即強調史伯與老子皆對融和創生作出哲學上的總結，並指出兩者的內在聯繫。融和又作融合，即將多樣因素的和合統一，而就在這統一的存在中，內部的陰陽中和而創生出新的事物、生命。由此生生無盡，即表現為宇宙的大化流行。如果人類主體能順應客觀規律發揮能動作用，那麼在自然、社會中可憑人的自覺行為引領多樣因素、事物融和，產生新的生機，則可稱為人類的自覺行為的創生價值。從此意義上言，融合即是創生的內在動力。

第三，超越性。融合是主體精神的內在超越。人生活在世界中，但由於知識水平與認識能力的局限，不可避免的形成了對世界以及人自身的片面性認

〔註32〕趙建偉，陳鼓應：《周易今注今譯‧繫辭》，北京：商務印書館，2005，第661頁。

〔註33〕左丘明撰、韋昭注：《國語‧鄭語》，上海：上海古籍出版社，2015，第338～339頁。

〔註34〕朱謙之撰：《老子校釋》，北京：中華書局，2010，第174頁。

〔註35〕朱謙之撰：《老子校釋》，北京：中華書局，2010，第175頁。

〔註36〕錢耕森：《大道和生學》，《衡水學院學報》，2015（2），第48～49頁。

識。中國哲學自先秦以來就有對人自身進行反思的內容，如孟子「君子所性，仁義禮智根於心」〔註37〕，即以仁、義、禮、智為人的本性，而現實中的人只具有仁、義、禮、智的「四端」，表現為片面的、有限的道德主體，又「盡其心者，知其性也，知其性則知天矣」，即此主體只有擴充「四端」，才能體認到自己的本然之性而冥合天道，實現從有限性到無限性、從片面性到普遍性的超越。自殷周之際，「天」已被視為高尚道德的終極來源，如張立文先生所言「天的宗教觀念彌補了帝的缺陷，有了一個一般的原則，這就是『德』」〔註38〕，而具有普遍性與必然性的內涵。而這種由有限向無限、片面向普遍超越的精神，在中華文化傳統裏即被表述為「天人合一」。「天人合一」指天道與人道、自然與人的統一。如果融合是有限性的個體打破其自身的界限而向整體、統一方向的一種邁進的話，那麼最大的融合將是個體主體實現了由有限向無限、片面向普遍的內在超越境界，即「天人合一」。

第四，貫合性。融合是絕對本體與相對之用的貫合。霍韜晦先生言：「儒道兩家都設定宇宙是一個絕對整體，不能割裂處理。」〔註39〕的確，宋儒朱熹言「理一分殊」、老子言「道生一」，而佛教華嚴學亦有「一真法界」，皆將複雜變幻的世界統一為「一」。這裡的「一」是相對對待的「二」而言的，是指向現象世界背後本體的意向性表述。現象世界的萬物是一種相待的存在。方東美先生稱現象世界為「相待性系統」，如「此實質相待性系統，復為一交融互攝系統，其中一切存在及性相，皆彼是相需，互攝交融，絕無孤零零、赤裸裸，而可以完全單獨存在者」〔註40〕，即指出經驗世界與絕對意義本體世界交融互攝的特質。此絕對之「一」，在中國哲學中又有多種表達，於儒家為「仁」，於道家為「道」，於佛家為「真如」等，皆是對現實世界的一個超驗的、絕對的設定。但體用一源，即體顯理，絕對之「一」與經驗世界的事物之間又是徹上徹下地貫通的，如方東美先生的概括「在此系統中，達道無限，即用顯體，而其作用之本身，則絕一切對待與限制，盡攝一切因緣條件，至於纖維而無憾，然卻初非此系統之外之上之任何個體所能操縱左

〔註37〕楊伯峻編著：《孟子譯注》，北京：中華書局，1960，第309頁。

〔註38〕張立文：《中國哲學邏輯結構論》，北京：中國社會科學出版社，2002，第117頁。

〔註39〕霍韜晦：《絕對與圓融》，《現代佛學》，北京：社會科學出版社，2003，第235頁。

〔註40〕方東美：《中國哲學精神及其發展》，北京：中華書局，2012，第146頁。

右者也」〔註41〕，即一切事物都是絕對本體的顯用，而超越性的絕對本體又涵融於相待的現象中。在此意義上言，融合即為絕對之體與相待之用的貫通。貫合體用，即以絕對融攝相對。這條融合之路，可謂是儒、道、佛三家思想的總歸，代表著中國文化發展的總方向。

二、中國佛學中的融合思維與表達

在英語中，與「融合」相對應的詞語有「Fusion」、「Amalgamation」、「Reconcile」、「Harmonize」、「Compromise」等，但這些詞僅具有使多種元素結合為一體的意義，還算不上是真正哲學意義上的「融合」概念。就融合為多樣性的統一的意義而言，英語中的「unity」在哲學上為「統一體」、「統一性」的意思，可與之相當。但中國哲學作為一種特定的地理、經濟、文化發展的產物，是中華民族智慧的集中體現，而有著不同於其他民族文化、哲學的思維路徑，其中的一個重要表現就是在思維方法上具有融合的特質。中國哲學以儒、釋、道三家為主流，在發展中各自形成了自己的融合理論模式，其中以佛學中的融合思維方法與表達內容更具有獨特、豐富的內涵。

首先，「二諦」說為中國佛教融合思維方法的母式。在印度的早期佛教中並沒有注重二諦理論，直到部派佛教才開始探討真、俗二諦的甚深內涵。如《俱舍論》：

> 諦有二種：一世俗諦，二勝義諦。如是二諦？其相云何。頌曰：
> 「彼覺破便無，慧析餘亦爾。如瓶水世俗，異此名勝義。」論曰：
> 若彼物覺彼破，便無彼物，應知名世俗諦。如瓶被破為碎凡時，瓶
> 覺則無，衣等亦爾……是實非虛名世俗諦。若物異此，名勝義諦。
> 謂彼物覺彼破不無，及慧析餘彼覺仍有，應知彼物名勝義諦，如色
> 等物碎至極微，或以勝慧析除味等，彼覺恒有，受等亦然，此真實
> 有故名勝義。依勝義理說有色等，是實非虛，名勝義諦。〔註42〕

意即世間常識所認可的各種事物，如瓶、衣等，是由各種要素和合而成，而一旦毀壞其聚合要素，也不可再稱為其物，故常識中的事物是虛幻不實的，即為「世俗諦」；而「色」、「味」、「受」等為和合事物的要素，雖物被破壞，但能「彼覺恒有」，是真實不虛的，即為勝義諦。《俱舍論》對二諦的論說是把存在

〔註41〕方東美：《中國哲學精神及其發展》，北京：中華書局，2012，第 146 頁。
〔註42〕《阿毗達摩俱舍論》，《大正藏》第 29 冊，第 116 頁。

分為世間常人認識的存在與佛教義理下真實存在兩個層次，如方立天先生言
「從勝義諦來看，世俗諦只是假名，是無恒常真實本質的」〔註43〕，而以現象
世界為虛幻的，並在現象世界後確立一真實的世界。在部派佛教中有多種關於
二諦的解說，但「部派佛教的二諦說，從根本上說，是以關於現象的真理為俗
諦，以關於本質的真理為真諦，前者是世間的常識，後者是佛教的真理」〔註
44〕，而在對世界的兩重認識上沒有太大的差別。

《般若經》中亦注重二諦的思想。如《大般若波羅蜜多經》言：

四念住等諸無漏法，亦非如勝義諦無生無滅、無相無為、無戲
論無分別，亦應解脫，勝義諦者即本性空，此本性空即是諸佛所證
無上正等菩提。〔註45〕

即以認識主體的「無分別」與事物之後的「本性空」為勝義諦。而對於世俗諦，
如《大般若波羅蜜多經》言：

凡有言說名世俗諦，此非真實，若無世俗即不可說有勝義諦。
是諸菩薩通達世俗諦不違勝義諦，由通達故，知一切法無生無滅、
無成無壞、無此無彼，遠離語言文字戲論。〔註46〕

即以「凡有言說」皆為虛幻不實為世俗諦的內涵，與部派佛教以常識中的事物
皆是虛而不實的認識並無太大的差別，但經中又指出「無世俗即不可說有勝義
諦」，認識主體可由「通達世俗諦」認識一切法的本性，而提供了一種認識事
物的路徑。

在此基礎上，大乘佛教又進一步發揮二諦說。大乘佛教將現象世界之後的
真實存在稱為「實相」、「法性」等，如《放光般若經》「法性長如故，亦不生
不滅」〔註47〕，即因超越經驗世界相對的生滅變化，而具有絕對、普遍的意
義。為表達絕對、普遍的真實本際與現象世界的關係，龍樹中觀學特對「二諦」
加以發揮，以「勝義諦」對應於「實相」、「法性」的勝義存在，「世俗諦」為
現象世界虛幻性、相對性的存在，而此兩者並非決然對立的，實為「勝義諦」
不離「世俗諦」的融貫關係。對於大乘佛教的二諦說，如方立天先生言「重視
在理論上把真諦與俗諦、空與有（假名）統一起來，在方法上把實相與名言統

〔註43〕方立天：《中國佛教哲學要義》，北京：中國人民大學出版社，2002，第1149頁。
〔註44〕方立天：《中國佛教哲學要義》，北京：中國人民大學出版社，2002，第1150頁。
〔註45〕《大般若波羅蜜多經》，《大正藏》第6冊，第1003頁。
〔註46〕《大般若波羅蜜多經》，《大正藏》第7冊，第939頁。
〔註47〕無羅叉譯：《放光般若經》，《大正藏》第8冊，第108頁。

－24－

一起來，進而在實踐上把涅槃與世間統一起來開闢了佛教理論與實踐的新天地」〔註48〕，即指出大乘佛教的二諦說已具有「勝義諦」與「世俗諦」圓融、統一的內涵。

其次，中國佛教學者對「二諦」說充分發揮。探求本體意義的絕對主旨，即體顯用，又由本體開出現象世界的生滅變化，是中國哲學本體論的鮮明特色。佛教傳入中國以後，開始與中國文化思想進行深入交融。「二諦」說被中國佛教學者發揮，也逐漸發展成為中國化的理論形態，如三論宗有「二重四諦」說，天台有「三諦圓融」說、華嚴宗有「法界圓融」、窺基有「四重二諦」說等，而以華嚴宗「法界圓融」的融合模式——「理事無礙」觀最有特色，而具有代表性。在華嚴學中，事法界是萬有生滅的現象世界，對應於龍樹中觀學的「世俗諦」；理法界，是真際的本體世界，對應於「勝義諦」；而理為現象世界的絕對本體，現象世界是理本體的顯現，現象與本體無礙融通，為理事無礙法界，對應於龍樹的二諦相統一的內容。因理事無礙具有貫合絕對本體與現象世界的作用，而為圭峰宗密、永明延壽、雲棲袾宏等中國佛教學者作為融合諸宗學說的理論模式與重要方法，如董群先生的評價「宗密融合思想的方法論基礎之一，就是華嚴的法界論傳統，特別是理事無礙的方法論傳統」〔註49〕，即強調宗密運用理事無礙為融合的重要方法，突出了理事無礙在中國佛教理論融合中的重要價值。

再次，中國佛學中發展出了豐富多彩的融合表達。在中國佛教的學術文獻中出現了各種語境下表達「融合」的語句，現隨舉一二，可見一斑。如：

（1）此乃依於法界智乘成佛，非論前後，以古印今，以今通古，融合無二。〔註50〕

（2）七、性相俱融。說一心，謂如來藏，舉體隨緣，成辦諸事。而其自性，本不生滅。即此理事，混融無礙。是故一心二諦，皆無障礙。〔註51〕

（3）禮於一佛，即禮一切佛；禮一切佛，即是禮一佛。以佛法

〔註48〕方立天：《中國佛教哲學要義》，北京：中國人民大學出版社，2002，第1154頁。

〔註49〕董群：《融合的佛教——圭峰宗密的佛學思想研究》，北京：宗教文化出版社，2000，第300頁。

〔註50〕永明延壽集：《宗鏡錄》，《大正藏》第48冊，第641頁。

〔註51〕永明延壽集：《宗鏡錄》，《大正藏》第48冊，第435頁。

身，體用融通故。禮一拜遍通法界。〔註52〕

（4）以理事相即，故得理事融鎔無礙也。〔註53〕

（5）以全事全理，故事事融攝，無障無礙。〔註54〕

（6）又圓教義者，本末融通，理事無礙。說真妄，則凡聖昭昭而交徹；語法界，則理事歷歷而相收。〔註55〕

（7）此說時有前後，然在行心，鎔融不二。不二之性，即是實性。理味在此，宜可思之。〔註56〕

（8）處暑寒來道易生，六時佛號更虔誠。蟬聲唧唧鳥聲噪，山自蒼蒼水自清。時至理彰忘我見，圓融解脫了凡情。西方淨土名為樂，但念彌陀緊步行。〔註57〕

（9）毗盧影裏般若光中，互為主伴法界融通。白雲片片帝網重重，形分萬派月印寒空。〔註58〕

（10）然雖分判一代時教，皆是一心融攝，一理全收，分而非多，聚而非一，散而不異，合而不同，恒沙義門，無盡宗趣，皆於一乘圓教宗鏡中現。〔註59〕

......

其中有表達在佛智境界的「融合無二」、「鎔融不二」，表達心性論的「一心融攝」，表達性相圓融的「性相俱融」，表達體用一如的「體用融通」，表達融合方法的「理事融鎔無礙」、「事事融攝」，表達圓教義理上的「本末融通」，表達解脫論上的「圓融解脫」、表達宇宙論上「法界融通」等等。於此可見，中國佛教學者已將「融合」一概念充分發揮，運用於佛學中的宇宙論、心性論、方法論、解脫論、境界論、體用論等方面，而具有豐富多彩的內涵表達。

三、袾宏淨土學語境下的融合意味

自唐朝宗密法師倡導禪教一致以來，中國佛教就日益表現出融合發展的

〔註52〕永明延壽：《萬善同歸集》《大正藏》第 48 冊，第 964 頁。
〔註53〕德清：《起信論直解》，《續藏經》第 45 冊，第 485 頁。
〔註54〕德清：《起信論直解》，《續藏經》第 45 冊，第 485 頁。
〔註55〕永明延壽集：《宗鏡錄》，《大正藏》第 48 冊，第 619 頁。
〔註56〕法藏：《大乘起信論義記》，《大正藏》第 24 冊，第 268 頁。
〔註57〕《嵩能禪師淨土詩》，《續藏經》第 62 冊，第 877 頁。
〔註58〕《開福道寧禪師語錄》，《續藏經》第 69 冊，第 355 頁。
〔註59〕永明延壽集：《宗鏡錄》，《大正藏》第 48 冊，第 621 頁。

態勢，如方立天先生言：「自唐代後期起，中國佛教各宗派的融通趨勢愈來愈顯著，大體上先是禪教相互融通，次是各宗分別與淨土宗相合一，再是以禪淨合一為中心的各派大融合」〔註60〕，即指此意。晚明時期，不僅佛教內部融合呈現出諸宗大融合，乃至儒、釋、道三教都有高度融合的表現。雲棲袾宏作為明末四高僧之首，大興淨土教法，教內以淨土學融攝教內諸宗學說，教外則主張儒佛道三教一致，被譽為淨宗第八祖。如日本學者荒木見悟的評價「《阿彌陀經疏鈔》是陳述袾宏宗教觀的原理的著作」〔註61〕，那麼在最能體現袾宏佛學思想的作品《佛說阿彌陀經疏鈔》中又表現出怎樣的融合意味呢？

縱觀《佛說阿彌陀經疏鈔》全文，其中並沒有直接出現「融合」一詞，但卻在各種語境下出現了許多具有融合意味的詞語，如「圓融」、「融通」、「融會」、「沖融」、「和融」、「頓融」、「融成」、「雙融」、「交融」、「互融不二」、「互相融攝」、「通融交徹」、「互相融徹」等。現將袾宏語境下各種具有融合意味的語句進行概括、梳理，至少可歸納出如下幾種涵義：

首先，從心性論而言，「融合」為主體「自性」的一種性德。袾宏對淨土學上最突出的貢獻就是，以「一心」為淨土學建構了系統的心性理論，並在此基礎上以淨土為教體融攝賢、禪、淨、律諸宗。在袾宏淨土學中「自性」、「一心」、「真如」、「真心」、「真識」、「本心」、「本覺」等概念在表達宇宙實相的意義上具有相當的內涵，如袾宏所言「此之自性，蓋有多名，亦名本心，亦名本覺，亦名真知，亦名真識，亦名真如，種種無盡，統而言之，即當人靈知靈覺本具之一心也」〔註62〕，即是此意，而於此又表明，袾宏心性理論與中國傳統的本覺、真心等思想可謂是一脈相承的。袾宏在論述自己作《疏鈔》的緣由時指出「慨古疏鮮見其全，惟數解僅行於世。辭雖切而太簡，理微露而不彰。不極論其宏功，儔發起乎真信。頓忘膚見，既竭心思，總收部類五經，直據文殊一行。而復會歸玄旨，則分入雜華。貫穿諸門，則博綜群典。無一不消歸自己，有願皆迴向菩提。展此精誠，乞求加被」〔註63〕，即感慨古代大德們對《佛說

〔註60〕 方立天：《佛教哲學》，北京：中國人民大學出版社，2012，第48頁。

〔註61〕 （日）荒木見悟：《近世中國佛教的曙光——雲棲袾宏之研究》，周賢博譯，臺北：慧明文化事業有限公司，2001，第216頁。

〔註62〕 袾宏：《佛說阿彌陀經疏鈔》，《蓮池大師文集》，北京：九州出版社，2013，第2頁。

〔註63〕 袾宏：《佛說阿彌陀經疏鈔》，《蓮池大師文集》，北京：九州出版社，2013，第9頁。

阿彌陀經》的注解中僅有唐代窺基法師《阿彌陀經通贊疏》等數文流行於世，且文辭簡略，沒能將淨土法門中的深廣義理彰顯出來，而難以使人們對淨土法門生起正信。為突出這種「一心」或自性的意涵，如袾宏言「『消歸自己』者，明不專事相，究其歸著，悉皆消化融會，歸於我之本性。良由世出世間，無一法出於心外。淨土所有依報、正報，一一皆是本覺妙明、譬之瓶環釵釧，器器唯金。溪澗江河，流流入海。無不從此法界流，無不還歸此法界也」〔註64〕，意即從事相上言，世出世間一切法可謂包羅萬象，而究其理性本源，又可謂皆從自性法界流出，如瓶、環、釵、釧等物可消融為金，溪、澗、江、河可融匯入海，森然萬象的一切世出世間皆可消化融會於主體之自性。袾宏於此強調，其淨土學的一個重要特色就是突出《佛說阿彌陀經》性理層面的內涵，故袾宏在《疏鈔》中事事、處處、理理皆從性理的層面上加以歸結，以彰顯主體自性本具的一種消化融會的性德。如：

　　【疏】稱理，則自性萬德和融，是天樂義。

　　【鈔】自性如實空，則不立一塵。如實不空，則交羅萬德。調

　和而克諧不悖，融液而一味無乖。〔註65〕

意即袾宏在歸結西方淨土世界的天樂性理時，指出西方淨土實是以天樂表徵眾生自性本具有萬德和融的性德。文中如《鈔》所言「自性如實空，則不立一塵。如實不空，則交羅萬德。調和而克諧不悖，融液而一味無乖」，是對《疏》「自性萬德和融」的具體闡釋。同理，袾宏在歸結西方淨土世界中寶池的性理時又指出「稱理，則自性汪洋沖融，是『寶池』義」〔註66〕、「沖融者，中和貌」〔註67〕，即明言自性具有深廣無際、沖融中和的性德。如是等等，不一而足。

　　其次，從方法論而言，「融合」具有心、境、理、事交徹融攝的重要內涵，而被袾宏發揮、運用為一種重要的圓融會通的原則、方法。「四法界」理論是華嚴學的基本理論，其中「理事無礙」是指實相之理與千差萬別的事物相互交

〔註64〕袾宏：《佛說阿彌陀經疏鈔》，《蓮池大師文集》，北京：九州出版社，2013，第10頁。

〔註65〕袾宏：《佛說阿彌陀經疏鈔》，《蓮池大師文集》，北京：九州出版社，2013，第89頁。

〔註66〕袾宏：《佛說阿彌陀經疏鈔》，《蓮池大師文集》，北京：九州出版社，2013，第80頁。

〔註67〕袾宏：《佛說阿彌陀經疏鈔》，《蓮池大師文集》，北京：九州出版社，2013，第80頁。

融、無有障礙。在法藏、宗密等華嚴學者的發揮下，理事無礙已被作為一種重要的融合模式與方法加以運用，而具有方法論的意義。方東美先生在《華嚴事理無礙觀可解決一切哲學上主客空有對立難解諸問題》一文中言「倘若 Plato（柏拉圖）在紀元前四、五世紀時便曉得在中國以後會出現一個博大精深、圓融無礙、重重無障礙的學說的話，那麼他的靈魂一定不願意停留在上層世界裏面，而反而願意回到現實世界來等待整個現實世界的改造，以促使他崇高的理想世界在這個人世間實現」〔註68〕，即對理事無礙觀的方法論意義予以極高的評價。同理，袾宏亦將之作為一種融合的基本方法運用於淨土學。袾宏先強調理事無礙為生命主體的一種自由境界，如「無礙者，心境理事，本自交徹」〔註69〕，即指出心、境、理、事的交融為無礙的重要內涵。進而，袾宏又突出「心境理事，互相融攝，而為教體也」〔註70〕，以心、境、理、事互融互攝、融通無礙為一種教理方法來貫通禪、教、淨、律等各宗理論。另外，袾宏還以之融會各種歧說。此相關內容詳見下節「袾宏融合思想的方法論」。

　　再次，從境界論而言，「融合」具有消解對待（不二）的內涵，為佛教追求生命解脫的理想境界。上文已述，中國哲學以現象世界為一個互融互攝、相待相依的大系統，進而又以取消人與我的區分、主觀與客觀的對立為個體精神修養的至高境界，如老子有「天得一以清，地得一以寧，神得一以靈，谷得一以盈，萬物得一以生，侯王得一以為天下正」〔註71〕之教，莊子存「故為是舉莛與楹，厲與西施，恢詭憰怪，道通為一」〔註72〕之言，宋儒明「仁者以天地萬物為一體」〔註73〕之道等，皆以追求這種理想境界為要義。佛教以超越世俗對待的「涅槃寂靜」為人生修養的理想境界，如華嚴澄觀言「鎔謂鎔冶，即初銷義。融謂融和，即終成一義。以理鎔事，事與理和，二而不二」〔註74〕，即指出純然絕對的一真法界與森然對待的現象世界互即互融、「和二而不二」，而在事理融合的詮釋中引入了「不二」的概念。「不二」是一個佛教專有名詞，

〔註68〕方東美：《華嚴宗哲學》，北京：中華書局，2012，第467頁。
〔註69〕袾宏：《佛說阿彌陀經疏鈔》，《蓮池大師文集》，北京：九州出版社，2013，第30頁。
〔註70〕袾宏：《佛說阿彌陀經疏鈔》，《蓮池大師文集》，北京：九州出版社，2013，第30頁。
〔註71〕劉文典撰：《莊子補正》，北京：中華書局，2015，第154～155頁。
〔註72〕劉文典撰：《莊子補正》，北京：中華書局，2015，第56頁。
〔註73〕朱熹撰：《四書章句集注》，北京：中華書局，1983，第92頁。
〔註74〕澄觀：《華嚴法界玄鏡》，《大正藏》第45冊，第676頁。

原出自《維摩詰所說經》，經中以悟入一實平等的實相之理為菩薩修行的最高境界與最高品格，而稱為「入不二法門」，如徐文明先生的評價「不二體現了佛教的圓融思想，體證不二，雪存紅爐，塵揚碧海，須彌納於芥子，大千現於□蓋，萬法融通，一切無礙」〔註75〕，即指出「不二而在理論、現實上的有著重要的融合內涵。《維摩詰所說經》中共列舉了三十三對矛盾，如「生、滅」、「我、我所」、「受、不受」「垢、淨」、「善、不善」等，並在一一在「不二」的意義上予以消解。

　　袾宏承《維摩詰所說經》、華嚴學等，亦在「不二」的意義上言融合。袾宏先在「一心」的高度上倡言「不二」，如「若據不二門中，貪瞋癡即戒定慧。則善道、惡道，悉皆如幻。幻無自性，唯是一心。一心不生，萬法俱息」〔註76〕，即以悟入「一心」實相為「入不二門」。袾宏又數用「不二」來表達自性無礙的融合境界，如「依性起修，果上自能色心互融，依正不二」〔註77〕，意即自性本自具足各種德性，依此而修，而在果地上能夠實現色心互融、依報正報的不二。又如「故經云『青色青光，黃色黃光』等，是光色不二，寂照雙融也」〔註78〕，即《佛說阿彌陀經》中極樂淨土的蓮花具有青色青光等義，而從性理上言，原是光色不二、寂照雙融的果位境界表現。進而，袾宏還在《疏鈔》中列舉了一系列對法，並在「自性」的層面上一一消解、融合，茲列舉如下：

　　　　（1）「寂光」者，如來真淨土。生彼國已，見佛聞法，悟無生忍，得自本心，寂照不二，名常寂光。

　　　　（2）故古謂即劣即勝，生法不二。而況今經。不出大小，何得定指為劣？

　　　　（3）信，謂信生、佛不二，眾生念佛，定得往生，究竟成佛故……

　　　　（4）約當宗，則傳法聖人，以我無、我不二之真我，根境非一

〔註75〕徐文明譯注：《維摩詰所說經譯注》，北京：中華書局，2012，導言，第3頁。
〔註76〕袾宏：《佛說阿彌陀經疏鈔》，《蓮池大師文集》，北京：九州出版社，2013，第102頁。
〔註77〕袾宏：《佛說阿彌陀經疏鈔》，《蓮池大師文集》，北京：九州出版社，2013，第101頁。
〔註78〕袾宏：《佛說阿彌陀經疏鈔》，《蓮池大師文集》，北京：九州出版社，2013，第86頁。

異之妙耳，聞娑婆極樂無障礙之法門也。

（5）（實報莊嚴土）亦云「無障礙土」。以色心不二，毛剎兼容故，是法身大士所居。

（6）或明性相和合不二，眾生聞者，事理無礙，乃知有僧，故念三寶。

（7）「⋯⋯文殊言：『光明者，名為智慧』」，則事理圓融，身智不二也。

（8）初即如智不二。能念心外，無有佛為我所念，是智外無如。所念佛外，無有心能念於佛，是如外無智。非如非智，故惟一心。

（9）兩種念佛，事理互通，本不二故。

（10）因該果海，果徹因源，則始本不二。

（11）稱理，則自性王數融通，是佛與弟子俱義。

（12）稱理，則自性真妄融，是菩薩義。

（13）稱理，則自性融通隱顯，是華梵翻譯義。

（14）權智明有生淨土，實智明無生淨土。鈍根則從權入實，利根則權實雙融。

（15）稱理，則自性理智交融，是風樹義。

（16）又菩薩真俗雙融，隨類應機，亦可世間中攝故。

（17）稱理，則自性心境雙融，是行此二難義

（18）是故情與無情，融成一舌。舌即法界，法界即舌。說遍覆時，已成雙橛。

由此可以看出，袾宏在境界論層面上對融合的「不二」內涵闡發、運用的一面。

第四，就禪修論而言，袾宏提煉出了具有融合特徵修持方法。在佛教裏，禪修被視為獲得解脫生死的主要方法，成為佛教出家信眾的基本修行方式。太虛法師指出「從梵僧來化，及能領受佛學之中國士夫思想等的因緣和合，而成為當時習尚禪定的佛學，並奠定了二千年來的佛學基礎」〔註79〕，故中國佛教的禪修實踐在方法與內涵上皆被賦予了鮮明的民族特色，而被稱為「中國佛學特質在禪」〔註80〕。始自唐末五代法眼宗祖師永明延壽調和禪教義理、弘揚禪

〔註79〕 太虛：《佛教常識》，北京：中華書局，2010，第 80 頁。
〔註80〕 太虛：《佛學常識》，北京：中華書局，2010，第 78 頁。

淨雙修，而至宋以後，念佛禪就演化成為中國佛教禪修中的一種重要的修持方式。雲棲袾宏即奉行禪淨雙修的路線，更將理事圓融觀納入念佛的方法中。理事圓融觀即華嚴學的理事無礙觀，對於事理圓融對禪觀的作用，如「是以涉事，則百為紛若，而一理恒如，與理何妨。入理，則　念湛然，而萬法俱備，與事何隔。其於六度，非少分兼行，乃全體具足……是則終日世法，終日實相，佛之知見通達無礙也」〔註81〕，即承智顗主張六度為事，必有其理，事理圓融，才能通達權實二智，在生活、事業中契合諸法實相。而將理事圓融運用於禪觀中，正如火中加薪，會對禪觀產生巨大的力用。袾宏將之運用在念佛修持上，如「如來一語，事理雙備。故同名一心，有事有理。如《大本》云：『一心繫念』，正所謂一心不亂也，而事理各別」〔註82〕，即將理事圓融觀納入淨土宗的修持，而將念佛分為「事一心」念佛與「理一心」念佛，形成了袾宏獨具特色的淨土教的修持方法。袾宏並以之融攝其他諸種念佛法門，如其言「德雲二十一念佛門。亦不出此理一心故」〔註83〕，即以「理一心」念佛統攝華嚴經中德雲二十一念佛門。由此可見，袾宏具有融合特徵的禪修方式，而為其佛學思想中的重要內容。

第五，從中道的意義言，「融合」還具有中道思辨的內涵。在佛教中，「中道」意為遠離事物的對立狀態，遠離有無、斷常等偏執的中正之道，如《中阿含經》「離此二邊，則有中道」〔註84〕。後經龍樹闡發，「中道」已引申為把握現象事物實相的方法與途徑，從而具有了認識論、真理論等方面的意義。由於「中道」觀不偏滯於一邊、無礙圓融，具有融合的意味，而在佛教裏被運用、發揮以融和會通各種學說，如方立天先生言「中道思想是佛教能夠兼容並蓄、協和諸方、適應變化的方法論基礎」〔註85〕，即指此意。龍樹中道思維的一個顯著特色就是雙非式思辨，如其最具有代表性的偈語「不生亦不滅，不斷亦不常，不一亦不異，不來亦不出，能說是因緣，善滅諸戲論，我稽首禮佛，諸說

〔註81〕袾宏：《梵網菩薩戒經義疏發隱》，《梵網經注疏》，北京：線裝書局，2016，第20～21頁。

〔註82〕袾宏：《佛說阿彌陀經疏鈔》，張景崗點校：《蓮池大師文集》，北京：九州出版社，2013，第127頁。

〔註83〕袾宏：《佛說阿彌陀經疏鈔》，《蓮池大師文集》，北京：九州出版社，2013，第130頁。

〔註84〕《中阿含經》，《大正藏》，第1冊，第701頁。

〔註85〕方立天：《中國佛教思想精華與當代世界文明建設（論綱）》，《方立天講談錄》，北京：九州出版社，2014，第313頁。

中第一」〔註86〕，即從中顯示出既對肯定面予以否定，亦對否定面進行否定（動詞）的特色。這種表達模式被稱為「否定之否定」，如吳汝鈞先生言「空亦復空，即是空空，這是否定之否定，或二重否定」〔註87〕，即指此意。龍樹的雙否式中道思維並非僅是玩弄言辭的說道，而是意圖超越語言的有限性以相應於絕對理境，是一種批判中的融合，如印順言「中國學者，把融貫看為龍樹學的特色。不錯，龍樹是綜合的融貫者，但他是經過了批判的」〔註88〕，即強調龍樹雙否中的融合意味，並被中國佛教學者繼承、改進。袾宏亦在中道的意義上表達融合的意涵，如「言從初願以至願終，無非盡攝眾生同生淨土。自初觀以至觀末，悉是空假中道圓極一心」〔註89〕，意即《無量壽經》中阿彌陀佛的四十八大願皆是為了攝受眾生往生極樂世界，《觀無量壽經》的十六種觀法又皆是由圓妙至極的「一心」所顯現的假、中、空三觀，而融攝「中道」於「一心」。袾宏又多在闡釋中引證龍樹「八不」偈，如「當暗中有明，當明中有暗。互相掩映，涉入重重。妙體融通，不一不異」〔註90〕，即以「不一不異」表達融通之意。除此外，袾宏還有許多類似「八不」的表達，如「沖融者，中和貌，自性非真非俗，純粹至善，如池純以寶成故」〔註91〕等，皆是用雙非的方式表達融合的內涵。

不僅如此，從宇宙論、人生論、緣起論、直覺論、解脫論等意義而言，袾宏淨土學中還有諸多的融合意味，茲不贅述。

第三節　袾宏融合思想的方法論

融合不但具有濃厚的哲學內涵，而且被運用為一種觀察問題、處理事物的重要方法，具有著方法論的意義。袾宏為淨土宗祖師，亦被尊為華嚴圭峰宗密的學人。袾宏融合思想的一大特點就是極大發揮了華嚴圓融的方法論，特別是

〔註86〕龍樹：《中論》，《大正藏》，第 30 冊，第 1 頁。

〔註87〕吳汝鈞：《佛教的概念與方法》，北京：世界圖書出版公司，2015，第 57 頁。

〔註88〕釋印順：《中觀論頌講記》，北京：中華書局，2011，第 8 頁。

〔註89〕袾宏：《佛說阿彌陀經疏鈔》，《蓮池大師文集》，北京：九州出版社，2013，第 5 頁。

〔註90〕袾宏：《佛說阿彌陀經疏鈔》，《蓮池大師文集》，北京：九州出版社，2013，第 47 頁。

〔註91〕袾宏：《佛說阿彌陀經疏鈔》，《蓮池大師文集》，北京：九州出版社，2013，第 80 頁。

依一真之性而起的理事無礙論。

一、作為融合方法的理事無礙

　　理事無礙與事事無礙皆為華嚴學的「四法界」理論的重要內容，同時又是華嚴學悟入法界真理的重要觀法，而被當做一種融通各種學說的方法運用時，又具有了方法論的重要意義。在兩者中，袾宏發揮最多是理事無礙，這也是在中國佛教中沿承澄觀、宗密、永明延壽等一貫的融合方法。

　　首先，理事無礙體現出的是體用辯證與本末無礙原理。「體」與「用」是在中國哲學中的一對重要範疇。在早期運用中，「體」指形體、質體、實體之義，而「用」為與「體」對應的功能、作用、屬性等意義，如《荀子・富國》「萬物同宇而異體，無宜而有用為人」〔註92〕，即為此意。約在魏晉時，「體」與「用」被作為哲學範疇使用，「體」指本體、本質，而「用」為與「體」對應的現象。如王弼《老子注》「萬物雖貴，以無為用，不能捨無以為體也。捨無以為體，則失其為大矣，所謂失道自后德也」〔註93〕，即以「無」為體，而有宇宙萬物的種種表現。王弼在體用的層面上言無與有，使體用範疇在中國哲學中得以更加廣泛的應用。

　　隨著佛教的傳入，體用範疇被應用於佛學義理中。如《起信論》「是心真如相，即示摩訶衍體故；是心生滅因緣相，能示摩訶衍自體相用故」〔註94〕，即以體、相、用三個範疇來詮釋「摩訶衍」義。至隋唐時期，體用範疇在佛教各宗法義中被普遍應用。在天台學中，有慧思以「體用」對天台學加以發揮。如：

　　　　以此智外無別有真如可分別故，此即是心顯成智，智是心用。
　　　心是智體，體用一法自性無二，故名自性體證也，如似水靜內照照
　　　潤義殊而常湛一。〔註95〕

慧思即以心作智體、智為心用表達心智不二的內涵。除此之外，天台學最有特色的發揮應是以體用表達「二諦」義理。如：

　　　　問曰：「若約真諦本無眾相，故不論攝與不攝。若據世諦彼此差

〔註92〕王先謙撰：《荀子集解》，北京：中華書局，1988，第175頁。
〔註93〕王弼注，樓宇烈校釋：《老子道德經注校釋》，北京：中華書局，2008，第94頁。
〔註94〕《大乘起信論》，《大正藏》第32冊，第575頁。
〔註95〕慧思：《大乘止觀法門》，《大正藏》第46冊，第643頁。

別，故不可大小相收。」答曰：「若二諦一向異體，可如來難。今既
以體作用，名為世諦；用全是體，名為真諦，寧不相攝。」問曰：
「體用無二只可二諦相攝，何得世諦還攝世事。」答曰：「今云體用
無二者，非如攬眾塵之別用，成泥團之一體，但以世諦之中，一一
事相即是真諦全體，故云體用無二。以是義故，若真諦攝世諦中，
一切事相得盡，即世諦中一一事相亦攝世諦中一切事相皆盡。如上
已具明此道理竟，不須更致餘詰。」〔註96〕

佛學中以「二諦」說表達絕對真際與現象世界的辯證關係，在中國佛學中被作
為融合方法的理據而被學者發揮。此處，天台學人慧思將「以體作用」稱為世
俗諦，「用全是體」稱為真諦，以體用辯證對「二諦」義進行闡發，而將真諦
與俗諦圓融互攝釋為「體用無二」。在中國佛教義理詮釋上，這實是以體用範
疇與「二諦」相結合的典範。但天台學人言體與用，還是在「體用一如」的層
面上進行探討，而與華嚴學還有區別，如張立文先生言「如果說天台宗主張『體
用』無二、『體用一如』的話，那麼，華嚴宗則既倡導體用各別，又以為體用
雙融」〔註97〕，即強調華嚴學中對體用還有獨到的理解與發揮。

在華嚴學中，法藏對體用加以闡發。法藏先強調「體」與「用」的區別。
如法藏言：

一諸緣各異義。謂大緣起中諸緣相望要須體用各別，不相和雜
方成緣起，若不爾者，諸緣雜亂，失本緣法，緣起不成，此即諸緣
各各守自一也。〔註98〕

即指出對緣起和合的諸緣而言，體與用各有分別而「不相和雜」，否則將會諸
緣混亂，不成緣起。進而，法藏又言「體用雙融」。法藏在《華嚴經探玄記》
中指出了法界緣起、圓融無礙的十類原因，而其中第一類為「緣起相由故」，
即事物是相對而緣起的。法藏又再分十義闡釋，第六義即為體用雙融義。如法
藏言「六體用雙融義。謂諸緣起法要，力用交涉，全體融合，方成緣起」〔註
99〕，意即諸緣有體有用，舉體全用、舉用全體，而有諸緣的相入相即，體用
雙融，成為緣起。「體用雙融」，即本體與本體、本體與現象（功用）、現象與

〔註96〕慧思：《大乘止觀法門》，《大正藏》第46冊，第650頁。
〔註97〕張立文：《中國哲學邏輯結構論》，北京：中國社會科學出版社，2002，第351
　　　　頁。
〔註98〕法藏：《華嚴經探玄記》，《大正藏》第35冊，第124頁。
〔註99〕法藏：《華嚴經探玄記》，《大正藏》第35冊，第124頁。

現象之間融合至於極致，即是緣起的圓融無礙。

在「體用雙融」的層面上，法藏對理事無礙法界的涵義進行闡發。「事法界」指現象世界中林林總總、千差萬別的事相；而各種差別的現象事物之後有一個普遍性意義的「理」，即法性、實相、真如等，被稱為「理法界」；「理事無礙法界」指「理」因「事」而顯，「事」得「理」而成，「理」與「事」相互交融、相即相入、圓融統一；「事事無礙法界」指各種不同的事物、現象皆依一「理」顯現，而「事」與「事」之間無礙圓融。在「四法界」理論中，法藏運用「體用雙融」的辯證邏輯來表達普遍性的「理」與個別性「事」的「雙融」關係。如法藏言：

> 三觀體用者，謂了達塵無生無性一味是體，智照理時不礙事相宛然是用。事雖宛然，恒無所有，是故用即體也，如會百川以歸於海；理雖一味，恒自隨緣，是故體即用也。如舉大海以明百川，由理事互融故，體用自在。若相入則用開差別，若相即乃體恒一味，恒一恒二，是為體用也。〔註100〕

即以「理」為體，「事」為用，而言理事圓融，無礙自在。

法藏又依「體」與「用」的辯證發揮為「本」與「末」。如法藏言「八明本末者，謂塵空無性是本，塵相差別是末。末即非末，以相無不盡故；本亦非本，以不礙緣成故。即以非本為本，雖空而恒有；以非末為末，雖有而恒空。當知，末即隨緣，本即據體。今體為用本，用依體起。《經》云：『從無住本立一切法』」〔註101〕，即以「塵空無性」為本，「塵相差別」是末，而「體為用本，用依體起」，即為本末圓融。

其次，理事無礙為華嚴學一貫的融合方法。如董群先生言「理事無礙提供了本體與現象之間的融合原則」〔註102〕，即強調理事無礙作為融合方法的重要價值作用。其「理」指向了具有普遍意義的統一的本體世界，「事」指向了各種差別的現象世界，兩者相即相入，而被引申為一種既強調各種差別後的同一，又突出了在同一中的差異的思辨方法原則。此方法為華嚴後學所繼承。法藏之時，為盛唐時期，故其立義重在突出華嚴本宗義理而較別宗之殊勝。而澄

〔註100〕法藏：《華嚴義海百門》，《大正藏》第 45 冊，第 635 頁。

〔註101〕法藏：《華嚴義海百門》，《大正藏》第 45 冊，第 635 頁。

〔註102〕董群：《融合的佛教——圭峰宗密的佛學思想研究》，北京：宗教文化出版社，2000，第 297 頁。

觀處於中唐時期，其既要顧及南北禪門的蓬興，又須照應天台湛然的中興，而在各宗融合逐漸加強的形勢下更注重發揮華嚴理事無礙的方法與各宗會通。如澄觀在《華嚴經疏》中以十門論述了理事關係「今辯如來一代時教，略啟十門：一本末差別門，二依本起末門，三攝末歸本門，四本末無礙門……」〔註103〕，即依理事無礙所體現的本末圓融判析如來一代時教。

宗密所處在時代，中國佛教各宗融合的形勢更加明顯。在這種特殊的歷史文化環境下，宗密意欲實現佛教內部禪門與教門的融合，禪宗諸家之間的融合，乃至佛教同儒道之間的融合，而在理論闡發中注重發揮華嚴圓融方法論，如宗密《原人論·會通本末》言「真性雖為身本，生起蓋有因由，不可無端忽成身相。但緣前宗未了，所以節節斥之。今將本末會通，乃至儒道亦是」〔註104〕，即發揮理事無礙所體現的本末無礙以實現佛教內部諸宗，乃至佛與儒道的會通。於此如董群先生的評價「宗密從華嚴宗思想中突出了無礙的方法論，特別是四法界中理事無礙的方法論，而理事無礙體現的方法，是本末無礙」〔註105〕，即強調宗密非常注重對理事無礙、本末無礙的發揮。

從上分析可知，理事無礙體現出的是體用辯證與本末無礙原理，為華嚴學一貫的圓融方法，而在理論闡發中發揮著非常重要的作用。

二、袾宏的運用與發揮

晚明時期，中華文化融合發展達到了新的歷史階段。面對佛教內部諸宗融合以及佛與儒、道融合的趨勢，袾宏作為華嚴學人，同樣注重運用理事無礙的融合方法，而在方法運用上袾宏除了沿承澄觀、宗密、永明延壽等運用體用觀、理事觀、本末觀等，還有注重在「一心」層面上發揮的表現。

（一）對體用觀、理事觀、本末觀的運用

從袾宏的著述可以看出，袾宏非常重視對華嚴理事觀的運用，但華嚴理事觀本就與體用觀、本末觀等有著不可分割的聯繫，故袾宏在理論闡發中而有視具體情況運用體用、理事、本末等辯證方法的表現。

首先，體用觀的運用。袾宏在《疏鈔》、《發隱》中多次運用、發揮體用辯

〔註103〕澄觀：《大方廣華嚴經疏》，《大正藏》第 35 冊，第 513 頁。
〔註104〕宗密：《原人論》，《大正藏》第 45 冊，第 710 頁。
〔註105〕董群：《融合的佛教——圭峰宗密的佛學思想研究》，北京：宗教文化出版社，2000，第 297 頁。

證以融通學說。如對《梵網經》「我今盧舍那，方坐蓮花臺，周匝千花上，復現千釋迦；一花百億國，一國一釋迦，各坐菩提樹，一時成佛道」〔註106〕，祩宏於《發隱》中釋為「本佛、跡佛，不分前後，一時成佛，表體用無二道也」〔註107〕，即以盧舍那佛為「本佛」，千萬釋迦佛為「跡佛」，而發揮「體用無二」之理圓融「本」「跡」。在《疏鈔》義理上，祩宏主要是引華嚴以釋淨土，而《發隱》是祩宏對智者法師《梵網經疏》的隱義發顯，故在義理發揮上又難免受天台學影響。如《發隱》言：

> 據位則先住後行，故習在先，性在後。據行則體用互相先，故不定。依體起用者，依中道理，起觀行用，則性先。尋用取體者，從自行用，取中道體，則習先。教、證者，引喻也。據位，則由教入證，故教在先，證在後，如習、性也。據行，亦同前不定。依體起用者，因望證道體，乃起教道用，故證先。尋用取體者，緣尋教道用，乃證中道體，故教先也。若通古難，則地前習種，登地性種，用《地持》意。〔註108〕

即運用體用辯證原理融通教法與證法。此段引文是祩宏對智者《梵網經疏》相關文句的發隱。儘管天台學言「體用一如」，但在修行實踐中還有「依體起用」與「尋用取體」的區別。從文義來看，祩宏依智者法師對之詳細解釋，並沒有另外做出發揮，故於此還可見祩宏對天台「體用無二」的承襲。

祩宏又於《疏鈔》中言：

> 俱舍三義者，《俱舍論》明最勝、自在、光顯為根。最勝者，根體勝故。自在者，根用勝故。光顯者，體用雙彰故。於中開二十二根，有信等五根故。〔註109〕

即《俱舍論》有「最勝自在光顯名根」〔註110〕之文，窺基在《俱舍論疏》中曾以體用辯證作疏釋義，而祩宏亦於此借用發揮「體用雙彰」義。《阿彌陀經》主要教授稱名念佛往生淨土的相關內容，而沒有深談其中義理，故祩

〔註106〕 《梵網經》，《大正藏》第 24 冊，第 1003〜1004 頁。
〔註107〕 祩宏：《梵網菩薩戒經義疏發隱》，《梵網經注疏》，北京：線裝書局，2016，第 56 頁。
〔註108〕 祩宏：《梵網菩薩戒經義疏發隱》，《梵網經注疏》，北京：線裝書局，2016，第 17 頁。
〔註109〕 祩宏：《佛說阿彌陀經疏鈔》，《蓮池大師文集》，北京：九州出版社，2013，第 97 頁。
〔註110〕 《俱舍論》，《大正藏》29 冊，第 13 頁。

宏於此運用體用辯證融通《阿彌陀經》與《俱舍論》等諸經論，而豐富淨土
學義理。

其次，理事觀的運用。袾宏更屢屢運用理事觀融通各種論說，於此僅舉二
例，可窺其意。先看第一例。如《疏鈔》言：

【疏】問：菩薩捐棄五欲，雖輪王不以為樂。憫念眾生，雖地
獄肯代其苦。何得捨苦眾生，自取樂土？答：智者《十疑論》中詳
明。又更有取捨多說，不可不辯。

【鈔】《論》云：「菩薩未得無生法忍，不能度生。喻如破舟拯
溺，自他俱陷。求生淨土，得無生忍已，還來此世，救苦眾生，乃
克有濟。故初心菩薩，必先捨此苦處，生彼樂處。」據此，則捨苦
者，正欲拔眾生之苦。取樂者，正欲與眾生以樂也。自利利他，是
菩薩道，豈二乘獨善之可儔乎？又多說者，圭峰釋《圓覺》「種種取
捨，皆是輪迴」，謂：「如捨此娑婆，取彼淨土。」而大梅亦云：「捨
垢取淨，是生死業。」故今辯云：此等語言，非不極致，但得旨則
號醍醐，失意則成毒藥。盡令而行，何但捨娑婆垢，取極樂淨，為
取捨也。縱謂我土唯心，而捨境取心，亦取捨也；縱謂我無取捨，
而捨此有取捨，取彼無取捨，亦取捨也，亦輪迴生死業也。寧知理
無分限，事有差殊。理隨事變，則無取捨處，取捨宛然。事得理融，
則正取捨時，了無取捨。故菩薩雖知一切法平等不二，而示苦樂境，
開取捨門，權實雙行，理事無礙。〔註111〕

袾宏於此通過問答的方式進行解說。如有人發問，菩薩本應捐棄五欲，為救護
眾生不辭勞苦，又怎能慕求淨土而捨棄眾生呢。袾宏於此引用諸種論疏作答。
袾宏先依智者《淨土十疑論》指出，初發心菩薩並不具有救度眾生的能力，如
強行度生只會如「破舟拯溺」般「自他俱陷」，而通過「必先捨此苦處，生彼
樂處」的方便方法救度眾生，正是大乘菩薩慈悲精神的體現。袾宏又對宗密、
大梅與智者不同的論斷加以融通。宗密釋《圓覺經》「種種取捨，皆是輪迴」，
又法常禪師（大梅）「捨垢取淨，是生死業」，故有人依此而無法領悟淨土學「捨
此娑婆，取彼淨土」的方便宗趣。對這兩類見解，袾宏依理事無礙的辯證邏輯
進行融通，即就「理」言本「無取捨處」，就「事」而言則「取捨宛然」，而理

〔註111〕 袾宏：《佛說阿彌陀經疏鈔》，《蓮池大師文集》，北京：九州出版社，2013，
第74～75頁。

事無礙圓融，才為淨土「捨此娑婆，取彼淨土」的方便修學。

在淨土修學上，有信眾偏重於事相，有人偏重理解，袾宏亦發揮理事辯證而加以融通。如《疏鈔》言：

> 上言佛慈雙被智愚，今言眾生不體佛意，有善教，無善學，故可歎也。守愚者，愚而甘愚。小慧者，慧而不慧。良以事依理起，理得事彰，事理交資，不可偏廢。著此執彼，厥弊等耳。「蒙童」喻全愚，昏稚未開，僅能讀文，了不解義，所謂終日念佛，不知佛念者也。「貧士」喻小慧，昔有窶人，路獲遺券，見其所載田園宮室、金帛米粟種種數目，大喜過望，自云巨富，不知數他人寶，於己何涉。所謂雖知即佛即心，判然心不是佛者也。是故約理，則無可念，約事則無可念中吾固念之。以念即無念，故理事雙修，即本智而求佛智，夫然後謂之大智也。〔註112〕

袾宏指出，眾生根機不同，有智愚的差別，而對不同眾生應依理事圓融的原則進行度化。於此，袾宏針對眾生中多數——「守愚者」、「小慧者」兩類人進行解釋。「守愚者」指偏執事相而不能於理上圓解之輩，「小慧者」指偏執於理而於事上荒廢之類眾生，兩者皆是袾宏批評的對象，故袾宏依理事圓融的原則指出「事依理起，理得事彰，事理交資，不可偏廢」，而應「理事雙修」。

最後，本末觀的運用。袾宏還運用本末觀融通各種論說。袾宏沿承中國佛學傳統，亦以「本末」為與「體用」、「理事」等相當的範疇。如《楞嚴經摸象記》言：

> 良由下文棄海取漚，認漚為海，本末翻覆，故名顛倒。則知海者喻真，漚者喻妄。妄身在於心內，如一漚至微。真心徧乎身外，如海水至廣。棄真取妄，認妄為真，身心顛倒所在，正在此耳。〔註113〕

即袾宏將《楞嚴經》「棄海取漚」說法稱為「本末翻覆」。現考《楞嚴經》原文，可見關於「海」、「漚」之語義。如：

> 汝身汝心皆是妙明真精妙心中所現物，云何汝等遺失本妙圓妙明心實明妙性，認悟中迷晦昧為空，空晦暗中結暗為色，色雜妄想想相為身，聚緣內搖趣外奔逸，昏擾擾相以為心性。一迷為心，決

〔註112〕袾宏：《佛說阿彌陀經疏鈔》，《蓮池大師文集》，北京：九州出版社，2013，第7頁。

〔註113〕袾宏：《楞嚴經摸象記》，《續藏經》第12冊，第485頁。

定惑為色身之內，不知色身外洎山河虛空大地，咸是妙明真心中物。

譬如澄清百千大海，棄之，唯認一浮漚體，目為全潮窮盡瀛渤。汝等即是迷中倍人，如我垂手等無差別，如來說為可憐愍者。〔註114〕

意即佛陀告訴阿難，山河人地、身心內外等皆是「妙明真精妙心」的顯現，而你（阿難）對身、心等見解，就如同不識「澄清百千大海」，只認得「一浮漚體」的「迷中倍人」。可知，在《楞嚴經》中佛陀以大海喻指人人本具的「妙圓妙明心寶明妙性」，浮漚喻指「聚緣內搖趣外奔逸，昏擾擾相以為心性」。袾宏即以「海」為「本」，指代「妙圓妙明心寶明妙性」，是在本體意義上與「理」相當範疇，而以「漚」為「末」，指代「一迷為心」後的種種差別境界，是一種事相層面上的範疇。於此可見，袾宏之「本末」與「體用」、「理事」等的內在關聯。

袾宏即此意義上運用本末辯證融通各種學說。如：

性為本而相為末，故云但得本不愁末，未嘗言末為可廢也。是故偏言性不可，而偏言相尤不可。偏言性者，急本而緩末，猶為不可中之可。務枝葉而失根原，不可中之不可者也。〔註115〕

即袾宏以「性為本」、「相為末」，而融通性相之辨。

由上可知，袾宏以體用觀、理事觀、本末觀等融通諸種學說，正是其融合方法嫻熟運用的體現。

（二）在「一心」層面上的發揮

晚明時期，儒、佛、道三教皆已在義理上深入探討心性問題，而這不免對袾宏帶來潛默的影響，即須在心性理論的高度上闡發其融合理論。袾宏意欲突出以「一心」融攝教內諸宗乃至儒道的主旨，故而更注重在「一心」層面上對理事無礙方法的發揮。

首先，將「體用」、「四法界」等皆歸為「一心」。如對《梵網經》「俱來至我所」〔註116〕一語，袾宏在《發隱》中言：

我者，捨那自我。能所俱至，表體用歸一心也。〔註117〕

〔註114〕《大佛頂如來密因修證了義楞嚴經》，《大正藏》第19冊，第110～111頁。
〔註115〕袾宏：《竹窗三筆》，《蓮池大師文集》，北京：九州出版社，2013，第465頁。
〔註116〕《梵網經》，《大正藏》第24冊，第1004頁。
〔註117〕袾宏：《梵網菩薩戒經義疏發隱》，《梵網經注疏》，北京：線裝書局，2016，第57頁。

即釋佛為能接引眾生者，聽法眾為所接引者，眾生至捨那佛處聞法為「能所俱至」，而將「體用」皆歸結為「一心」。對華嚴「四法界」，如《疏鈔》言：

> 又以四法界會之，則清濁向背，是事法界。靈明湛寂，是理法界。靈明湛寂而不變隨緣，清濁向背而隨緣不變，是理事無礙法界。不可思議，是事事無礙法界。以此經分攝於圓，亦得少分事事無礙故。末言自性，亦是結屬四法界歸一心也。〔註118〕

即袾宏以「一心」為宇宙萬法緣起的本原，而將華嚴「四法界」結歸為「一心」。又在《疏鈔》中，袾宏將淨土修學的一切義理，一切修行、一切悟解、一切信念等皆攝歸於「一心」。可以說，「一心」不僅是袾宏淨土修學的總綱，而且是其融合思想的理論根坻。

再次，以「事一心」與「理一心」攝持修證實踐。袾宏先將理事辯證貫徹於念佛實踐，如「憶念無間，是謂事持；體究無間，是謂理持」〔註119〕，即區分念佛為事持與理持。袾宏又指出事持與理持的理論依據與融合價值。如：

> 又此事理二持，《起信》中具有此意。〔註120〕
>
> 又此事理二持，即顯密二意。〔註121〕
>
> 又此事理二持，雖上詳分勝劣，有專事者，有專理者，機亦互通，不必疑阻。〔註122〕
>
> 又此事理二持，或漸進、或頓入、亦隨機不定。〔註123〕

即事持與理持的經典依據為《起信論》，而在修學上具有融通顯密，收被各種根機，兼融頓悟漸修等價值意義。

進而，袾宏又指出《阿彌陀經》教授的念佛機要「一心不亂」也有事、理

〔註118〕 袾宏：《佛說阿彌陀經疏鈔》，《蓮池大師文集》，北京：九州出版社，2013，第 3 頁。

〔註119〕 袾宏：《佛說阿彌陀經疏鈔》，《蓮池大師文集》，北京：九州出版社，2013，第 124 頁。

〔註120〕 袾宏：《佛說阿彌陀經疏鈔》，《蓮池大師文集》，北京：九州出版社，2013，第 133 頁。

〔註121〕 袾宏：《佛說阿彌陀經疏鈔》，《蓮池大師文集》，北京：九州出版社，2013，第 133 頁。

〔註122〕 袾宏：《佛說阿彌陀經疏鈔》，《蓮池大師文集》，北京：九州出版社，2013，第 133～134 頁。

〔註123〕 袾宏：《佛說阿彌陀經疏鈔》，《蓮池大師文集》，北京：九州出版社，2013，第 134 頁。

之區分。如《疏鈔》言：

> 如來一語，事理雙備。故同名一心，有事有理。如《大本》云「一心繫念」，正所謂一心不亂也，而事理各別。初事一心者，如前憶念，念念相續，無有二念，信力成就，名事一心。〔註124〕

> 理一心者，如前體究，獲自本心，故名一心。〔註125〕

即以「事一心」與「理一心」攝持稱名念佛。

袾宏還貫徹事、理於持戒中。如：

> 事一心者，以心守戒，持之不易，誦之不忘，無背逆意，無分散意，心不違戒，戒不違心，名一心也。理一心者，心冥乎戒，不持而持，持無持相，不誦而誦，誦無誦相，即心是戒，即戒是心，不見能持所持，雙融有犯無犯，名一心也。〔註126〕

即以「事一心」與「理一心」攝持持戒。如此，袾宏以「事一心」與「理一心」攝持念佛、持戒等修行實踐。

最後，突出「一心」的融合內涵。袾宏先以「理一心」統攝「事一心」。如袾宏言「理一心」為「不惟憶念，即念反觀」〔註127〕、「屬慧門攝，兼得定故」〔註128〕等，即在「事一心」念佛的基礎上倡持「理一心」念佛，而以「理一心」兼攝「事一心」。因「理一心」兼攝理事，袾宏又加以發揮而融攝諸種念佛方法，並融通諸宗經教理論。如：

> 又教分四種念佛，從淺至深，此居最始。雖後後深於前前，實前前徹於後後，以理一心，即實相故。〔註129〕

即揭示「理一心」具有實相的內涵，而以「理一心」念佛融攝稱名念佛、觀像念佛、觀想念佛、實相念佛等。

〔註124〕袾宏：《佛說阿彌陀經疏鈔》，《蓮池大師文集》，北京：九州出版社，2013，第127頁。

〔註125〕袾宏：《佛說阿彌陀經疏鈔》，《蓮池大師文集》，北京：九州出版社，2013，第128頁。

〔註126〕袾宏：《梵網菩薩戒經義疏發隱》，《梵網經注疏》，北京：線裝書局，2016，第181頁。

〔註127〕袾宏：《佛說阿彌陀經疏鈔》，《蓮池大師文集》，北京：九州出版社，2013，第128頁。

〔註128〕袾宏：《佛說阿彌陀經疏鈔》，《蓮池大師文集》，北京：九州出版社，2013，第128頁。

〔註129〕袾宏：《佛說阿彌陀經疏鈔》，《蓮池大師文集》，北京：九州出版社，2013，第128頁。

又理一心，正《文殊》一行三昧，及《華嚴》一行念佛、一時
念佛，又如《起信》明真如法身，及諸經中說。〔註130〕

即以「理一心」融攝文殊「一行三昧」、華嚴「一行念佛」、「一時念佛」、《起信論》「真如法身」、《摩訶般若經》「無所念」、《觀佛三昧海經》「觀佛三昧」、《舍利弗陀羅尼經》「一心念佛」等修行境界。

又雖云一心，實則《觀經》三心、《起信》三心、《論》三心，
乃至《華嚴》十心，《寶積》十心，無不具故。又《淨名》八法，亦
一心故。德雲二十一念佛門，亦不出此理一心故。〔註131〕

即以「理一心」與《觀無量壽經》「三心」（至誠心、深心、迴向發願心）、《起信》「三心」（直心、深心、大悲心）、《往生論》「三心」（清淨心、安清淨心、樂清淨心）、《華嚴經》菩薩十念藏（寂靜念、清淨念、不濁念、明徹念、離塵念、離種種塵念、離垢念、光耀念、可愛樂念、無障礙念）、《寶積》「十心」（無損害心、大悲心、樂守護心、無執著心、淨意樂心、於一切時無忘失心、無下劣心、於菩提分生決定心、無有雜染清淨之心、起隨念心）、《淨名經》菩薩成就八法（饒益眾生而不望報、等心眾生謙下無礙、諸菩薩視之如佛、所未聞經聞之不疑、不與聲聞而相違背、不嫉彼供不高己利、省己過不訟彼短、恒以一心求諸功德）乃至《華嚴經入法界品》德雲比丘二十一念佛門等相融通。

又此一心，即作、是二義故。〔註132〕

又此一心，即定中之定故。〔註133〕

又此一心，即菩薩念佛三昧故。〔註134〕

又此一心，即達摩直指之禪故。〔註135〕

〔註130〕袾宏：《佛說阿彌陀經疏鈔》，《蓮池大師文集》，北京：九州出版社，2013，第 129 頁。

〔註131〕袾宏：《佛說阿彌陀經疏鈔》，《蓮池大師文集》，北京：九州出版社，2013，第 129～130 頁。

〔註132〕袾宏：《佛說阿彌陀經疏鈔》，《蓮池大師文集》，北京：九州出版社，2013，第 130 頁。

〔註133〕袾宏：《佛說阿彌陀經疏鈔》，《蓮池大師文集》，北京：九州出版社，2013，第 130 頁。

〔註134〕袾宏：《佛說阿彌陀經疏鈔》，《蓮池大師文集》，北京：九州出版社，2013，第 131 頁。

〔註135〕袾宏：《佛說阿彌陀經疏鈔》，《蓮池大師文集》，北京：九州出版社，2013，第 131 頁。

又此一心，當知心王、心所，無不一故。〔註136〕

即又在義理上以「理一心」與《觀經》「是心作佛，是心是佛，諸佛正遍知海，從心想生」〔註137〕要義、達摩直指心性的禪法乃至唯識學之心王、心所等相融通。

如此，袾宏在心性論的高度上將理事無礙的融合方法發揮到了極致，可堪稱為中國佛學史上的典範。

從上分析可知，袾宏佛學中有著非常豐富、深邃的融合內涵。但如張立文先生言「在哲學思潮的潮流中，都有其代言人，這便是當時時代的哲學家」〔註138〕，袾宏思想亦可說是晚明這一特定時期社會、政治、經濟、文化等發展的一種現實表現，故在分析袾宏融合思想的內涵之前，我們有必要先瞭解其所面的時代問題，及其契理、契機的佛學發揮。

〔註136〕袾宏：《佛說阿彌陀經疏鈔》，《蓮池大師文集》，北京：九州出版社，2013，第131頁。

〔註137〕《佛說觀無量壽經》，《大正藏》第12冊，第343頁。

〔註138〕張立文：《中國哲學思潮發展史》，北京：人民出版社，2014，第2頁。

第二章　雲棲袾宏融合觀的契理與契機

　　佛教講求「契理」與「契機」的推行原則。「契理」是指推行的教法系統要符合佛陀所宣講的關於宇宙真相的真理，而此俱含括在三藏十二部經典中；契機是指教法的推行要相應於特定的時代、特定的區域以及特定民族思想文化、心理習慣等，如此才算作是應機施教。袾宏作為一代宗師，而被印光法師譽為「砥柱狂瀾契理機，闡明佛心祛蜂蕈」〔註1〕，即稱讚其能於佛教推廣中成熟地運用此兩大原則。本章將對袾宏融合觀的契理與契機進行論述，同時還論及袾宏淨土為本位的判教史觀。下文將詳述。

第一節　雲棲袾宏融合觀的時代契機

　　每個時代各有著不同的時代問題，而晚明時期作為一個歷史上的特定階段，其佛教發展當有著自己的表現內容，這又與晚明這一特定時代政治環境的變動、社會需要的影響、經濟文化發展等因素有著內在的、必然的聯繫。現我們亦圍繞如此因素來探討袾宏宗教融合的契機。

一、政教環境的變遷

　　明初以來，明王朝就對佛教就採用了一系列引導與規範的政策。如《中國佛教通史》所言「這些政策具體體現於僧官制度的確立與調整、加強佛教寺院

〔註1〕釋印光：《袾宏大師像贊》，釋印光著，張育英校注：《印光法師文鈔》，北京：
　　　　宗教文化出版社，2009，第 1126 頁。

的社會化管制、對佛教僧人實行規範化引導,以及充分利用佛教進行邦交的國家意識、儒釋道三教並興的教化平衡觀念等方面」〔註2〕,儘管這不是為了佛教自身良好演進的政舉,但也在一定政治規範下促進了佛教某種程度的發展,並將佛教與政局的變動相牽扯。尤其,在關於儒釋道三教並興的觀念引導下,明朝的三教關係已非三家平衡發展的這種簡單的關係,而又有在與政治鬥爭、權利衝擊激蕩中衝突與融合的特殊表現,正如《中國佛教通史》所言「明初的三教關係,並非屬於教界人際關係之爭,更非涉及教義教理之變,而是涉及到錯綜複雜的政治鬥爭。在此意義上,明代的三教之爭與其說是宗教之爭,毋寧說是政治之爭」〔註3〕。

朱元璋的種種政策與態度導向可謂「決定了明代佛教界的基本動向,也奠定了明代佛教的思想的大致格局」〔註4〕。至明成祖朱棣時,重用僧人道衍,發動靖難之變,後取得帝位,而對佛教仍有所偏護,乃至後來的明帝,亦不出上述的導向之外。在這樣的政治環境下,佛教固不能良好的發揮出教化度生的濟世價值,而這種非純良性的政治生態環境又不可說與晚明佛教的復興無有關聯。明世宗在位時寵信道教、愛好方術,對佛教採取了壓制、禁絕的政策。可以說,明代佛教在總體上呈現出頹敗下行的表現,如任宜敏先生的概括「明代佛教,一言以蔽之,曰律馳教窳,全面下衰」〔註5〕,即強調這一趨向。後晚明諸帝,尤其明神宗(萬曆皇帝)則對佛教採取了寬放的政策,一如高壓後的反彈,晚明佛教發展而出現了全面復興的盛景。在晚明佛教復興的大時代背景下,袾宏順承時代的潮流,應然化生度世。

二、新生產方式、經濟形式的衝擊

明朝時期,農業、手工業以及科技水平都有很大的提高。明初,由於明王朝採取寬鬆的生產政策,農業開始恢復發展,耕地面積也大幅度提高,甚至「耕地面積迅速增加到大約相當於元代的四倍」〔註6〕。與此同時,手工業也有較

〔註2〕賴永海主編:《中國佛教通史》(第12卷),南京:江蘇人民出版社,2010,第21頁。

〔註3〕賴永海主編:《中國佛教通史》(第12卷),南京:江蘇人民出版社,2010,第30頁。

〔註4〕潘桂明:《中國佛教思想史稿》,南京:江蘇人民出版社,2009,第442頁。

〔註5〕任宜敏:《中國佛教史——明代》,北京:人民出版社,2009,第72頁。

〔註6〕陳美東主編:《簡明中國科學技術史話》,北京:中國青年出版社,2009,第429頁。

大的發展，如在河北遵化、廣東佛山、山西陽泉等地出現了大規模的冶鐵業，在景德鎮為中心的陶瓷業迅速發展，又在明中葉後於江南蘇州、杭州一帶還出現了手工工場，如此等等。隨著生產經濟的新變化，明代的科學技術也出現新的發展。從全世界的範圍看，在 16 世紀以前，明代的科技水平是　直領先的。明中葉以後，仍有一些先進的知識分子，如李時珍、徐霞客、宋應星、徐光啟等在科學技術方面做出了很大的貢獻。在明末時期，伴隨著西方傳教士來華傳教，一些西方的科學技術也開始傳入中國。新科技的發展，也在一定程度上促進了新生產方式、經濟形式的衝擊。

伴隨著新生產方式的擴張與新城鎮經濟形式的出現，中國傳統的小農自然經濟遭到了前所未有的衝擊。不但江南、沿海等地的封建生產方式逐漸為新興的小資本生產方式所打破，而且內地也出現了新興商品經濟的發展。這些新興的生產、經濟因素的發展，不可避免對中國宗法封建社會母體和宗法倫理秩序有著瓦解的作用，並成為產生新思想、新價值觀念與行為方式的歷史前提。

三、民風士習的世俗化發展

在新興生產、經濟力量的推動下，明朝社會在一定程度上也出現了由農業生產向手工業生產、實力貨幣賦役向貨幣稅、鄉村社會向城鎮化、同一單質性社會向異質多樣性社會轉化等各種新社會變化，而伴隨著這些新變化，民風與士習也出現了世俗化的轉變現象。就江南一帶言，隨著生活的富足而興起了畜奴的風氣，如《中國通史》「太祖數藍玉的罪，說他家奴數百，可見明初諸將的奴僕，為數亦不在少。後來江南一帶，畜奴的風氣更盛」〔註7〕。然此僅為士紳生活奢侈腐化的一影而已，在《萬曆野獲編》等文獻中更記有各種腐戾之風。明朝的士大夫也漸失前古人之豪情，而又多出倚勢橫行之輩，如《中國通史》「然亦明朝的士大夫，居鄉率多橫暴，所以此輩有所假借」〔註8〕，可知此輩行風。明朝的詩文也不再襲接唐宋時的詩風詞雅，而一承元代大眾化的戲曲，如《中國通史》「此外說話之業，雖盛於宋，然其筆之於書，而成為平話體小說，則亦以元明時代為多。總而言之，這個時代，可以算作是一個平民文學發達的時代」〔註9〕，更有民眾化的小說的盛行。明代這種平民的文化十分盛行，而被商傳先生在《走進晚明》一書中將明文化稱為「商品化的文化」，

〔註7〕 呂思勉：《中國通史》，北京：中華書局，2015，第305頁。
〔註8〕 呂思勉：《中國通史》，北京：中華書局，2015，第305頁。
〔註9〕 呂思勉：《中國通史》，北京：中華書局，2015，第302頁。

並描述「這個時期的明文化，便從官文化主體，轉而形成了民間社會文化主體。尤其是適應城市需求的文化產品，已經看不到一點明初官文化恢弘一時的影子了」〔註10〕，可見明代文化受商品經濟的衝擊影響之大。士習民風的世俗化，亦成為明中、後葉儒教、佛教民俗化演進的一個重要緣由。儒教有王明陽，一反朱子刻板的說教，倡導心學運動，將高高在上的「天理」拉回於每個人的心中，在修學上突出主體的覺醒意識，而極大的適應了明代市民社會對主體精神追求的需求。與此同時，如潘桂明先生對佛教的描述「佛教思想為滿足一般信徒的世俗利益的現狀，與儒道思想乃民間信仰更加緊密的結合。與此同時，與淨土信仰有關的各種佛教實踐，如念佛法會、放生法會、盂蘭盆會等廣泛流行於民間，人們對觀音、地藏等菩薩的信仰普遍高漲，表現『香火道場』特色的『四大名山』逐漸形成並相繼走向繁榮」〔註11〕，佛教亦表現出儒學化、民間化的發展趨向。如此等等，皆為士習民風的世俗化而對儒、佛發展影響的表現。

四、政局與民生

如《中國通史》言「明自中葉後，又出了三個昏君。其（一）是武宗的荒淫。其（二）是世宗昏憒。其（三）是神宗的怠荒。明事遂陷於不可收拾之局」〔註12〕，而祩宏生活的時間主要是明世宗與明神宗在帝位的時段。明世宗初即帝位時尚能銳意求治，但如《明史講義》「嘉靖一朝，始終以祀事為害政之樞紐，崇奉所生，已極增愛之私，啟人報復奔競之漸矣」〔註13〕，好信道士方術，慕求長生成仙，信祀為政，而難能良治；對內政，其用人不賢，怠政則奸行，正所謂「縱觀嘉靖時期的輔臣，正直者少，奸佞者多，好事幹的少，互相傾軋多」〔註14〕，可見內政之亂；而由於軍費開支增大、官吏增多、生活奢侈等，造成了明財政短缺，社會矛盾激化，有多處農民起義與兵變發生。這一切皆表明明世宗的昏腐統治，已直接導致了明政府的嚴重危機。之後繼位的明穆宗又愛好喜遊揮霍，政事昏庸，正所謂「主道之不隆，修政之無善狀」〔註15〕，實

〔註10〕商傳：《走進晚明》，北京：商務印書館，2014，第195頁。
〔註11〕潘桂明：《中國佛教思想史稿》（第二卷上），南京：江蘇人民出版社，2009，第444頁。
〔註12〕呂思勉：《中國通史》，北京：中華書局，2015，第305頁。
〔註13〕孟森：《明史講義》，上海：上海古籍出版社，2011，第224頁。
〔註14〕南炳文、湯綱：《明史》，上海：上海人民出版社，2014，第388頁。
〔註15〕孟森：《明史講義》，上海：上海古籍出版社，2011，第248頁。

乃「上承嘉靖，下啟萬曆，為亡國之醞釀而已」〔註16〕。承穆宗，明神宗在位四十八年，初十年有張居正當國輔，故還無有嗜欲害國之事。後明神宗親掌國政，因嫉恨張居正的侵權之事，而至死都大權自握，成為名副其實的專權皇帝。神宗又喜歡安逸、貪婪任性，而如《明史講義》「忘於臨政，勇於斂財，不郊不廟不朝者三十年，與外廷隔絕，惟倚奄人四出聚斂，礦使稅使，毒遍天下」〔註17〕，其財政匱乏與內政混亂已如此。這期間，明王朝還面臨著嚴重的外患，蒙古人在北部邊界，海盜則在東南沿海活動頻繁。萬曆年間，日軍在豐臣秀吉的帶領下兩次侵略朝鮮，意在中國。明政府與朝鮮聯軍抗日，經數年而勝，但「明朝運兵籌餉，騷動全國，而竟沒有善策，可見其政治軍備的馳廢了」〔註18〕。

自 16 世紀末起，明政府因嚴重的財政困難而加重農民、手工業者、礦工等重稅，使民怨載道。土地兼併問題亦是明王朝對人民生活有嚴重威脅的一個大問題，以至萬曆年間，皇室土地兼併已尤為突出，而失卻土地的農民僅能淪為佃民，或流落他鄉。政治的腐敗、財政的匱乏、軍隊的朽敗、沉重的捐稅等加速激化了明王朝的社會矛盾，致使農民起義、兵變、秘密宗教等反抗活動多有發生，如嘉靖年間就有廣東、陝西等地的農民起義。萬曆年間反對礦監稅使的民變事件更是「遍布各地，規模巨大，動輒萬人」〔註19〕，規模較大的兵變有十幾次，如東安兵變、平樂兵變等，又有李圓郎、趙古元、吳建等以秘密宗教組織的起義，如此等等。

社會的動亂與不安直接導致人民產生悲觀、恐怖的心理，而渴望安定的生活。宗教主要的社會功能就是為人們提供精神的寄託，而佛教的因果報應、六道輪迴等教義內容正好能滿足人們精神慰藉的需要，如《中國佛教通史》「佛教成為影響當時社會生活的最主要方式，還是來自更為傳統的觀音菩薩、地藏菩薩、阿彌陀佛、藥師佛等信仰活動，以及果報感應、聖凡轉世等佛教觀念。這些信仰活動及佛教觀念，才是明代社會各階層所普遍持有的教化內容」〔註20〕，即指出在晚明特定的時代下佛教發揮出了社會功能。

〔註16〕孟森：《明史講義》，上海：上海古籍出版社，2011，第 250 頁。
〔註17〕孟森：《明史講義》，上海：上海古籍出版社，2011，第 255 頁。
〔註18〕呂思勉：《中國通史》，北京：中華書局，2015，第 288 頁。
〔註19〕白壽彝主編：《中國通史》，上海：上海人民出版社，2013，第 256 頁。
〔註20〕賴永海主編：《中國佛教通史》（第 12 卷），南京：江蘇人民出版社，2010，第 18～19 頁。

　　就在佛教為人們提供心靈安慰、引導信仰的同時，晚明的政教關係變遷、新生產經濟形式衝擊下民風土習的世俗化發展、政治的腐敗、社會的動亂等而為佛教的復興提供了一個難得的際遇。由此契機，袾宏率先掀起一場宗教融合運動。

第二節　袾宏融合觀的契理

　　如果說晚明這一特定時期為袾宏宗教融合提供了一個難得際遇的話，那麼袾宏又是如何契理發揮的呢。具體而言，即袾宏為何會選擇淨土作為其一生主弘揚的教法？淨土教理本就有簡約、易行的特色，而袾宏又如何在教理上實現以淨土宗為教體而融攝諸宗的呢？袾宏又應如何面對居於正統地位的儒教呢？下文將具體分析。

一、確立淨土教義的崇高地位

　　如印順導師言「真正的佛學研究者，要有深徹的反省的勇氣，探求佛法的真實而求所以適應，使佛法有利於人類，永為眾生作依怙」[註21]，故袾宏作為一代大師，斷不會因心血來潮，但憑一己的意氣，而發起廣弘淨土教法的行為。袾宏自是經過一番徹認的：

　　袾宏先指出淨土教法為佛陀的真實知見。於淨土諸經中，袾宏最重《阿彌陀經》而展開論述。如：

> 謂如來唯為一大事因緣出現於世，則一代時教，總其大意，唯欲眾生開示悟入佛之知見。今此經者，直指眾生以念佛心入佛知見故。[註22]

意即佛陀傳教就是為了讓眾生認識到現實世界的苦、空、無常的本性，能從無邊無盡的苦難中解脫出來，而《佛說阿彌陀經》作為淨土宗成教的經典依據之一，其主旨即教導信眾一心稱念阿彌陀佛的名號，得以往生西方極樂世界，實現從生死輪迴中的解脫，故淨土教法與佛陀真意是契合無間的。袾宏一生以穩健行事著稱，而喜歡將話講到十二分處。如《淨土難信之法（一）》：

> 淨土者，以為愚夫愚婦所行道。天如斥之，謂非鄙愚夫愚婦，

〔註21〕印順《華雨集》（下），北京：中華書局，2011，第 4 頁。
〔註22〕袾宏：《佛說阿彌陀經疏鈔》，《蓮池大師文集》，北京：九州出版社，2013，第 12 頁。

> 是鄙馬鳴、龍樹、文殊、普賢也。故予作彌陀經疏鈔，乃發其甚深
> 旨趣；則又以為解此經不宜太深，是畢竟愚夫愚婦所行道也。佛謂
> 此經難信之法，不其然乎？〔註23〕

意即有人認為念佛往生淨土僅是愚夫愚婦的修行之道，對此袾宏指出，馬鳴、
龍樹、文殊、普賢等大菩薩皆以往生西方淨土為最上乘的教法，此認識實是對
諸大菩薩的鄙視。淨土學為「難信之法」，這也是袾宏作《佛說阿彌陀經疏鈔》
以闡發深意的一個重要原因。有人可能會認為袾宏是有意作《疏鈔》而雕琢發
揮淨土學義。對此，袾宏則言：

> 噫！《法華》以治世語言皆即實相。而此經橫截生死，直登不
> 退，寧不及治世語言乎？或又謂：「此經屬方等，《疏》以為圓，則
> 不可。」噫！《觀經》亦方等攝也，智者圓之。《圓覺》亦方等攝也，
> 圭峰圓之。《彌陀經》予特以為分圓，何不可之有？佛言難信之法，
> 不其然乎！〔註24〕

意即《法華經》中有治世語言皆與實相不相違背的教言，何況《佛說阿彌陀經》
所教授的正是直從生死中解脫的殊勝妙法，且《觀光無量壽經》、《圓覺經》等
本是方等部類經，智者法師、圭峰宗密已將之列入圓教經典了，則現據《佛說
阿彌陀經》深意而劃為分屬圓教經典又有何不可呢？

進而，袾宏又聯繫《華嚴經》進行論說。如：

> 華嚴第十主藥神，得念佛滅一切眾生病解脫門。清涼疏謂：「趣
> 稱一佛，三昧易成；敬一心濃，餘盡然矣。況心凝覺路，暗蹈大方
> 者哉！」前數語弘贊專念，後二句入理深談，誰謂淨土淺也？行願
> 品廣陳不可說世界海，不可說佛菩薩功德，臨終乃不求生華藏，而
> 求生極樂。誰謂淨土淺也？聖賢垂訓如是，而人自淺之，佛言難信
> 之法，不其然乎！〔註25〕

意即《華嚴經》有「普發威光主藥神，得方便令念佛滅一切眾生病解脫門」
〔註26〕的教言，清涼法師對之作疏，大力稱讚專持名號念佛為殊勝，並以「一
心」之理加以詮釋，又有《華嚴經》中普賢菩薩寧願往生極樂而不求生華藏
世界，故淨土教法並非淺顯。袾宏通過引經據典的論證，而確立淨土教義的

〔註23〕袾宏：《竹窗二筆》，《蓮池大師文集》，北京：九州出版社，2013，第398頁。
〔註24〕袾宏：《竹窗二筆》，《蓮池大師文集》，北京：九州出版社，2013，第399頁。
〔註25〕袾宏：《竹窗二筆》，《蓮池大師文集》，北京：九州出版社，2013，第399頁。
〔註26〕《大方廣佛華嚴經》，《大正藏》第10冊，第18頁。

崇高地位。

二、提倡念佛救度的應機與高效

　　佛教自東漢傳入中國，經過千多年的發展，到隋唐時期各大宗派創立，已可謂在中華大地上廣大弘傳，但「唐代以後，佛教總的情況是高潮已過，大勢已去，開始轉向衰落了。在元明清時代，雖然佛教的各個宗派、佛教在不同地區的發展變化並不平衡，但總的趨勢是花開花落，每況愈下了」〔註27〕，表現出下衰的趨勢。明朝之際，如任宜敏先生的描述「重開售牒制後，僧伽隊伍魚龍混雜，諸如衣食窘迫、妻子鬥氣、悖逆父母、牢獄脫逃以至於禮義廉恥皆不之顧的奸盜詐偽，多有混入僧伍者！此輩害群之尤，生死之念全無，求道之心何有！害群之尤之於佛門，猶不材之木之於森林，且置而不論。縱觀明代佛門，辭親割愛，跡履空門之士中，有真出離心者已遠不及唐宋時期」〔註28〕，可知佛門高僧稀少，僧伽隊伍混雜，教門衰敗如此。

　　佛門不興，袾宏認為這是「末法」的表現。如《竹窗隨筆‧菩薩不現今時》：

　　　　竊怪今時造業者多，信道者寡，菩薩既度生無已，何不分身示現，化誘群迷？且昔佛法東流，自漢魏以迄宋元，善知識出世，若鱗次然；元季國初，猶見一二；近胡寥寥無聞？如地藏願度盡眾生，觀音稱無剎不現，豈其忍遺未度之生，亦有不現之剎耶？久而思之，乃知菩薩隨緣度生，眾生無緣則不能度；喻如月在天上，本無絕水之心，水自不清，月則不現。況今末法漸深，心垢彌甚，菩薩固時時度生，而生無受度之地，是則臨濁水而求明月，奚可得乎？〔註29〕

意即自漢、魏至宋、元期間，高僧大德輩出，如今弘法利生的善知識卻罕見稀少，如同千江有水千江月，若水不清則月影不現，正是由於世風敗壞、人心頑劣的「末法」環境使得「生無受度之地」。佛教中有「三時」之說，為「正法」、「像法」、「末法」，但諸種說法不一，如《佛學大辭典》（丁寶福編）「三時有四說。一說正法五百年，像法一千年，末法一萬年，多取此說」。「末法」即指離佛入滅一千五百年後，修行證果者已為罕見，佛法僅以僅殘存教法行世。末法意識會對後世佛教信徒產生時代危機感，而激勵信眾精進修行。在袾宏的著

〔註27〕方立天：《佛教哲學》，北京：中國人民大學出版社，2012，第 46 頁。
〔註28〕任宜敏：《中國佛教史——明代》，北京：人民出版社，2009，第 82 頁。
〔註29〕袾宏：《竹窗隨筆》，《蓮池大師文集》，北京：九州出版社，2013，第 354 頁。

述中隨處可以看到關於「末法」的言辭。如：

> 末法中，頗有出家比丘信心，不如在家居士者；在家居士信心，
> 不如在家女人者。何惑乎學佛者多，而成佛者少也！〔註30〕

> 末決僧有習書、習詩、習尺牘語，而是三者，皆士人夫所有事，
> 士大夫捨之不習而習禪，僧顧攻其所捨，而於己分上一大事因緣置
> 之度外，何顛倒乃爾！〔註31〕

> 為僧於正法之世，惟恐其分別人；為僧於末法之世，惟恐其不
> 分別人也。何也？末世澆漓，薰蕕雜處，苟藻鑒不審，決擇失真，
> 以是為非，認邪作正，宜親而反疏之，宜遠而反近之，陶染匪人，
> 久而與之俱化，劫劫生生，常為魔侶。參方可弗具眼乎哉？〔註32〕

如是等等。除此外，袾宏還對晚明時期的悲慘民生現狀、佛教衰敗、律制馳廢、
僧人枉學有著具體、詳細的描述。如《禳災疏代余太守二》：

> 萬曆十幾年以來，伏值天道亢旱，風雨不時，人民疫癘，穀米
> 價增，饑色盈城，餓殍滿野。痛思為民父母，焉敢坐視漠然？慮今
> 本府，暨及他州，饑餒號呼，晝夜不息，生者瘟瘴少瘳，死者水陸
> 橫流。欲祈存歿均霑，必須修齋作福。〔註33〕

即描畫出了當時人間疾苦的悲慘景象。這種描述在袾宏著述中多處可見。又如
《水陸疏》：

> 又復饑荒接歲，疾疫連城。斜日荒郊，漠漠而屍橫百里。陰雲古
> 道，嗚嗚而鬼哭三更。拯救未能，傷嗟曷已！既護四生，而彌增懇志。
> 因憐自己，而復憫他人。發廣大無邊之心，起冥陽兼利之願。〔註34〕

可見袾宏憂心如焚，而欲救濟世間苦難願心。作為一名虔誠的佛教信徒，袾宏
認為，由於眾生的貪、嗔、癡等煩惱而引發業果現行，正是晚明時處末法的根
本原因。如《禳虎疏》中言：

> 伏願前生負虎之命者，悉皆解釋怨瞋，不相酬報。今日為虎所
> 噬者，俱得早生善趣，不墮傷亡。人無害虎之心，發慈悲而永除殺

〔註30〕袾宏：《竹窗隨筆》，《蓮池大師文集》，北京：九州出版社，2013，第330頁。
〔註31〕袾宏：《竹窗隨筆》，《蓮池大師文集》，北京：九州出版社，2013，第333頁。
〔註32〕袾宏：《竹窗二筆》，《蓮池大師文集》，北京：九州出版社，2013，第375頁。
〔註33〕袾宏：《禳災疏代余太守二》，《蓮池大師文集》，北京：九州出版社，2013，第510頁。
〔註34〕袾宏：《水陸疏》，《蓮池大師文集》，北京：九州出版社，2013，第508頁。

業。虎絕傷人之意，盡此報而速脫苦輪。下至微類含靈，咸蒙護庇。

遠及多生滯魄，俱獲超昇。人人植菩提因，處處成安樂土。〔註35〕

袾宏即以佛教業果現行報應的觀點對虎災加以解釋。人與虎若能「解釋怨瞋，不相酬報」，便可消除人與虎之間的現世業報；且擴而大之，若人人皆發慈悲心行菩薩道，則世間無處不成樂土。面對瘟疫流行，袾宏同樣認為這是由眾生前生惡逆之行的果報。又如其在《禳災疏代余太守》中的描述：

情旨於今萬曆某年以來，伏逢天行疫癘，百姓半於死亡。歲值饑荒，眾生全遭困厄。世醫難療天災，少穀豈周眾置。匪於上帝之乏慈，亦乃下民而罔善。莫非十惡五逆，致使八難三災。靡憑三寶之慈悲，曷救蒼生之苦惱。〔註36〕

即強調因眾生「罔善」，行五逆十惡，才帶來現實中的各種災難。如上所述，皆表明袾宏有著濃厚的末法意識。

末法眾生一個重要表現就是根性頑劣、蒙昧愚行，福少業重等，如四川黃慎軒太史在給袾宏的一封信中言「況末法澆訛，習業深厚，福淺乎蟬翼，而罪高乎須彌耶」〔註37〕，即指此意。那麼，針對「末法」時代的劣根眾生，袾宏應施行怎樣教化呢？袾宏作為一名卓越的宗教家，斷不會盲目照搬前人的方法，而能放眼於晚明大潮作出堪以挽救一個時代的教法抉擇。如其在《緇門崇行錄序》中言「（先民）又云：『士之致遠者先器識。』況無上菩提之妙道，而可以受非其器乎哉？獅子之乳，匪琉璃瓶貯之則裂。舉萬鈞之鼎，而荷以一葉之舟，不顛趾而溺者幾希矣」〔註38〕，意即佛教三藏十二部中有八萬四千法門，皆以求證無上菩提為究竟旨歸，而若不能應機施教，即無異於把獅子奶存放在陋器中而使之崩裂，或如把千鈞巨鼎存放在一葉小舟上而使之傾覆，故須契眾生根機而推行佛法。於此可以看出袾宏獨立思考的一面。

在各種禪、教法門中，袾宏選擇以淨土宗的念佛方法作為救度眾生的主要手段。在袾宏的著述中，我們隨處可以讀到其關於稱讚念佛為最適應末法眾生

〔註35〕 袾宏：《禳虎疏》，《蓮池大師文集》，北京：九州出版社，2013，第 509 頁。

〔註36〕 袾宏：《禳災疏代余太守》，《蓮池大師文集》，北京：九州出版社，2013，第 509～510 頁。

〔註37〕 袾宏：《答四川黃慎軒太史》，《蓮池大師文集》，北京：九州出版社，2013，第 569 頁。

〔註38〕 袾宏：《緇門崇行錄序》，《蓮池大師文集》，北京：九州出版社，2013，第 233 頁。

根性、最有效救度眾生的方法的論述。如《往生記序》：

> 世尊始成正覺，為諸有情，普演佛乘。既而機難盡投，由是於一乘中，示三乘法。而復於三乘中，出淨土一門。今去佛日遠，情塵日滋，進之不能發神解、超聖階，退之悵怏乎有淪墜之險，而匪仗此門，其何從疾脫生死？大矣哉！可謂起末世沉痾必效之靈藥也。〔註39〕

即指出，由於眾生的根基不一，佛陀才暢演三乘妙法；而佛陀早已入滅，今天福報淺薄的眾生情障深重，對佛教的三乘妙法不能領悟透盡，只能仰仗著淨土宗的念佛方法以超越生死輪迴。又如《普勸念佛往生淨土》：

> 蓋此念佛法門，不論男女僧俗，不論貴賤賢愚，但一心不亂，隨其功行大小，九品往生，故知世間無有一人不堪念佛。若人富貴，受用現成，正好念佛。若人貧窮，家小累少，正好念佛。若人有子，宗祀得託，正好念佛。若人無子，孤身自繇，正好念佛。若人子孝，安受供養，正好念佛。若人子逆，免生恩愛，正好念佛。若人無病，趁身康健，正好念佛。若人有病，切近無常，正好念佛。若人年老，光景無多，正好念佛。若人年少，精神清利，正好念佛。若人處閒，心無事擾，正好念佛。若人處忙，忙裏偷閒，正好念佛。若人出家，逍遙物外，正好念佛。若人在家，知是火宅，正好念佛。若人聰明，通曉淨土，正好念佛。若人愚魯，別無所能，正好念佛。若人持律，律是佛制，正好念佛。若人看經，經是佛說，正好念佛。若人參禪，禪是佛心。正好念佛。若人悟道，悟須佛證。正好念佛。普勸諸人，火急念佛，九品往生，花開見佛。見佛聞法，究竟成佛，始知自心，本來是佛。〔註40〕

即袾宏不但以念佛方法應機於末法根性，更以之為一種普適於世間眾生的方便手段。無論是期求福報安養之人，還是意欲從生死輪迴中解脫的修行者，或是參禪的禪者，或是專研經教的學眾，或是好逸惡勞的劣根者，或是品行端正、積極上進的行者等等，皆可以在念佛中得到佛陀的恩被。由此可知，袾宏以念佛方法為救濟世間疾苦、希求福祉的最上等藥。

〔註39〕袾宏：《往生記序》，《蓮池大師文集》，北京：九州出版社，2013，第480～481頁。

〔註40〕袾宏：《普勸念佛往生淨土》，《蓮池大師文集》，北京：九州出版社，2013，第638～639頁。

　　袾宏此說並非一己、一時之見，而有著深厚學理依據。在佛典中，最初有《阿含經》講授念佛的方法，如佛告誡諸比丘「復有六不退法，令法增長，無有損耗。一者念佛，二者念法，三者念僧，四者念戒，五者念施，六者念天。修此六念，則法增長，無有損耗」〔註41〕，即以念佛為六念法門之一。但此「念佛」之「念」還是繫心思維之意，並沒有關於往生淨土的涵義。最早把念佛與往生彌陀淨土聯繫起來的是《般舟三昧經》。在中國佛教，隋唐時淨土法師道綽已有關於念佛為末法時代眾生解脫最有效方法的說法，如《安樂集》「是故《大集月藏經》云：『我末法時中，億億眾生起行修道，未有一人得者。』當今末法，現是五濁惡世，唯有淨土一門，可通入路」〔註42〕，即強調在末法時期儘管有億億眾生發心修行，但難有得道者，而只有求生淨土才是能夠獲得解脫的對機法門。至唐末五代永明延壽在《萬善同歸集》中又加以重提，如「《大集月藏經》云：『我末法時中，億億眾生，起行修道，未有一得者。』當今末法，現是五濁惡世，唯有淨土一門，可通入路。當知自行難圓，他力易就。如劣士附輪王之勢，飛遊四天；凡質假仙藥之功，升騰三島。實為易行之道，疾得相應。慈旨叮嚀，須銘肌骨」〔註43〕，更突出了在末法時期憑藉彌陀願力得以解脫的易行性。又同為「晚明四高僧」的蕅益智旭也有相似的言說，如「經云：『末法之中億億人修行，罕有一得道者，惟依念佛得度。』嗚呼，今正是其時矣」〔註44〕，即指此意。故由上可知，自隋唐道綽以來，淨土宗法師就有關於念佛為救度末法時代眾生的最有效的方法的認識，後經永明延壽等淨土法師大力宣揚，至袾宏時，這種觀念已是淨土教中一種平常化、普及性的認識，而絕非袾宏一人、一時的獨立見解。

　　綜上可知，袾宏以淨土教法為佛陀的真實意趣的體現，又以淨土宗念佛為末法時期最為有效救度眾生的方法，而確定其一生弘法的立場。

三、以淨土為融攝教體

　　袾宏以淨土學作為融攝諸宗的教體，可主要歸因為如下兩點：

　　首先，淨土學本身所具有的易行性、方便性、普及性、滲透性等特徵。一般所說的「易行道」是根據龍樹的說法。如《十住毗婆沙論‧易行品》中言：

〔註41〕《長阿含經》，《大正藏》第 1 冊，第 12 頁。

〔註42〕道綽：《安樂集》，《大正藏》第 47 冊，第 13 頁。

〔註43〕永明延壽：《完善同歸集》，《大正藏》第 48 冊，第 968 頁。

〔註44〕蕅益大師：《阿彌陀經要解》，《大正藏》第 37 冊，第 374 頁。

> 汝言阿惟越致地是法甚難久乃可得，若有易行道疾得至阿惟越
> 致地者，是乃怯弱下劣之言，非是大人志幹之說，汝若必欲聞此方
> 便今當說之。佛法有無量門，如世間道有難有易，陸道步行則苦，
> 水道乘船則樂，菩薩道亦如是，或有勤行精進。或有以信方便易行
> 疾至阿惟越致者。〔註45〕

龍樹即於此指出，菩薩修行要經過無比艱難困苦的過程才能達到不退轉地，以致「怯弱下劣」的眾生聞此而喪失信心。此如世間行道，在陸地步行相對為苦，而於水中行船相對為樂，故為了攝受此等「非是大人志幹」者特教以「易行道」。又「若菩薩欲於此身得至阿惟越致地成就阿耨多羅三藐三菩提者，應當念是十方諸佛稱其名號」〔註46〕，即通過稱念諸佛名號，修行者可以即生到達不退轉地。曇鸞把這種說法引入淨土學說。如：

> 菩薩求阿毘跋致有二種道：一者難行道，二者易行道。難行道
> 者，謂於五濁之世，於無佛時，求阿毘跋致為難。此難乃有多途，
> 粗言五三，以示義意：一者外道相善，亂菩薩法。二者聲聞自利，
> 障大慈悲。三者無顧惡人，破他勝德。四者顛倒善果，能壞梵行。
> 五者唯是自力，無他力持。如斯等事，觸目皆是。譬如陸路，步行
> 則苦。易行道者，謂但以信佛因緣，願生淨土，乘佛願力，便得往
> 生彼清淨土。佛力住持，即入大乘正定之聚，正定即是阿毘跋致。
> 譬如水路，乘船則樂。〔註47〕

意即五濁惡世有諸多障礙，修行者欲求不退轉地異常艱難，但若乘解佛的願力，在佛力護持下以往生淨土為目標，便可入不退轉地，即為易行之道。龍樹本非專門宣揚彌陀信仰，而是為攝引「怯弱下劣」者而言易行道，但經曇鸞的闡發，如陳揚炯先生言「龍樹是泛論求阿鞞跋致有難行易行之道，曇鸞則是專門論證彌陀淨土信仰易行。二道說雖肇始於龍樹，成為淨土理論則起於曇鸞」〔註48〕，已將往生西方淨土至不退轉地的易行性凸顯了出來。道綽承曇鸞，亦言淨土修學為易行之道。但難行道本是相對易行道而言為難行，道綽則「極力強調其難，大有否定其他法門的傾向」〔註49〕，且強調「現是五濁惡世，唯有

〔註45〕龍樹：《十住毘婆沙論》，《大正藏》第 26 冊，第 41 頁。
〔註46〕龍樹：《十住毘婆沙論》，《大正藏》第 26 冊，第 41 頁。
〔註47〕曇鸞：《無量壽經優婆提舍願生偈注》，《大正藏》第 40 冊，第 826 頁。
〔註48〕陳揚炯：《中國淨土宗通史》，南京：鳳凰出版社，2008，第 111 頁。
〔註49〕陳揚炯：《中國淨土宗通史》，南京：鳳凰出版社，2008，第 239 頁。

淨土一門，可通入路」，由此而為淨土學預設了取代其他流派內在的基調。道綽不但在義理上極力宣揚淨土學的易行性，而且在修持實踐上推行稱名念佛的方法。除此之外，道綽還贊成隨時隨地以散亂心的方式稱名念佛，如《安樂集》「《大品經》云：『若人散心念佛，乃至畢苦，其福不盡；若人散花念佛，乃至畢苦，其福不盡。』故知念佛利大，不可思議也」，即為此意。後又有善導極力提倡散心念佛亦可得往生，使淨土學稱名念佛更加得到普及，又「再經懷感、少康、慧日、法照等的弘揚，淨土宗所向披靡，風行天下」，更成為適宜社會各階層的一種方便化信仰方式。

　　其次，符應隋唐以來各宗匯歸淨土發展要求。由於念佛方法的易行性與普及性，淨土信仰在中國佛教的發展中迅速具有了良好的群眾基礎，並滲透於對佛教各宗之內。隋唐以來，由於天台、華嚴、法相等宗派的義理深奧，哪怕士大夫也難有充足的時間、精力專注研修，更無論中下層民眾，以致各宗義學的精深化發展而逐漸喪失群眾基礎。沒有良好群眾的擁護，如陳揚炯先生的描述「儘管（唐武宗滅佛）以後歷朝歷代都不同程度地扶植佛教，但盛況難再，整個中國佛教從此走上了下坡路，再也未能恢復到唐代的盛況。思辨性強的天台宗、華嚴宗、法相宗再也沒有產生一個佛門大師，密宗已成絕響，律宗以其戒行清苦從來沒有發達過，禪宗雖受士大夫歡迎但狂禪泛濫，僅能勉強維持。整個佛教處於頹勢，義學則從此寂寞」〔註50〕，各宗也難以在義理上重現輝煌。隋唐之際，各宗並起，淨土信仰並沒有作為一個獨立的宗派存在，但由於淨土修學的易行性、普及性、方便性，而得以在民眾中迅速傳播。自宗密推行禪教會通、宗教融合以來，各宗教義的特色逐漸變得模糊不清，又因各宗亦提倡兼修淨土，而有禪淨合流、臺淨合流、賢淨合流、律淨合流等發展表現。這些新變化表明，淨土學已成功的滲透於各宗之中。

　　先就禪宗而言，早在道信、弘忍的禪法中已摻及念佛的內容。如道信「又依《文殊說般若經》一行三昧，即念佛心是佛，妄念是凡夫」〔註51〕，即依文殊「一行三昧」，憑藉念佛證入諸法實相。後弘忍「根機不擇，齊速念佛名，令淨心」〔註52〕，而以念佛為淨心方便。受弘忍宗風的影響，其門下的諸多弟子皆將念佛與禪觀摻雜，如神秀、智詵便將念佛納入觀心修行中。宗密曾在《禪

〔註50〕陳揚炯：《中國淨土宗通史》，南京：鳳凰出版社，2008，第371頁。

〔註51〕淨覺集：《楞伽師資記》，《大正藏》第85冊，第1286頁。

〔註52〕楊曾文校寫：《傳法寶紀》，《新版·敦煌新本六祖壇經》，北京：宗教文化出版社，2001，第181頁。

源諸詮集都序》中談及禪與淨土的關係，如「故三乘學人慾求聖道必須修禪。離此無門，離此無路。至於念佛求生淨土，亦須修十六觀禪，及念佛三昧、般舟三昧」〔註53〕，強調兩者在禪定意義上的統一。其後，法眼宗嫡嗣永明延壽，不但承宗密主張禪教一致，而且主張萬善同歸、禪淨雙修，如《萬善同歸集》「一切佛法，等無差別，皆乘一如，成最正覺，皆云念佛，是菩提因」〔註54〕，即意指修萬行歸於淨土。永明延壽為首位禪淨並重的禪門宗匠，並有體現其禪淨態度的「四料簡」廣泛流傳，而隨著淨土滲透於禪宗實際修行，亦帶來一種實際效果，如陳揚炯先生言「應該指出，延壽在這裡雖然號召禪宗學淨土，也號召淨土宗學禪。但實際上，只是禪宗人把修持的重心轉移到口稱名的念佛實踐上，吸收了淨土的信仰，仍然保留禪宗的身份，亦即禪宗流歸淨土，而不是淨土流歸禪宗」，即促進禪宗流歸淨土。

　　禪宗以「識自本心」為修行路徑，而淨土學以外在的實有淨土為信願往生方便，以致兩者之間難以協調，故自永明延壽以來禪門內便有天衣義懷、無為子楊傑、宗頤慈覺、慈受懷深、宗昊、宏智正覺、真歇清了等兼弘揚淨土的僧人，注意圓融禪與淨土的教義。元以來，中峰明本、天如惟則、楚石梵琦等禪門巨匠，已不再局限於禪淨兼弘，更注重在修行方法上融合參禪與淨土信仰，發展出直了捷行的念佛禪。如明本《懷淨土詩》「彌陀西住祖西來，念佛參禪共體裁，積劫疑團如打破，心花同是一般開」〔註55〕，即強調在念佛與參禪的共通中，直接借助彌陀信仰的念佛作為明心見性的方法。明本之嗣天如惟則有言「又有出家在家諸佛子念佛修淨土者，自疑念佛與參禪不同，蓋不知參禪念佛不同而同也。參禪為了生死，念佛亦為了生死；參禪者直指人心，見性成佛；念佛者達惟心淨土，見本性彌陀，既曰本性彌陀，惟心淨土，豈有不同者哉」〔註56〕，即說明念佛與參禪皆為了生死、見性成佛，而在本性一如、心即淨土的意義上具有相同的內涵。因惟則注重對生死解脫的強調，其思想中靈魂不滅、追求往生的痕跡過於濃重，而被麻天祥先生稱為「靈魂不滅之陽禪陰淨」〔註57〕。禪師楚石梵琦的淨土信仰可謂至為堅固，如其《淨土詩》「一寸光陰一寸金，勸君念佛早迴心。直饒鳳閣龍樓貴，難免雞皮鶴髮侵。鼎內香煙初未

〔註53〕宗密：《禪源諸詮集都序》，《大正藏》第48冊，第399頁。
〔註54〕永明：《完善同歸集》，《大正藏》第48冊，第963頁。
〔註55〕明本：《懷淨土詩》，《續藏經》第70冊，第747頁。
〔註56〕惟則：《天如惟則禪師語錄》，《續藏經》第70冊，第765頁。
〔註57〕麻天祥：《中國禪宗思想發展史》，武漢：武漢大學出版社，2007，第232頁。

散，空中法駕已遙臨。塵塵剎剎雖清淨，獨有彌陀願力深」〔註58〕，已改禪宗靠自力覺悟為主的修持宗風，而傾心於淨土宗依靠彌陀弘願的他力接引了。

天台宗的實際創立者智顗，著有《觀無量壽佛經疏》、《十疑論》、《五方念佛門》、《摩訶止觀》等表達了對淨土信仰的理解，且以稱念彌陀往生為易行道，闡發「念佛三昧」等，此皆表明了天台學中早就有淨土信仰的傳統。北宋以後，禪淨合流在中國佛教發展中逐漸形成為一種宏大之勢，且「逐漸成為中國佛教發展的主脈」〔註59〕，而天台宗為與禪宗分庭相爭，也不斷汲取淨土學，而構建自宗特色的修學理論。至此，臺淨合流成為一種新的發展趨勢。在理論上，有知禮、智圓、仁岳等對西方淨土的實相與權說、觀想念佛與實相念佛等話題進行論說，豐富了天台學說。在修行實踐上，如《中國天台宗通史》指出「天台宗的淨土實踐修行可分為兩個方面：一是以淨土作為自我修證的主要法門，二是集會結社，共求西方往生。二者的展開都與天台懺法的介入有著密切的關係」〔註60〕，而把淨土內容與懺法修習緊密結合起來。懺法是一種依諸經教懺悔罪過的儀軌。中國佛教系統中的懺法起於東晉道安，自南朝梁代以來開始逐漸流行，又產生了許多禮讚文及懺悔文。隋唐之時，宗派興起，諸宗派各有懺悔行法，並融入日常的修行功課。至北宋時，天台宗的懺法與世俗社會廣泛結合，進入到了高峰發展期。天台懺法的一個重要特徵就是將觀心與懺法相結合，如《中國天台宗通史》言「因為觀心改造了懺法的懺悔方式，而淨土則為懺法提供了一個實在的彼岸世界。通過觀心，是要坦露罪源，觀達實相；而由有淨土，方可欣彼厭此，趨證實相世界。從這個意義上講，懺法成為臺淨合流的一種儀式中介」〔註61〕，淨土信仰則為懺法提供了一個美好的理想世界。天台宗人省常成立淨行社，專修念佛，影響巨大，在《佛祖統紀》中被尊為第七祖。此外，神照本如、有嚴、桐江擇瑛、道琛、宗曉等皆是天台宗兼弘淨土的學人。此皆表明天台在發展中與淨土緊密結合在一起，而實為天台匯歸淨土的必要環節。

就華嚴學「四法界」說來看，西方淨土與華藏世界亦是無礙圓融的。華嚴學「四法界」說具有宇宙萬物圓融無礙的內涵，如法藏在闡釋無礙緣起時言「且

〔註58〕 梵琦：《懷淨土詩》，《續藏經》第 61 冊，第 728 頁。

〔註59〕 潘桂明，吳偉忠：《中國天台宗通史》，南京：鳳凰出版社，2008，第 543 頁。

〔註60〕 潘桂明，吳偉忠：《中國天台宗通史》，南京：鳳凰出版社，2008，第 559 頁。

〔註61〕 潘桂明，吳偉忠：《中國天台宗通史》，南京：鳳凰出版社，2008，第 560 頁。

如一緣遍應多緣，各與彼多全為一故。此一即具多個一也。若此一緣不具多一，即資應不遍，不成緣起。此即一一各具一切一也」〔註62〕，即以各種緣相互「遍應」，而表現為「多具一」與「一具多」。一多互具、互應，即是華嚴學的一即一切、含攝互具之意。在此意義上，華嚴學中的蓮花藏世界具有清淨功德、無邊莊嚴，如同帝釋天宮的天網一般重重無盡，而西方淨土同樣為華藏世界的一端，並攝華藏世界於中，無盡無礙。在此意義上，華嚴學與淨土學融會貫通。華嚴四祖澄觀在《華嚴經疏》中將《華嚴經‧入法界品》功德雲比丘所言的二十一種念佛門歸結為五種念佛門，即緣境念佛門、攝境唯心念佛門、心境俱泯門、心境無礙門、重重無盡門等。澄觀此舉，如望月信亨所評判「此中第一、第二兩門為五教中之始教，第三門是頓教，第四門是終教，第五門約華嚴圓教明其念佛觀」〔註63〕，是以華嚴學詮釋淨土念佛，凸顯了華嚴學無礙圓融的教學特色。其後，宗密又在《華嚴經普賢行願品疏鈔》中歸納出四種念佛方法，如「欲違生死之惡緣，須順菩提之正路，故須念佛。然念佛一門，修行之要津，攝心之關鍵，因此略明念佛之義。言念者，明記不忘為義體即是慧。今名念者，即隣近彰名也。然念佛不同，總有四種：一稱名念，二觀像念，三觀想念，四實相念」〔註64〕，即讚歎念佛為修行的要道。宗密又通過對普賢行願的闡釋，融淨土信仰而入華嚴修學體系。宋時華嚴宗已不興盛，學人漸少，但仍不失淨土信仰之風。華嚴學人長水子璿在《起信論疏筆削記》中言「問：準隨願往生經說，十方皆有淨土，云何偏指西方？答：因易緣強勝余方故。因易者，十念為因故；緣強者；彼佛願力故」〔註65〕，即以十念即可往生西方、彌陀願力強勝等因由而推崇往生西方淨土。後有圓澄義和，在《樂邦文類》中錄有《華嚴念佛三昧無盡燈序》，如其言「（義和）晚年退席平江能仁，遍搜淨土傳錄與諸論贊，未嘗有華嚴圓融念佛法門。蓋巴歌和眾，雪曲應稀，無足道者。嗚呼，不思議法門，散乎大經與疏記之中，無聞於世，離此別求，何異北轅而之楚耶。於是備錄法門，著為一編，使見聞者不動步而歸淨土」〔註66〕，便是在華嚴義學的基礎上闡發了念佛往生西方的意趣。如此華嚴與淨土緊密

〔註62〕法藏：《華嚴經探玄記》，《大正藏》第35冊，第124頁。
〔註63〕望月信亨：《中國淨土教理史》，釋海印譯，臺北：華宇出版社，1987，第209頁。
〔註64〕宗密：《華嚴經行願品疏鈔》，《續藏經》第5冊，第279頁。
〔註65〕子璿：《起信論疏筆削記》，《大正藏》第44冊，第406頁。
〔註66〕圓澄義和：《華嚴念佛三昧無盡燈序》，《大正藏》第47冊，第196頁。

結合的發展，亦為匯歸淨土的一種現實表現。

　　除禪宗、天台、華嚴外，律宗也有與淨土合流的表現。北宋末律宗法師元照為律宗巨匠，兼弘淨土，便編有《淨業禮懺儀》，著《觀無量壽佛經義疏》、《阿彌陀經義疏》等淨土類文集。元照以二土教觀判教，以佛陀為娑婆世界眾生入道而宣講的教法為娑婆入道教觀，又以為發願往生淨土者宣講的淨土教法為淨土往生教觀。元照在《佛說阿彌陀經義疏》開章便言「一乘極唱，終歸咸指於樂邦；萬行圓修，最勝獨推于果號。良以從因建願，秉志躬行，歷塵點劫，懷濟眾之仁，無芥子地非捨身之處，悲智六度攝化以無遺，內外兩財隨求而必應，機興緣熟，行滿功成，一時圓證於三身，萬德總彰於四字。是以知識廣贊，感獄火化為涼風，善友教稱，見金蓮狀同杲日，八十億劫之重罪廓爾煙消，十萬億剎之遐方倏如羽化」〔註67〕，即極樂世界為阿彌陀佛在因地發願而成，憑藉稱誦四字名號便能重罪煙消、億剎方倏，往生淨土即能圓證三身，實為一乘圓修之教，而判淨土往生教觀為純一大乘圓教。元照著重稱讚稱名念佛，而領眾同修念佛「注重在淨土思想和修行中貫徹戒律的精神」〔註68〕，為律淨結合的代表人物。其門下有智交、慧亨、用欽、行詵、思敏、道言等，皆為兼修淨土者。

　　綜上，禪、天台、華嚴、律宗等皆有與淨土融匯的理論基礎與現實要求，而淨土又以其易行、方便的等特徵滲透於各宗，故各宗在發展中與淨土緊密結合起來。各宗與淨土結合的出發點本是將淨土學充實於自身，完善自宗的修學體系，但在實際結合中淨土也不斷汲取各宗理論，而在現實上出現了賓奪主位的情形。隨著這股各宗匯歸淨土的洶湧潮流，至明朝時期已不可避免的出現了除禪宗外淨土獨盛的大觀景象，而被袾宏選擇為融合各宗的教體。

四、圍繞心、性、理、事的佛學發揮

　　如道堅法師的評價「從某種意義上來說，淨土宗思想和禪宗思想一樣，可以稱為是中國佛教的一個創舉」〔註69〕，以淨土學為中國化佛教的重要成就，而此又歸功於弘傳法師們對淨土學理的建構與闡發。自彌陀類經典傳入中國，弘傳淨土者便不斷根據每個時代的具體情境做出適應性的詮釋，推動了淨土思想的改進與演化。袾宏為適應晚明時代的要求，對淨土義理進行改造、完善，

〔註67〕元照：《佛說阿彌陀經義疏》，《大正藏》第37冊，第356頁。
〔註68〕王建光：《中國律宗通史》，南京：鳳凰出版社，2008，第379頁。
〔註69〕道堅：《淨土宗概論》，北京：宗教文化出版社，2015，第61頁。

而建構出一個理事兼重、心境互融的淨土理論。

　　首先，儒、佛在「理氣心性」話題上的深入交融。每個時代都有自己的核心話題，如張立文先生指出「宋明理學家兼容並蓄儒、釋、道三教，在盡究佛道之旨後，返諸儒教『六經』，自家體貼出『天理』二字，建構了以『理氣心性』為核心話題的理學哲學理論思維邏輯體系」〔註70〕，即強調宋明時期以「理氣心性」的探討為核心話題，而此時期儒、釋、道三家爭辯的內容亦與此密切關聯。在宋儒中，最初提出「心」與「理」話題的是二程，如伊川先生言「一人之心，即天地之心；一物之理，即萬物之理」〔註71〕，即從「萬物一體」的意義上言「心」與「理」。而集宋儒大成，將「理氣心性」建構成一個嚴密理論體系的正是朱熹。程、朱關於「理氣心性」的思辨內容，既包含有個體安身立命之道，又為宗法社會確立以絕對至上的道德理性原則。隨著朱子學被認定為一種官方哲學，而其所宣揚的道德理性原則亦愈發表現出壓抑主體個性的一面。至明中葉，時代風尚已不再類於宋元。在新經濟文化意識的衝擊下，朱子學的道德理性主義再也收束不住士民們追求主體自由的心靈，而出現了大批具真性情的文人學士，紛紛對朱子學的進行批駁。在文學領域裏，出現了李夢陽等文學復古思潮，而在意識形態上有王陽明倡導的「心學」道學革新運動。

　　王陽明一反朱子以「理」為絕對根據的道德價值準則，而將形上的性理內化於主體之「心」，以「致良知」為修養路徑，提倡「心即理」，闡發了一種主體道德意志自由的心性主體論。如「爾那一點良知，是爾自家的準則。爾意念是處，他是便知是，非便知非，更瞞他不得」〔註72〕，王學並不要求人們固守某種價值形態的倫理教條，而意欲覺醒每個人內在的主體精神。這對於長期在官方正統理學壓抑下的文人士子而言，無異於乾旱土地上恰逢一場淋漓暢快的春雨，被壓抑的主體之心得到了極大釋放。王陽明高揚道德自覺、自由的價值原則，有力的化解了朱子學普遍性的倫理原則與個體主體之間的緊張與危機，且如王陽明提倡「須做個愚夫愚婦，方可與人講學」〔註73〕，在傳教佈道方法上大眾化、世俗化，在內容上貼近於百姓的生活日用而廣大流傳。在宋時諸儒為充實自家的性命之學已出入佛典，如郭朋先生的評價「不妨這樣說：程

〔註70〕張立文：《中國哲學思潮發展史》（上），北京：人民出版社，2014，第18頁。
〔註71〕程顥、程頤：《二程遺書》，北京：中華書局，1981，第13頁。
〔註72〕王守仁著，王曉昕等點校：《王陽明集》，北京：中華書局，2016，第86頁。
〔註73〕王守仁著，王曉昕等點校：《王陽明集》，北京：中華書局，2016，第108頁。

朱理學，在一定程度上是外儒內佛的」〔註74〕，融佛學內容入於理學。儘管宋以來，儒佛思想已相融合，但就理學家而言，還是明確區分儒、佛間的界溝。伴隨著陽明學的興起，不但打破了朱子學「性理」至上的道德價值準則，而且掀起一場聖人大眾化的革命，主張每個人都有成為聖人的可能性。由於陽明「心學」肯定道德主體的自由精神以及這種道德價值的普遍性，而被認為具有禪宗之風，稱為「陽明禪」，如萬曆年間的居士鮑宗肇所言「知之一字，眾妙之門。是知靈妙心，孰不具足，誰不是佛，陽明子致良知亦由是」〔註75〕，即在禪儒一致的意義上評價王學，將王陽明的「良知」與菏澤禪的「知靈妙心」等同起來。又有永覺元賢禪師言「陽明之良知正情也，即欲深觀之，則此情將動未動之間，有靈靈不昧，非善非惡者，正心也，豈實性之理乎！人都陽明之學，主之以儒，而益之以禪。故覺其精深敏妙，驚駭世俗」〔註76〕，即指出陽明學雖為儒學，但有禪的特質，會讓人驚歎精深絕妙，而產生驚世駭俗的效應。永覺元賢之說便突出陽明學與禪宗相融合的一面。隨著王陽明「心學」的革命性推進與世俗化發展，而不斷改變著儒學自身的性格，同時與佛教的界溝也逐漸模糊。明中葉以來，廣大的士林儒生已廣泛出入於禪林寺院，不但視寺院為暢心遊玩之地，而且把寺院當做安心立命之所，王門弟子如王龍溪、錢緒山、董沄、季本、黃久庵不但與叢林納子大量交往，而且在其論述中常夾雜禪門宗語，或以儒解禪，或儒禪並舉，儼然儒與禪皆分內中事。而禪門僧人亦援儒入佛，既出現了出儒入佛者，如雲棲袾宏、蕅益智旭等，又有以佛解儒者，如憨山德清、紫柏達觀等，也已將陽明學視為禪之一種。如此，儒、佛渾然交融，邊界日淡。

其次，「狂儒」、「狂禪」的盛行。當一種思潮對舊的思想結構表現出革命性一面的時候，也會不可避免的帶來新的問題，而隨著陽明學與禪學互釋互融的風行，亦產生了儒門與禪門的狂放問題，即「狂儒」、「狂禪」的盛行。王門學人唐凝庵言「宋人惟以聖人之好學為謙己誨人，遂謂生知無學。後來宗門更生出一種議論，謂一悟便一了百當，從此使人未少有見，輒以自足，儒為狂儒，禪為狂禪」〔註77〕，便指出這種以「一悟便一了百當」的學風怠誤了儒佛二

〔註74〕郭朋：《中國佛教思想史》（下），第54～55頁。
〔註75〕鮑宗肇：《天樂鳴空集》，《嘉興藏》第20冊，第473頁。
〔註76〕《永覺元賢禪師廣錄》，《續藏經》第72冊，第565頁。
〔註77〕沈善洪主編：《黃宗羲全集·明儒學案》（第7冊），杭州：浙江古籍出版社，1992，第710頁。

門，而產生了「狂儒」與「狂禪」並行的現象。「狂禪」在晚明時期常常被提起，有多重含義，本文專指晚明時期以陽明學與禪互融帶來的狂放之風。對於晚明「狂禪」之弊，梁啟超先生有過精當評價，如「進而考其思想之本質，則所研究之對象，乃純在紹紹靈靈不可捉摸之一物。少數俊拔篤摯之士，曷嘗不循此道而求得身心安宅？然效之及於世者已鮮，而浮偽之輩，摭拾虛辭以相誇煽，乃甚易易。故晚明『狂禪』一派，至於『滿街皆是聖人』，『酒色財氣不礙菩提路』，道德且墮落極矣。重以制科帖括，籠罩天下，學者但習此種影響因襲之談，便足以取富貴，弋名譽，舉國靡然化之，則相率於不學，且無所用心。故晚明理學之弊，恰如歐洲中世紀黑暗時代之景教。其極也，能使人之心思耳目皆閉塞不用，獨立創造之精神，消蝕達於零度」〔註78〕，即指出任由此種『狂禪』之風無妄泛濫，必能消蝕一個民族的創造精神。

　　佛門高僧亦痛斥此濫狂之風。蕅益智旭曾屢屢痛言狂禪之害，如「豈似末世穢濁狂禪，纔得一知半解，便向人前妄開大口，自誑誑他，壞我祖意，貽禍無窮」〔註79〕，又「今時喪心病狂無恥禪和，影響竊掠，聽其言超佛祖之先，稽其行落狗彘之下。復有一輩怯弱之人，我相習氣放不下，名利關鎖打不開，希望討一適性便宜的路頭，不肯徹底向一門中透去。禪不禪，教不教，律不律，行門不行門，依稀彷彿，將就苟且，混過一生，毫無實益，百千萬劫，依然還在生死」等，即指出狂禪之輩每每有言談高超的表現，但行為低下，實是我相、習氣、名利薰心，缺少一種踏實修行的志氣。蕅益智旭還指出這種狂放之輩如鳥啾鼠嘰般誹謗淨土及禪門，其禍害已延及佛門內外，如「每痛末世狂禪，鳥空鼠即，不惟撥無淨土，亦乃謗讟宗風」〔註80〕，即指此意。明以來，這種說法多處可見，又如盧山天然禪師語「詎意狂禪撥無者反藉為口實，宗門流弊今日為甚。究其始，皆由浮慕之士不從生死發心，以大道為名聞之資，以名聞為利養之實。持此心行，未有不錯會古人向上之語。謬謂無凡無聖，無古無今，明撤藩籬，暗滋情習」〔註81〕，即揭露狂禪之輩未以生死解脫為修行目的，而逐隨名聞利養，流弊尤甚。如此等等。

　　再次，袾宏的佛學發揮。當追求主體精神解放的陽明學與即心解脫的禪學

〔註78〕梁啟超著，朱維錚校訂：《清代學術概論》，北京：中華書局，2016，第12頁。
〔註79〕蕅益大師：《靈峰宗論》，《嘉興藏》第36冊，第348頁。
〔註80〕蕅益大師：《靈峰宗論》，《嘉興藏》第36冊，第353頁。
〔註81〕《盧山天然禪師語錄》，《嘉興藏》第38冊，第192頁。

不期而遇，相互融合而發展為一種時代思潮，促進了人們對生命主體解放的新思考，這可謂是中國人文精神發展的一次大解放運功。但一種新的思潮總是要在與現實的激盪中向前發展，而不可避免的表現出曲折性，如同荒木見悟先生對這種風潮的批評「但就如同剛從籠中被釋放的出來的小鳥，如果只是毫無目的地一直任其飛翔的化，則不久之後，就會遭到氣絕而墮地的厄運吧。所以那種被激發出來且高亢不已的『自性絕對主義』運動，如毫無制約的放任其行，只有走向自取滅亡之途」〔註82〕，即指出此風潮具有高度的危險。在袾宏時期，此風潮產生的消極影響已十分嚴重，故如《雲棲蓮池宏大師塔銘》所言「師悲末法，教網滅裂，禪道不明，眾生業深垢重」，袾宏已將之提高到關係佛教存亡高度。

在這種教法破裂、禪道晦暗的時刻，袾宏欲復興如來家業，固不能機械式引經據典，照搬前人發展模式，而不得不契理契機作出符合當前現實境況的革新。如《雲棲本師行略》言「又以禪、教二宗，尚多流弊，禪門恒執理而廢事，講席多歧路以亡羊。甚至竊佛語為詞章，以機緣成戲論。如來慧命坲於懸絲，而法輪幾於覆轍矣，滔滔皆是。此非學者之過，抑亦唱導者之過也。師實憨焉，以為欲挽頹波，必須方便。因闡淨土之一門，用作狂瀾之砥柱」〔註83〕，即袾宏認為，禪門偏重於在心、性、理層面作工夫而荒誤了事層面，教門義理則層疊幽嶂而易於使人迷途失措，這兩種修行門徑皆易產生流弊，而淨土教法具有殊勝的事用，如能恰當運用，即能發揮出救世挽瀾的作用。袾宏意欲以淨土作為融合諸宗的教法主體，而當時的淨土學教理還未能在心、性、理、事等層面上的具有圓融的義涵，故袾宏還需對淨土學作出深層的圓融發揮。

袾宏作《阿彌陀經疏鈔》重新詮釋淨土義理，以「明不專事相，究其歸著，悉皆消化融會，歸於我之本性。良由世出世間，無一法出於心外。淨土所有依報、正報，一一皆是本覺妙明」〔註84〕，而將「一心」的本體地位凸顯出來。對於袾宏「一心」的來源，如聖嚴法師言「本書（《疏鈔》）以《大乘起信論》的真

〔註82〕（日）荒木見悟：《近世中國佛教的曙光──雲棲袾宏之研究》，周賢博譯，臺北：慧明文化事業有限公司，2001，第74頁。

〔註83〕廣潤：《雲棲本師行略》，《蓮池大師文集》，北京：九州出版社，2013，第677頁。

〔註84〕袾宏：《佛說阿彌陀經疏鈔》，《蓮池大師文集》，北京：九州出版社，2013，第10頁。

如一心，及《華嚴經》的清淨唯心，作為『一心不亂』說之思想基盤」〔註85〕，即表明《大乘起信論》的真如緣起說與華嚴性起理論為袾宏融合思想的源泉。《起信論》基本理論模式為「一心二門」，依「眾生心」立「心真如門」與「心生滅門」，由「心真如門」言眾生心性本覺，又由「心生滅門」不覺，始覺等義言眾生的流轉與還滅。袾宏亦依此立義。首先，袾宏指出「體者，盡萬法不出一心之體」，即以「一心」概攝一切法。進而，又據「二門」對「一心」加以闡釋。如：

> 上言靈明湛寂之體，本無清濁向背，畢竟平等，惟是一心。今謂約生滅門，以不如實知真如法一故，不覺心起而有其念，則無明所覆，失本流末，渾亂真體，故名曰濁。〔註86〕

即據「真如門」強調「一心」為究竟平等、絕對唯一之本體，又據「生滅門」突出主體妄念心起（不覺），本有清淨自性被無明所覆蓋，而為有生有滅與不生滅和合的「渾亂真體」。如此，袾宏以「真如門」與「生滅門」對「一心」進行闡釋，而為引領《疏鈔》的總綱，可見其在學理上對《起信論》的依承。

華嚴學的形成與發展本就受有《起信論》的深刻影響，袾宏亦沿襲華嚴學進行思想闡發。首先，袾宏在《疏鈔》中屢屢引用《華嚴經》經文與相關概念。袾宏在《疏鈔》中引用了諸多經典，如聖嚴法師的考辨「本書引用大小乘佛經約三十中、論典四種、中國先賢的著述十七種。用的較多的，則為《大阿彌陀經》、《華嚴經》、《大乘起信論》、《大智度論》、智者大師《十疑論》、天如《淨土或問》等。也可以說，雲棲的淨土思想，便是環繞著這些經論在發揮」，即指出了袾宏廣博的經典依據。在聖嚴所列的諸種經論中，《華嚴經》居於第二位，僅次於《大阿彌陀經》，而可見袾宏對之十分重視。袾宏對「一心」的正面描述僅有四個詞語，其中「非濁非清」即源自《華嚴經》原文。其次，袾宏依華嚴學進行融合理論的闡發。袾宏引華嚴入淨土，依華嚴五教義理判教，以華嚴心性學充實「一心」說，發揮華嚴理事無礙的融合方法等，而被認為以賢釋淨的最究竟者。如此內容將於下文詳述，現僅舉一例。如袾宏在《疏鈔》中對「一心」的描述：

〔註85〕聖嚴法師：《明末佛教研究》，北京：宗教文化出版社，2006，第97頁。

〔註86〕袾宏：《佛說阿彌陀經疏鈔》，《蓮池大師文集》，北京：九州出版社，2013，第3頁。

　　　　靈明洞徹，湛寂常恒，非濁非清，無背無向。大哉真體，不可

　　得而思議者，其唯自性歟！〔註87〕

袾宏僅用三十二字，言語簡要，涵義深遠。但在中國佛教心性學說中，較早以
「靈明」、「洞徹」、「常恒」、「大哉」等對「一心」進行詮解的正是華嚴五祖宗
密。如《圓覺經大疏》：

　　　　心也者，沖虛妙粹，炳煥靈明，無去無來，冥通三際，非中非外，

　　洞徹十方，不滅不生，豈四山之可害，離性離相，奚五色之能盲，處

　　生死流，驪珠獨耀於滄海，踞涅槃岸，桂輪孤朗於碧天。大矣哉，萬

　　法資始也。萬法虛偽，緣會而生，生法本無，一切唯識，識如幻夢，

　　但是一心，心寂而知，日之圓覺，彌滿清淨，中不容他。〔註88〕

　　　　故所立真如常恒不變。〔註89〕

現將袾宏與宗密之文相比較，可發現無論語詞、語氣、用意、理路皆極相似。
甚至，袾宏將「一心」之「靈明洞徹」涵義的詮釋而與宗密《圓覺經大疏釋義
鈔》中對「靈明」的注解相比較：

　　　　靈者靈覺，明者明顯。日月雖明，不得稱靈。今惟至明之中，

　　神解不測。「明」不足以盡之。故曰「靈明」。徹者通也，洞者徹之

　　極也。日月雖遍，不照覆盆，是徹而未徹。今此靈明，輝天地，透

　　金石，四維上下，曾無障礙，蓋洞然之徹，靡所不徹，非對隔說通

　　之徹，云「洞徹」也。〔註90〕

　　　　靈明者，若但云明，未簡日月之類，故云靈也。意云，心之明

　　者，其在無法不知而無分別，無法不現而無差別，幽靈神聖，寂然

　　洞然，故曰靈明。〔註91〕

而由兩者皆以日月不能遍照的比喻來襯托心的靈明覺知等內容，可知袾宏對
宗密「真心」的取意之深。而「湛寂」一詞，如宗密言「古來相承，解『如』
字但言是湛寂不動之義」〔註92〕，可知中國佛教在宗密時就已有以「湛寂」

〔註87〕袾宏：《佛說阿彌陀經疏鈔》，《蓮池大師文集》，北京：九州出版社，2013，第
　　　　1頁。

〔註88〕宗密：《圓覺經大疏》，《續正藏》第9冊，第323頁。

〔註89〕宗密：《圓覺經大疏》，《續正藏》第9冊，第327頁。

〔註90〕袾宏：《佛說阿彌陀經疏鈔》，《蓮池大師文集》，北京：九州出版社，2013，第
　　　　1頁。

〔註91〕宗密：《圓覺經大疏釋義鈔》，《續正藏》第9冊，第464頁。

〔註92〕宗密：《圓覺經略疏》，《續正藏》第9冊，第879頁。

解「如」的傳統。又有華嚴四祖澄觀言「緣體宛然一心湛寂」，便已用「湛寂」描繪「一心」的特徵。同時澄觀以「無向背」描繪「心平等」，如「心平等者略有四義：一無執取，離妄見故。二不積聚，施觀漸與頓皆平等故。三不高舉，但行謙下不與他競，離憍慢故。四無向背，不朋黨故」〔註93〕，而與袾宏「一心」之「無背無向」正相雷同。袾宏「一心」之「非濁非清，無背無向」的意涵，亦正與宗密「離相離性」義相契合。袾宏又言「其唯自性」，宗密亦言「一切唯識，識如幻夢，但是一心」，兩者又遙相承應。如此雷同取意，多處可見，可知袾宏在學理上對華嚴學的因襲，故如《雲棲本師行略》中言「（袾宏）疏鈔《彌陀》一經，而性相雙融，事理無礙，俾賢知者不沉溺於偏空，而中下之流咸知嚮往，庶不至如弱喪而忘歸耳」〔註94〕，即指出袾宏以華嚴學圓融教理闡發淨土學，使淨土學在理、事、心、境等層面具足圓滿融通之義，不但表現出三根普被的教理殊勝，更具有了融攝禪、教、律諸宗的教學的品質。又如《淨土聖賢錄》「宏主張淨土，痛斥狂禪，著阿彌陀經疏鈔，融會事理，統攝三根，至為淵奧」〔註95〕，亦指出在諸種淨土學經論中袾宏選擇《佛說阿彌陀經》為經典依據，注疏作鈔，作事理圓通的深義闡發，期以矯正儒佛融會後衍發的狂放之風。袾宏此舉，既反映了其本人對華嚴學理的極力推崇，又可視為華嚴學自身圓融性格在促進中國佛教融合發展中的一種現實映像。

　　袾宏以《起信論》與華嚴學為主要的思想源泉而對淨土學進行詮釋，融攝禪、教、律諸宗同歸極樂，由此奠定了袾宏的教門定位。那麼，袾宏又是如何通過教理判攝而突出淨土的教體地位呢？

第三節　以淨土宗為本位的判教史觀

　　「判教」是各宗派從自身的立場出發，以所宗義理的內涵、佛說法的前後等為根據，對佛教學理進行判攝，以說明自宗理論在佛學系統中處於怎樣的位置，以及與其他各宗的關係。從宗派發展的角度看，判教能夠在解析、評判佛所說法的過程中突出自宗學說的地位與作用。由於在判教中要處理自宗與他

〔註93〕澄觀：《大方廣華嚴經疏》第 3 章，《大正藏》第 35 冊，第 660 頁。

〔註94〕廣潤：《雲棲本師行略》，《蓮池大師文集》，北京：九州出版社，2013，第 677 ～678 頁。

〔註95〕《淨土聖賢錄》，《續藏經》第 78 冊，第 267 頁。

宗的關係，而不能只是一味承認自己所宗經典的至上性與合法性，還應對各宗的理論有一個合理的說明，而在各宗理論的交錯評價中應「有一個融合的方法存在於其中」〔註96〕，故判教觀亦是袾宏契理、契機發揮融合思想的重要表現。

　　一般佛教的判教只是界於佛教內部各宗之間，而自唐代後期起，佛教教內、教外的融合會通逐漸加強，一些有遠見的學僧在教相判攝上已開始涉及到了儒、道兩家，如宗密等在判教中已對儒、道有所表現，這使得袾宏的判教不單須在佛教內部進行價值判斷，亦要在中華文化融合發展的大趨勢中對儒道兩家、以及羅教等民間宗教與天主教等外來宗教進行評判、剖析，而具有了更廣泛的文化價值內涵。袾宏對儒、道的態度部分將在「三教一家論」一章中詳細論述，而關於民間宗教、外來宗教部分與本文主題並無太多關涉，故本節只論及袾宏教內關於淨土的判教觀。

一、傳統的淨土判教觀

　　中國佛教的判教始於南北朝時期，後隨著宗派的出現，各宗的判教學說逐漸發展，且愈加精緻、圓融，如三論宗以二藏三時判攝，天台宗以五時八教判攝等，而淨土宗的判教最初源自於曇鸞的二道二力說。

　　龍樹將求阿惟越致（不退轉地）的各種修行方法分為難行道與易行道，而南北朝時曇鸞在《往生論注》中承襲了龍樹的這種說法，並專門論證淨土學的修行方法為易行道。「難行道者，謂於五濁之世，於無佛時，求阿毘跋致為難。」〔註97〕曇鸞指出，五濁惡世的眾生煩惱熾盛，又無有佛陀出世，只靠自力修持，無有他力幫助，若想追求阿毘跋致是非常難的，而為難行道。曇鸞還給出難行道難於修持的五種理由，即外道表面的善法在實際上卻混亂菩薩行、聲聞自利障礙大悲生起、惡人破壞他人德性、顛倒善果破壞清淨的行持、無他力持助等。進而，曇鸞指出「易行道者，謂但以信佛因緣，願生淨土，乘佛願力，便得往生彼清淨土。佛力住持，即入大乘正定之聚，正定即是阿毘跋致」〔註98〕，即若乘解阿彌陀佛的願力，以往生淨土為修持目標，而於淨土世界在佛力護持下易於證得阿毘跋致是為易行道。可見，曇鸞將憑

〔註96〕董群：《融合的佛教——圭峰宗密的佛學思想研究》，北京：宗教文化出版社，2000，第 49 頁。

〔註97〕曇鸞：《無量壽經優婆提舍願生偈注》，《大正藏》第 40 冊，第 826 頁。

〔註98〕曇鸞：《無量壽經優婆提舍願生偈注》，《大正藏》第 40 冊，第 826 頁。

藉彌陀信仰的他力修持與依靠自力修持相區分，而歸屬淨土宗的修行方法為易行道。曇鸞的這種判教觀突出了淨土宗借助他力護持的特色，而為後來弘揚淨土者所承襲，如陳揚炯先生所言「正是曇鸞敏銳的發現淨土信仰的獨立品格，把淨土教與人乘佛教相對立起來，號召捨自力而取他力，捨難行而取易行，捨大乘而取淨土，這就為否定大乘各宗，也為爭取信眾奠定了理論基礎，實為取代大乘佛教的淨土教宣言，開闢了獨立淨土教的新紀元」〔註99〕，具有著重要的理論與現實意義。

　　唐朝時期，道綽承曇鸞此說，而以「聖道門」與「淨土門」判教。對於聖道門，如「依大乘聖教，良由不得二種勝法，以排生死，是以不出火宅。何者為二？一謂聖道；二謂往生淨土。其聖道一種今時難證。一、由去大聖遙遠；二、由理深解微」〔註100〕，即道綽以五濁惡世中依靠自力修行悟道的難行道為聖道門，但由於離佛已遠，佛理幽深難解等因素，而依聖道門修行反難於證悟佛果。「又若去聖近，即前者修定、修慧是其正學，後者是兼；如去聖已遠，則後者稱名是正，前者是兼。何意然者？寔由眾生去聖遙遠，機解浮淺、暗鈍故也。是以韋提大士自為，及哀愍末世五濁眾生，輪迴多劫徒受痛燒故，能假遇苦緣諮開，出路豁然。大聖加慈，勸歸極樂。若欲於斯進趣，勝果難階，唯有淨土一門，可以情悕趣入。」〔註101〕道綽又指出，通過稱名念佛得到彌陀願力加被、往生淨土的修行道路即為淨土門，才是唯一適宜「末世五濁眾生」修行法門。道綽此說更強調淨土學為適應末法時代五濁惡世眾生唯一法門。道綽以二門說突出彌陀他力護持的同時，又強調「時教相應」，即選擇教法要與時代發展、眾生根機相適應，而以淨土學為適應末法時代眾生的唯一法門。可以說，道綽這種「約時被機，勸歸淨土」〔註102〕的判教風格，如陳揚炯先生評價「作為判教學說，道綽所立聖道、淨土二門，比難行、易行二道更具有宗派性」〔註103〕，更突出淨土宗的教學特色。

　　曇鸞與道綽的判教觀，主要體現了淨土信仰的他力性、易行性、對機性等，而被後繼的淨土弘揚者繼承下來，為淨土立宗的基礎。

〔註99〕陳揚炯：《中國淨土宗通史》，南京：鳳凰出版社，2008，第112頁。
〔註100〕道綽：《安樂集》，《大正藏》第47冊，第13頁。
〔註101〕道綽：《安樂集》，《大正藏》第47冊，第4頁。
〔註102〕道綽：《安樂集》，《大正藏》第47冊，第4頁。
〔註103〕陳揚炯：《中國淨土宗通史》，南京：鳳凰出版社，2008，第112頁。

二、袾宏賢淨等齊的判教觀

上述傳統意義上的淨土判教，比較重視淨土宗與其他各宗的差別內涵。晚明時期文化發展產生了新變化，袾宏則突出在諸宗融合發展的大潮中對淨土宗進行定位。《疏鈔》中有關於袾宏對淨土學地位與性質判攝的內容，而此又主要是通過對《佛說阿彌陀經》的評判體現出來的。

首先，判歸《佛說阿彌陀經》為菩薩藏經。《疏鈔》言：「今菩薩藏攝者，此經演說大乘，如依正莊嚴、信願往生等，皆自利利他菩薩淨佛國土、教化眾生之道故。」〔註104〕菩薩藏與聲聞藏對應大乘與小乘佛教，而菩薩藏是詮釋菩薩乘教、理、行、果的典藏。因《佛說阿彌陀經》講述了極樂淨土的依正莊嚴，通過信願念佛而得以往生，其中蘊含的正是大乘佛教普救眾生的慈悲精神，故袾宏將之歸攝為菩薩藏。「又問：厭苦趨樂，似專自利，何名菩薩？答：求生淨土，正為見佛聞法，得無生忍已，還來此世，救苦眾生，是菩薩行，非聲聞道，如天台十疑論中說。」〔註105〕有人提出疑問：發願求往生淨土似乎應是一種趨樂避害的自利行為，怎麼能歸為一種菩薩道呢？袾宏則指出，求生淨土實是一種見佛聞法的方便方法，而在淨土證得聖果後，還會依願到返還此五濁惡世救度眾生，故往生淨土是一種方便的菩薩行，而與聲聞道有著根本的區分。

進而，袾宏判淨土為頓教，而兼通終教、圓教，如「教者，依賢首判教分五，謂小、始、終、頓、圓。今此經者、頓教所攝、亦復兼通前後二教」〔註106〕。袾宏並沒有另建立一個判教系統，而是在華嚴學的判教系統中對《阿彌陀經》進行定位評判。華嚴宗的智儼法師判教分為五，即小乘教、大乘始教、大乘終教、頓教、圓教。對於頓教，如袾宏言：

> 四、頓教，總不說法相，唯說真性。一念不生，即名為佛，無漸次故。〔註107〕

〔註104〕 袾宏：《佛說阿彌陀經疏鈔》，《蓮池大師文集》，北京：九州出版社，2013，第21頁。

〔註105〕 袾宏：《佛說阿彌陀經疏鈔》，《蓮池大師文集》，北京：九州出版社，2013，第21頁。

〔註106〕 袾宏：《佛說阿彌陀經疏鈔》，《蓮池大師文集》，北京：九州出版社，2013，第21頁。

〔註107〕 袾宏：《佛說阿彌陀經疏鈔》，《蓮池大師文集》，北京：九州出版社，2013，第21頁。

即華嚴學判攝下的頓教，在教學上並不費盡心機的解說各種法相，而會直指事物之後的法性（真理）；又在修行方法上通過頓悟的方式把握法性，由當下一悟便現證佛果，而不必歷經各種階次。以頓教的眼光看來，各種言說、語義都只是片面的、僵化的、死板的說教，而不可執著於語言思辨與邏輯推理，否則便成為人們把握真如法性的障礙。於此，袾宏先判《阿彌陀經》「正屬頓義」。如：

> 正屬頓義者。以博地凡夫。欲登聖地。其事甚難。其道甚遠。今但持名。即得往生。既往生已。即得不退。可謂彈指圓成。一生取辦。如將寶位。直授凡庸。不歷階級。非漸教迂迴屈曲之比。故屬頓義。〔註108〕

袾宏指出，現世凡夫欲證佛果可謂非常之難，但若通過《阿彌陀經》中教示的稱名念佛的方法往生淨土，速證得不退轉果位，可在一生完成本須多生累劫、漸階次第的修證功德。袾宏如此判屬，與道綽、曇鸞突出淨土易行的特性並無二致，但其超越之處，即為在此意義上判淨土為頓教。袾宏又對各種質疑進行回應。如：

> 【疏】或難：頓教一念不生，即名為佛。五法、三自性皆空，八識、二無我俱遣。今持名念佛，是為有念，云何名頓？答：以一心不亂，正謂無念。若有念者，不名一心。但得一心，何法不寂。
>
> 【鈔】五法者，謂一名、二相、三妄想、四正智、五如如。三自性者，名、相是妄計性，妄想是緣起性，正智、如如是圓成性。八識者，賴耶、末那，及眼等六，合之成八。二無我者，人無我、法無我。以上亦皆入五法中，詳見《入楞伽》諸經。
>
> 悉空悉遣，所謂佛身無為，不墮諸數，一念不生，即名為佛者，頓教之旨也。今言念佛，則所稱佛號屬名，所對佛身屬相，憶念彼佛屬妄想。縱使淨念相繼，入三摩地，亦屬正智、如如。而復分別是佛，屬識情。能念所念，屬人、法。尚未遣有我，況無我亦遣耶？彼教所空所遣，此皆有之。以其有念，故難非頓。
>
> 正謂無念者，良由一心不亂，則不以有心念，不以無心念，不以亦有亦無心念，不以非有非無心念。離此四句，更有何念？雖名

〔註108〕　袾宏：《佛說阿彌陀經疏鈔》，《蓮池大師文集》，北京：九州出版社，2013，第 22 頁。

　　念佛，蓋無念之念也。念而無念，是名一心。如是之心，心無其心，
　　強名曰一。尚無一相，安求所謂五者、三者、八者、二者？然則一
　　心不亂，不異一念不生，焉得非頓？〔註109〕

如有人提出疑問：頓教宗旨為一念不生而證得聖位，在此勝義境界中「五法三
自性皆空，八識二無我俱遣」，萬念不立，而如今有持名念佛的一念在，怎可
稱為「頓教」？「五法」即名、相、妄想、正智、如如，「三自性」即遍計所
執性、依他起性、圓成實性，「八識」即眼、耳、鼻、舌、身、意、末那識、
阿賴耶識，「二無我」即人無我、法無我，此在《楞伽經》等中皆有詳細的論
說。這種質疑認為淨土修行中所稱念的佛號為「名」，所對佛身為「相」，憶念
阿彌陀佛之相好莊嚴為「妄想」，故即使「淨念相繼，入三摩地」，仍不出「正
智」、「如如」，還有關於佛的分別而未能空「識」，還有能念與所念而非「無
我」，而不可判攝淨土為頓教。袾宏指出，經中所言「一心不亂」正符合頓教
的「無念」旨歸，而念佛得「一心不亂」，證於萬法本來空寂的法性，相當於
頓教「一念不生」。袾宏於此據《阿彌陀經》「一心不亂」的念佛要旨進行回
答，並強調「一心不亂」離於有心、無心、亦有亦無心、非有非無心等四種心
境，而為無念之念。外道常以有、無、非有非無、非非有非非無等方式對佛教
的空義進行詰難，如《三藏法數》「謂外道欲避上有無相違，立俱非句，故計
我與五蘊非有非無，則又成戲論之見」〔註110〕，即指出這種辯駁方式又因自
身的邏輯矛盾不免淪為一種戲論。故佛教在論講空義時，常以離四句絕百非的
論證方式破除各種邊見而闡釋真空妙有的勝意，如《佛說佛名經》言「無為寂
照離四句絕百非，眾德具足湛然常住；雖復方便入於滅度，慈悲救接未曾暫
捨。生如是心，可謂滅罪之良津，除障之要行」〔註111〕，又《淨土十要》「此
心性離四句絕百非，體性堅凝清淨無染，不生不滅常住無壞」〔註112〕等，即
以離四句、絕百非論證無為寂照的佛身功德與清淨無染、常住不壞的心性。念
佛而心不著染，如此清淨無染之心，勉強稱名為「一心」。於此，袾宏以「一
心不亂」指稱念佛而無念之心離於有心、無心、亦有亦無心、非有非無心等四
邊，可謂「五法三自性皆空。八識二無我俱遣」，正符合慧能「若見一切法，

〔註109〕 袾宏：《佛說阿彌陀經疏鈔》，《蓮池大師文集》，北京：九州出版社，2013，
　　　　第22～23頁。
〔註110〕 《三藏法數》，《大正藏》第181冊，第842頁。
〔註111〕 《佛說佛名經》，《大正藏》第14冊，第198頁。
〔註112〕 《淨土十要》，《大正藏》第61冊，第742頁。

心不染著，是為無念」〔註113〕的旨趣，而歸攝淨土為頓教。

對於終教，如《疏鈔》言：

> 大乘終教，由出中道妙有，定性、闡提皆當作佛，方盡大乘至極之說，故名為終。稱實理故，復名實教。所說則多談法性，少及法相。其所云相，亦會歸性，以依如來藏八識，隨緣成立諸義類故。〔註114〕

大乘終教與大乘始教相對應，是大乘中終極的教門，也叫作實教。此教門即中道言妙有，以二乘行者和一切有情悉當成佛，真如法性不變，隨緣生起諸法，萬法即是真如，理事無礙，性相融通等為主題教義，於《楞伽經》、《密嚴經》、《如來藏經》、《勝鬘經》、《大乘起信論》、《寶性論》、《法界無差別論》等經論中有相關論說。對《阿彌陀經》，袾宏指出「通前終教，以一切眾生念佛，定當成佛，即定性闡提皆作佛故」〔註115〕，即《阿彌陀經》教授以一切眾生通過念佛皆能往生淨土，而由此修持哪怕「定性闡提」亦能成就佛果，故符合大乘終教的旨歸，而判攝淨土通於大乘終教。

袾宏還判淨土「分屬圓教」。對於圓教，如《疏鈔》言：「圓教，統該前四，圓滿具足。所說唯是無盡法界，性海圓融，緣起無礙，相即相入，帝網重重，主伴交參，無盡無盡故」〔註116〕。圓教即圓融、圓具、圓滿的教法。依華嚴的判教觀，唯華嚴學說具有無礙、圓融、圓滿的品性，圓具前四種教法，而為圓教。袾宏亦遵此說，如「分屬圓教者。圓之為義，謂四法界中，前三通於諸教，後一獨擅乎圓。今此經者，圓全攝此，此分攝圓，得圓少分，分屬圓故」〔註117〕，即華嚴學以理法界、事法界、理事無礙法界、事事無礙法界理論詮釋法界緣起，而前三種理論在一般的大乘經典皆有論及，為諸宗通論，唯華嚴學具有事事無礙法界義理，而為圓教。關於袾宏將《阿彌陀經》所詮義理判歸為分攝圓教的緣由，學僧古德在《佛說阿彌陀經疏鈔演義》中的注解更明白易懂，如「分攝於圓者：或曰，事事無礙，唯屬華嚴。今經何得有此？故曰：一

〔註113〕《六祖法寶壇經》，《大正藏》第48冊，第351頁。
〔註114〕袾宏：《佛說阿彌陀經疏鈔》，《蓮池大師文集》，北京：九州出版社，2013，第21頁。
〔註115〕袾宏：《佛說阿彌陀經疏鈔》，《蓮池大師文集》，北京：九州出版社，2013，第21頁。
〔註116〕袾宏：《佛說阿彌陀經疏鈔》，《蓮池大師文集》，北京：九州出版社，2013，第21頁。
〔註117〕袾宏：《佛說阿彌陀經疏鈔》，《蓮池大師文集》，北京：九州出版社，2013，第23頁。

大時教，唯華嚴為圓。圓為能攝一切，故諸經無不攝歸華嚴。今此經有少分事事無礙，故得分攝於圓也」〔註118〕，即華嚴學以圓滿、圓融的四法界理論特質而為圓教，依此判教觀則華嚴宗的立宗經典《華嚴經》盡攝其餘諸經，獨為「全圓」，又因《阿彌陀經》亦含融有事事無礙法界的內涵，故袾宏判為「分圓」。關於事事無礙的法界緣起深義，華嚴學中曾以六相圓融觀、十玄門等理論進行詮釋，而於此相對應，袾宏也據十玄門而展開對《阿彌陀經》涵容有事事無礙法界義的闡釋。如：

> 今謂分攝乎圓者，以華嚴全圓，今得少分。略說有十：一、《華嚴》器界塵毛，形無形物，皆悉演出妙法言音。此則水鳥樹林，咸宣根、力、覺、道諸法門故。二、《華嚴》一微塵中，具足十方法界，無盡莊嚴。此則如《大本》云「於寶樹中，見十方佛剎，猶如鏡象」故。三、《華嚴》不動寂場，遍周法界，故云：「體相如本無差別，無等無量悉周遍。」此則如《大本》云：「阿彌陀佛常在西方，而亦遍十方」故。四、《華嚴》喻藥王樹，若有見者，眼得清淨，乃至耳、鼻六根無不清淨。眾生見佛，亦復如是。以見圓覺佛，聞普門法，神力乃爾。此則阿彌陀佛道場寶樹，見者聞者，六根清淨故。五、《華嚴》八難超十地之階。此則地獄、鬼、畜，但念佛者，悉往生故。六、華嚴一即一切，故如來能於一身，現不可說佛剎微塵數頭；一一頭，出爾所舌；一一舌，出爾所音聲；乃至文字句義，充滿法界。此則如《大本》云「彼國無量寶華，一一華中，出三十六億那由他百千光明。一一光明，出三十六億那由他百千佛，普為十方說一切法」故。七、《華嚴》舍那、釋迦，雙垂兩相。此則如《觀經》云：阿彌陀佛現六十萬億那由他恒河沙由旬之身，而又見丈六之身於池水上故。八、《華嚴》以盧舍那佛為教主。此則如清涼云：「阿彌陀佛即本師盧舍那」故。九、《華嚴》名大不思議，《淨名》諸經名小不思議。此則亦名不可思議功德故。十、《華嚴》為教，即凡夫心，便成諸佛不動智。此則不越稱名，佛現前故。〔註119〕

華藏世界裏無情之物具能演說妙法，而極樂世界的水、鳥、樹林等亦能依聽者

〔註118〕 古德：《佛說阿彌陀經疏鈔演義》，《續藏經》第 22 冊，第 708 頁。
〔註119〕 袾宏：《佛說阿彌陀經疏鈔》，《蓮池大師文集》，北京：九州出版社，2013，第 23～24 頁。

根器而宣說諸法，此即華嚴十玄門之「諸法相即自在門」；又《華嚴經》中一微塵即具足十方無量法界、無盡莊嚴，而今《無量壽經》言在極樂淨土寶樹中可見十方佛刹，即「一含無量門」……如是等十條理由，皆為華嚴性海，法界緣起，圓融無礙義理之展現。由此，袾宏得出淨土分攝圓教的結論。儘管袾宏判淨土分攝圓教，在實際上卻給人以凌駕淨土於華嚴之上的現實錯覺，這應是袾宏對淨土的崇高信仰帶來效果，抑或如荒木見悟先生的評價「袾宏是在說明：《彌陀經》雖僅得圓教（華嚴）少分，但若藉用『分圓無礙』的理論來說，則知信受《彌陀經》所說的義理，與信奉《華嚴》，並無任何的矛盾，且是相互融通的」〔註120〕，而以「分圓無礙」的論證邏輯進行判歸，使淨土在佛學系統中確立了與華嚴相等齊的地位。

再次，以《阿彌陀經》融攝《觀無量壽經》，並與大乘諸經相會通。淨土學所依的經典主要是「三經一論」，其中《觀無量壽佛經》自劉宋畺良耶舍翻譯以來一直受到佛教各學派的重視。後有各種對《觀經》的注解，而不免涉及有對《觀經》和《阿彌陀經》、《無量壽經》等義理的權衡討論，故袾宏加以會通。《疏鈔》言：「定散者，孤山判十六觀為定善，此經持名為散善。」〔註121〕「定善」即以正定、正受的心勤修的善根；「散善」即散亂的心勤修的善根。意即天台宗山外派孤山智圓以《觀經》所宣講十六觀門為「定善」，《阿彌陀經》執持名號為「散善」，故評判《觀經》優勝於《阿彌陀經》。這是一種代表性的觀點。袾宏分別從總體與具體兩個方面進行辯駁。「先明總者，彼經妙觀，宗乎一心。此經『一心』，正符彼意。一心作觀，一心稱名。何得同歸一心，揚彼抑此？詳如《淨覺疏》中說。」〔註122〕即從總體上言，孤山智圓就《觀經》而談的勝妙觀法，皆為依天台宗「一心三觀」而觀，實是以「一心」為立論宗旨，而《阿彌陀經》以持名念佛「一心不亂」為法要，故兩者或依「一心」起觀，或依「一心」稱念，其意趣皆正符合「一心」主旨。袾宏於此以「一心」要旨融通兩經，得出了不可以褒揚《觀經》而貶抑《阿彌陀經》的結論。袾宏又對兩經進行具體的分析。「次明別者。或謂此經但聞佛名，或謂此經佛是劣

〔註120〕　（日）荒木見悟：《近世中國佛教的曙光——雲棲袾宏之研究》，周賢博譯，臺北：慧明文化事業有限公司，2001，第168～169頁。

〔註121〕　袾宏：《佛說阿彌陀經疏鈔》，《蓮池大師文集》，北京：九州出版社，2013，第24頁。

〔註122〕　袾宏：《佛說阿彌陀經疏鈔》，《蓮池大師文集》，北京：九州出版社，2013，第24頁。

應，或謂此經華局車輪，或謂此經五逆不生，或謂此經止屬下品。不知二經實一義故，不知此經尤獨要故。」〔註123〕有人以《觀經》宣講了多種觀法，而《阿彌陀經》僅持名念佛一法，或以《觀經》中阿彌陀佛高大為六十萬億那由他恒河沙由旬，而《阿彌陀經》中無有言及，或以《觀經》中描述蓮華有十二由旬大，而《阿彌陀經》中有華局車輪般大，或以《觀經》中明言宣講五逆重罪之人亦可以往生淨土，而《阿彌陀經》中則沒有明言，或臆想《阿彌陀經》中持名念佛往生可能僅為下品下生，如是等理由，而認為《觀經》比《阿彌陀經》優勝。袾宏具體針對這五種觀點進行細緻的辨析，說明了《觀經》與《阿彌陀經》具有等同的義理內涵，更指出了《阿彌陀經》在「直指法身」、僅單持名「便得佛現」、持名「便得供佛諸方」等三個方面比《觀經》還有殊勝之處。此相關的內容將在「作為融合本體的淨土學」之「以《阿彌陀經》融攝淨土諸經」節段中詳細論述。

袾宏又將《阿彌陀經》與其他大乘經典進行會通。如：

> 《淨名》、《法華》等者，此一心持名，得生彼國。即「隨其心淨，則佛土淨」，是《淨名》義。又此一心持名，即「以深心念佛」，乃至「獨入他家，一心念佛」，「乞食無侶，一心念佛」，「一稱南無佛，皆已成佛道」，是《法華》義。
>
> 等者，略舉餘經。如文殊所云「一行三昧」，《大品》所云「若人散心念佛，乃至畢苦，其福不盡」，是《般若》義。如「經三七日，稽首十方諸佛名字」，是圓覺義。如「五百長者子，稱七佛名，遂得見金色之身，成阿羅漢」，是《觀佛三昧》義。如「菩薩六念，念佛第一」，又云「繫念思惟因緣力故，得斷煩惱」，是《涅槃》義。如佛告父王：「汝今當念西方極樂世界阿彌陀佛，常勤精進，當得佛道。」又云：「十心嚮往，命終必生彼佛國土」，是寶積義。至如《華嚴》圓義相通，已見前文。念佛之義，不可勝舉。〔註124〕

意即《阿彌陀經》以「一心」稱念佛名，隨心清淨而極樂淨土現前，正符合《維摩詰所說經》的意趣；本經以一聲稱念佛名而將必成佛，又具有《法華經》「我

〔註123〕袾宏：《佛說阿彌陀經疏鈔》，《蓮池大師文集》，北京：九州出版社，2013，第25頁。

〔註124〕袾宏：《佛說阿彌陀經疏鈔》，《蓮池大師文集》，北京：九州出版社，2013，第26～27頁。

記如是人，來世成佛道，以深心念佛，修持淨戒故」〔註125〕的義理；本經定心念佛，體現的是《文殊師利所說般若波羅蜜經》「一行三昧」之旨，而以散心念佛而息苦積福，正符於《大品般若經》的要義；本經所言三、七日念佛之法，可與《圓覺經》的講授相符合；本經稱念阿彌陀佛名號，亦含容有《觀佛三昧海經》稱七佛名而見佛證果之義；本經稱念阿彌陀佛名號正符合《涅槃經》「六念法」之「念佛」，亦有因繫念思維而斷煩惱的《涅槃經》義理；本經以勤念阿彌陀佛而必能成佛、十種心嚮往而必往生淨土，而與《寶積經》要義相合，如此等等。通過與諸經會通，袾宏表達了《阿彌陀經》雖僅有只有一千八百多字，但義理深邃，而應與《維摩詰所說經》、《華嚴經》等大乘諸經一樣受到重視的意涵。

綜上，袾宏通過教理評判，揭淨土以頓圓之教的品性，而將淨土與華嚴等齊，確立了淨土在教內崇高的地位；在經典依據上，又以《阿彌陀經》與《觀經》及大乘諸經相會通，使淨土更具有包容、滲透、圓融的品格，而為融攝教內諸宗做好了理論鋪墊。但袾宏有意借用華嚴的判教系統對淨土進行教相判攝，而可知其發自內心深處對華嚴學義理的推崇與高揚淨土的意圖。事實上，華嚴學的深廣精嚴、圓融包容的品格早已得到廣泛認同，故袾宏以華嚴學義理對淨土進行闡釋，則不免被認為是一種借華嚴之力提高淨土地位的做法。這顯然可看作是袾宏個人心路歷程的一種折射，亦是中國佛教宗派融合在學理上的一種表現。

現從袾宏的判教學說中已透露出欲以淨土融攝教內諸宗的意圖，而「融合」本具有多樣性相統一的哲學內涵，那麼作為袾宏融合學說的統一性基礎又是什麼？故我們還須對袾宏的「一心」說進行具體分析。

〔註125〕《妙法蓮花經》，《大正藏》第 9 冊，第 7 頁。

第三章　融合的「一心」基礎

　　中國佛教比較關注主體心識的形上意義，而有各種特色的心性理論，如方立天先生言「中國佛教心性論是佛教哲學與中國固有思想文化旨趣的最為契合之處，也是中國佛教的核心內容，在中國佛教哲學中佔有非常重要的地位」〔註1〕，即強調此意。但遺憾的是，至袾宏以前淨土宗仍未有一個系統的心性理論。在晚明佛教融合的歷史背景下，袾宏意欲大力弘揚淨土，則不但要為淨土宗構建出系統的心性理論，還要在此形上的高度上做到對賢、禪、淨、律等諸宗的融合，如袾宏言「盡萬法不出一心之體」〔註2〕，即強調「一心」的本體性地位。本章將對袾宏「一心」的內涵與經典依據進行詳述。按照一般的敘述，應先述「一心」的經典依據，再述內涵，但《疏鈔》原文順序如此，故於此仍依原文順序。

第一節　「一心」內涵

　　袾宏於《疏鈔》開篇即言「靈明洞徹，湛寂常恒，非濁非清，無背無向。大哉真體，不可得而思議者，其唯自性歟」〔註3〕，而概括出「一心」的主要特徵內涵。下文將詳細論析。

〔註1〕方立天：《中國佛教哲學要義》，北京：宗教文化出版社，2014，第185頁。
〔註2〕袾宏：《佛說阿彌陀經疏鈔》，《蓮池大師文集》，北京：九州出版社，2013，第2頁。
〔註3〕袾宏：《佛說阿彌陀經疏鈔》，《蓮池大師文集》，北京：九州出版社，2013，第1頁。

一、「靈明洞徹」

「靈明洞徹」，即強調「一心」具有圓明遍照的覺用。《疏鈔》中有關於「靈明洞徹」的詳細解釋。如：

> 靈者靈覺，明者明顯。日月雖明，不得稱靈。今惟至明之中，神解不測。「明」不足以盡之，故曰「靈明」。徹者通也，洞者徹之極也。日月雖遍，不照覆盆，是徹而未徹。今此靈明，輝天地，透金石，四維上下，曾無障礙，蓋洞然之徹，靡所不徹，非對隔說通之徹，云「洞徹」也。〔註4〕

意即雖日月遍照，卻不及「一心」靈覺圓明洞徹，故稱之為「靈明洞徹」。在中國佛教心性學中天台、三論、法相、華嚴、禪宗、唯識等各有不同特色的學說，楊維中先生將之總結為四種範式，即「天台的基點和理論邏輯是『性具』，華嚴為『性起』，禪宗為『自心』，法相唯識宗則為『藏識』」〔註5〕。在四種心性論範式中，唯有華嚴主以「自性清淨圓明體」最鮮明的突出了主體自性的圓滿光明特質，如法藏言「顯一體者，謂自性清淨圓明體，然此即是如來藏中法性之體，從本已來，性自滿足」〔註6〕，即指出一切眾生本來具足圓滿光明、遍照一切、清淨無染的心性。此可謂是袾宏「一心」圓明遍照覺用說的直接理論來源。

袾宏在此只言「靈明」之用，而對於「靈覺」如何能輝照天地，透徹金石，四維上下無不洞然的內在機理並沒有細言，僅以「神解不測」一語籠統帶過。故於此還須借鑒宗密之說加以理解。宗密對「靈明」的注解為「靈明者，若但云明，未簡日月之類，故云靈也。意云，心之明者，其在無法不知而無分別，無法不現而無差別，幽靈神聖，寂然洞然，故曰靈明」，其言雖簡，但更直白的突出心的「靈知」神用。袾宏在注解中並沒有明言心的「知」性，僅言「靈者靈覺」。而「靈覺」一詞亦是宗密話語中一個重要概念範疇，現僅舉其有代表性的語句如下：

> 靈覺之心，即此覺心本來空寂，本來知覺。〔註7〕
> 唯覺是法者，且如世虛空，亦能圓滿。唯有靈覺，世無與比故，

〔註4〕袾宏：《佛說阿彌陀經疏鈔》，《蓮池大師文集》，北京：九州出版社，2013，第1頁。

〔註5〕楊維中：《中國佛學》，南京：南京大學出版社，2009，第292頁。

〔註6〕法藏：《修華嚴奧旨妄盡還源觀》，《大正藏》第45冊，第637頁。

〔註7〕宗密：《圓覺經略疏鈔》，《續藏經》第9冊，第843頁。

唯此是法故，經中或但云「覺徧十方界」，又云「依幻說覺，亦名為
幻，若說有覺，猶未離幻，說無覺者，亦復如是」，又云「一切覺
故」，又云「皆是覺隨順」，又云「非覺違拒，諸能入者，有諸能入，
非覺入故」，又云「證覺般涅槃」，又云「是則名為淨覺隨順」，又三
觀皆云「以淨覺心」，如是等文非一，不定言圓，唯覺一字不改，故
知是法，況圓字是義。〔註8〕

　　總以心境空寂，覺性圓滿，凡聖平等為宗，令修行者忘情等佛
觀行速成為趣，謂倒心妄境如杌鬼繩蛇，元自空無，不待除滅（文
云非作故無等），依佗水月鏡象全體即是圓成（四大不動故覺性不動
等），故凡聖靈覺真心本來清淨圓滿。〔註9〕

在第一句中，宗密便直言「靈覺」的兩重特性，即「本來空寂」、「本來知覺」。
關於「一心」空寂的特性，袾宏以「湛寂常恒」加以論述，而對於「一心」知
覺的特質，如袾宏言「此之『自性』……統而言之，即當人靈知靈覺本具之一
心也」〔註10〕，即已默認心具有靈知不昧、本自覺知的一面。第二句、第三句
中宗密所言「靈覺」為凡聖共有的「本來清淨圓滿」真心，在佛即袾宏「照了
諸法，名為佛寶」的「靈覺」，在眾生即袾宏「即當人靈知靈覺本具之一心」。
於此可見袾宏對宗密真心圓覺說的充分吸納。

二、「湛寂常恒」

　　「湛寂常恒」，即「一心」之體離染清淨、常恒無變。袾宏對「湛寂常恒」
的詮釋為：

　　　湛者不染，寂者不搖。大地雖寂，不得稱湛。今惟至寂之中，
瑩淨無滓，「寂」不足以盡之，故曰「湛寂」。恒者久也，常者恒之
極也。大地雖堅，難逃壞劫，是恒而未恒。今此湛寂，推之無始，
引之無終，亙古亙今。曾無變易，蓋常然之恒，無恒不恒，非對暫
說久之恒，云常恒也。〔註11〕

〔註8〕　宗密：《圓覺經略疏鈔》，《續藏經》第 9 冊，第 866 頁。

〔註9〕　宗密：《圓覺經大疏》，《續藏經》第 9 冊，第 333 頁。

〔註10〕　袾宏：《佛說阿彌陀經疏鈔》，《蓮池大師文集》，北京：九州出版社，2013，第 2 頁。

〔註11〕　袾宏：《佛說阿彌陀經疏鈔》，《蓮池大師文集》，北京：九州出版社，2013，第 1 頁。

「湛」為清淨瑩純，無有垢染，「寂」為本來堅固、無有動搖。這裡袾宏強調「一心」之體具有清淨、堅固、常恒的特徵。下面對此三個特徵進行具體分析。

宗密亦以清淨為真心的四大特徵之一，如「不待會色歸空，不因斷惑成淨，自心本淨故，云自性清淨」，意即不必會歸物質現象於空性，亦不因證斷諸惑才使自心呈現為清淨，而是本來清淨。在宗密的心性論中，眾生因無明所障才流轉輪迴，一旦能認識自己清淨本心，便可從煩惱、障蔽中解脫出來，而與真心相應。袾宏同樣認同這種返淨解脫論，如其對《阿彌陀經》「從是西方，過十萬億佛土，有世界名曰極樂」句的注疏：

> 【疏】稱理，則自性堅固清淨，是西方義。自性離障絕非，是過十萬義。自性橫該豎徹，是世界義。

> 【鈔】堅固者，西屬金體，有堅固義，即自性真常不易，萬古如如故。清淨者，復有二義：西當肅氣，有澄清義，即自性諸妄本空，體露金風故；西當白色，有潔淨義，即自性諸染不生，本來一色故。離障絕非者，自性本無煩惱，如十苦、十惡、十纏、十使等，並超越之，有遠過義。〔註12〕

即言自性（一心）本來清淨堅固，如能離於見惑、識惑，可返歸心性之原。「體露金風」為禪門從語，意為如秋風吹落樹葉般現出樹之全體，露現出事物的原貌，如《雲門匡真禪師廣錄》「問：樹凋葉落時如何。師云：體露金風」〔註13〕。袾宏在鈔注中解釋清淨有兩種意義：其一為澄清義，因「西」在季節上代表秋天，表示為肅殺之氣，會如秋風吹落葉般使人的自性從諸種妄想執著中澄清而現；其二為潔淨義，因「西」在五色中與白色相配應，具有潔淨的內涵，意指自性原本清淨純一無染。故諸種見思惑煩惱本非自性中所有，而從中超越解脫，返歸本原的清淨自性，即為清淨解脫。

袾宏注「寂者不搖」，並以大地作比，意指自性本來堅固、不動不搖。在佛教傳統裏，一般以空與寂為同義詞，在佛教經論中常被合用，如《大般若波羅蜜多經》「以一切法都無實事，無我、我所，皆以無性而為自性，本性空寂、自相空寂」〔註14〕，即言萬法自性空寂，無有自性。但在宗密語境裏，「寂」

〔註12〕袾宏：《佛說阿彌陀經疏鈔》，《蓮池大師文集》，北京：九州出版社，2013，第69～70頁。

〔註13〕《雲門匡真禪師廣錄》，《大正藏》第47冊，第550頁。

〔註14〕《大般若波羅蜜多經》，《大正藏》第6冊，第1026頁。

為心不變不動的堅固實性，如董群先生指出「宗密的寂與傳統的寂是有不同含義的。傳統的寂，一般視為空的同義詞，而宗密的寂，乃是真心之體，表示真心的真實常在，不變不動之義」〔註15〕，即指此意。在宗密的心性說中，靈知為徹通凡聖的本原靈性，如荒木見悟先生所言「一切事法全從真心顯現，一一事相層出不窮，全具真心（這是華嚴學的觀點），體會為頓悟的本來性境位，必須具備可以準確無礙的把握每一事相的晶瑩透徹的體性。這被稱作覺（或是知的東西）。因此宗密將上述一心之體定義為『體者本覺之真知也』」〔註16〕，即以知為隨緣應物的絕對根據。華嚴學承《大乘起信論》「一心開二門」模式，立真如有不變、隨緣二相，如荒木見悟先生所言「如果（真心）因成就一切而一味的依賴知覺的照見力，恐怕就會游離寂然的本根而追逐偶然的適中」，如果真心僅有應外來之緣現森羅萬象的一面（隨緣），則不免失卻不變不動的一面（不變），故宗密還需確立真心本來堅固的一面。「寂是知寂，知是寂知。寂是知之自性體，知是寂之自性用，故清涼法師云『靈知不昧性相寂然』。」〔註17〕宗密承澄觀、菏澤禪之見解，明確指出寂為體、知為用，以體用相即不二而言真心不變、隨緣。於此，宗密特指出「寂者即是決定之體，堅固常定，不喧動不變異之義，非空無之義」〔註18〕，即「寂」為真心的不變之體，常恒堅固，無有變異，並與空無之義相區分，而實現了對真心不變之性的闡釋。此處，袾宏所言「一心」之「寂」，即本來堅固、不動不搖，亦是對宗密的遙承。

　　袾宏又指出，「一心」的湛寂之性是常久永恆、無始無終的，即「常恒」。此言常恒，又非相對於「短暫」的常恒，而是推之無始、引之無終、無有變異、「恒」與「不恒」兩邊具遣的究竟常恒。宗密亦談及真心具有「真常」的特徵，如「三性不同，謂遍計性無體，可生可滅；依他起性即生不生，即滅不滅；圓成實性自體本有，不待新生，盡未來際究竟常住不滅，今即當此自性不生不滅」〔註19〕，即從唯識三性的角度來談此。其言遍計所執性上的生滅，表現為現象上的生滅，為妄生妄滅；就依他起性上的生滅而言，生非自性生，故不生，滅

〔註15〕董群：《融合的佛教──圭峰宗密的佛學思想研究》，北京：宗教文化出版社，2000，第240頁。

〔註16〕（日）荒木見悟：《佛教與儒教》，杜勤等譯，鄭州：中州古籍出版社，2005，第87頁。

〔註17〕宗密：《圓覺經大疏釋義鈔》，《續藏經》第9冊，第468頁。

〔註18〕宗密：《圓覺經大疏釋義鈔》，《續藏經》第9冊，第468頁。

〔註19〕宗密：《圓覺經大疏釋義鈔》，《續藏經》第9冊，第465頁。

非自性滅，故不滅，如董群先生言「實際是在不生不滅和可生可滅之間體現出中道」〔註20〕，為中觀般若意義上的生滅；從圓成實性的意義上言，並不需一個緣起意義上的生才為其生，自性本來圓滿具足才是自性層面上的無生無滅、永恆常住、無有變易，故真心正是圓成實性意義上的無生無滅、常恒不變。袾宏亦是承接宗密此意而言「一心」常恒，如「稱理，則自性常照，是『光明』義。自性常寂，是『壽命』義。自性寂照不二，是『阿彌陀』義」〔註21〕，意即自性光明常照即為無量光，自性堅固永恆常在即為無量壽，自性不變不動而光明遍照即是阿彌陀佛，而從「一心」永恆不變的意義上為「自性彌陀」立論，為禪淨合一作了心性理論的鋪墊。

三、「非濁非清，無背無向」

「非濁非清，無背無向」，即言「一心」具有超越對待的內涵。對於自性「非濁非清，無背無向」，袾宏解釋為：

> 非濁者，云有則不受一塵。非清者，云無則不捨一法。無背者，縱之則無所從去。無向者，迎之則無所從來。言即此靈明湛寂者，不可以清濁向背求也。舉清濁向背，意該善惡、聖凡、有無、生滅、增減、一異等。〔註22〕

「濁」即有義，因自性具足萬法，可言為有；但自性本離一切法差別之相，雖有而不立纖塵，又不可謂有。「清」即無義，因自性不受一塵，可說為無；但自性本圓滿具足一切功德，不可說為無。「背」，古德注為「捨此而有所去」〔註23〕，而今寸步不離即於自性中湧現萬法，不可說為「背」。「向」，古德注為「迎之而有自來」〔註24〕，如今無所迎行而自性具足一切，不可言為「向」。因湛寂明照的自性超越一切對待，故不可以對待意義上的方法求證，非僅指有無、向背等，實應包括善惡、生滅、增減、一異等一切有待法在內。如古德的注言：

> 意該善惡凡聖等者。孟子道性善，天台說性惡，一則就事造邊

〔註20〕 董群：《融合的佛教——圭峰宗密的佛學思想研究》，北京：宗教文化出版社，2000，第238頁。

〔註21〕 袾宏：《佛說阿彌陀經疏鈔》，《蓮池大師文集》，北京：九州出版社，2013，第109頁。

〔註22〕 袾宏：《佛說阿彌陀經疏鈔》，《蓮池大師文集》，北京：九州出版社，2013，第1～2頁。

〔註23〕 古德：《佛說阿彌陀經疏鈔演義》，《續藏經》第22冊，第706頁。

〔註24〕 古德：《佛說阿彌陀經疏鈔演義》，《續藏經》第22冊，第706頁。

說，一則就理具邊說。今則如實空中，善既不立，惡亦何存。祖云：
廓然無聖非聖也。經云：凡夫者，即非凡夫非凡也。有無如上，性
無前際非生也，性無後際非滅也，本自具足。無法可增非增也，本
無一物，無法可減非減也。染淨千差非一也，一味平等非異也。以
一切言說假名無實，但隨妄念不可得故。〔註25〕

即指出袾宏所言「一心」「如是空」，而「事造變」（相）與「理具邊」（性）兩
邊具遣，超越一切對待，猶如龍樹「非一非異」方法的運用，具有中道的意義。
佛教義理不管論說法相，還是法性，皆為修證路徑，猶如指月之指，見月應捨，
故還應即相離相、即性離性。即相離相，體證諸法性空，然而取消對「相」的
執著後又難免以「性」為依託，使人產生「性」為實有的悟解，故還應即性離
性，消解對「性」的實有之執。袾宏「一心」超越性相對待，雙即而不滯而表
現出性相中道的特徵內涵。古德又指出：

修證即不無，染污即不得故非濁，一切浮塵相，無非妙覺體故非
清，迷時似背，而此本不屬迷故無背，悟時似向，而此本不屬悟故無
向，即圓覺所謂，一切眾生本來成佛，生死涅槃猶如昨夢也。〔註26〕

即肯定袾宏以「一心」絕跡於對待，體現的正是《圓覺經》強調眾生本來成
佛，不住生死亦不住涅槃的實相境界。宗密亦言真心超越性相對待，而為「絕
跡」，且《圓覺經》本為宗密真心的主要經典依據之一，故於此又可見袾宏對
宗密真心「絕跡」特徵的承接。

四、「大哉真體」

袾宏又強調此「一心」真實不虛。對「大哉真體」，袾宏在《疏鈔》中注
解為：

「大」者當體得名，具「遍」、「常」二義，以橫滿十方，豎極
三際，更無有法可與為比，非對小言大之大也。「真」者不妄，以三
界虛偽，唯此真實。所謂非幻不滅，不可破壞，故云真也。體者，
盡萬法不出一心之體，體該相用，總而名之曰真體也。〔註27〕

因「一心」體性周遍、無始無終，橫亙豎貫一切時空，具有普遍、恒常的意義，

〔註25〕古德：《佛說阿彌陀經疏鈔演義》，《續藏經》第 22 冊，第 706 頁。
〔註26〕古德：《佛說阿彌陀經疏鈔演義》，《續藏經》第 22 冊，第 706 頁。
〔註27〕袾宏：《佛說阿彌陀經疏鈔》，《蓮池大師文集》，北京：九州出版社，2013，第
　　　　2 頁。

故可稱為「大」，而又非對待大小之「大」。因世界萬法皆因緣起緣滅，幻化無常，唯此「一心」真實不虛，故稱之為「真體」。「真」為「非幻不滅」，古德對此注為：

> 非幻不滅，出《圓覺經》。經云：幻身滅故，幻心亦滅，幻心滅故，幻塵亦滅，幻塵滅故，幻滅亦滅，幻滅滅故，非幻不滅。蓋謂此性無有變異，畢竟常住，不同諸幻終消滅也。不可破壞，出《起信論》。論云：從本以來，離諸名相，畢竟平等，不可破壞。蓋謂此性在染不破，法身不壞，不同有為可破壞也。〔註28〕

意指袾宏關於「一心」真常永恆的觀點正是源於《圓覺經》、《起信論》等「真常」系的見解。如印順導師言「我分『大乘佛法』為三系：性空唯名、虛妄唯識、真常唯心，與太虛法師所判的法性空寂宗、法相唯識宗、法界圓覺宗──三宗的次第相同。其實，在圭峰宗密的教判中，已有法相宗、破相宗、法性宗（總攝終、頓、圓）的安立；永明延壽是稱為相宗、空宗、性宗的。這可見，在『大乘佛法』的發展中的三系說，也是與古德所說相通」〔註29〕，即言其三系判教與宗密的三種判教是相通的。對「真常」，印順有言「如來者，一切有情有如來性，無不可以成佛。如來性真常不變，即清淨本具之心體。離幻妄時，證覺心性，而圓顯如來之本體也」〔註30〕，即指出中國佛教以眾生能夠成佛的內在根據就是本具的真常清淨不變的心體，徑直發明、顯現此本具真心為修證成佛的途徑，而概括出「真常」系佛學理論的基本特徵。從印順的論斷中，可看出「真常唯心論」在大乘佛教發展中的重大意義，即將清淨不變的佛性（如來藏）與眾生的心體結合在一起，而把眾生能夠成佛的根據落實於眾生之心，確立了眾生心體在宇宙人生中主體地位。又如洪修平先生所言「事實上，在如來藏系的經論中，佛性與人的清淨本心經常在同等意義上使用的。這樣，明心也就是見性，早期佛教『假說』為業報與解脫主體的清淨心經過與佛性、如來藏相合也同樣具有了精神實體的意義，心被抬高到宇宙人生之本體的高度」〔註31〕，亦指此意。

華嚴學作為「真常論」系之一宗，是以「性起」說展開的。「性起」，意為

〔註28〕 古德：《佛說阿彌陀經疏鈔演義》，《續藏經》第 22 冊，第 706 頁。
〔註29〕 釋印順：《花雨集》（下），北京：中華書局，2011，第 11 頁。
〔註30〕 釋印順：《印度之佛教》，北京：中華書局，2011，第 4 頁。
〔註31〕 洪修平、孫亦平：《慧能評傳》，南京：南京大學出版社，1998，第 218 頁。

稱性而起。晉譯《華嚴經·寶王如來性起品》中論述了佛以三身或十身出現救
度眾生，其中「性起」一詞被華嚴學人沿用下來。胡建明先生在《宗密思想綜
合研究》中概括「性起」有三重玄義，如「（1）性起→如來出現→成覺→所證
法（完成果位之智）……此『性』為如來性，即因、即如來藏，成就法身佛，
故此『起』即覺、即果。（2）性起→如來出現→法身顯現→能證法（示現果位
之悲）……此『性』是法身，此『起』是如來功德、如來業、果海之大用（也
含眾生『性起』之一分）。（3）性起→如來出現→真如、法性的顯現→法界之
理的開顯→法理實之本性……此『性』乃是真如本體，此『起』則是佛和眾生
所共顯發。此三重性起中，華嚴的法藏特別強調第（3）種性起，主張『法界
緣起』，從佛之果上現而稱性之談。而澄觀、宗密因受禪宗、天台思想的影響，
雖也談真如稱性之理，但將重點移向於眾生成覺的因位上，即以性相決判的觀
點，走注重實踐的路線。從此意義上來說，往往多談第（1）種性起之說，如
宗密的頓悟漸修論等」〔註32〕。從文意可知，澄觀、宗密努力將佛的清淨體性
從佛位移現於眾生，而從因位言「性起」。從眾生位言性起，澄觀名之為「一
心」，宗密為「真心」，而此皆為如來性在眾生之體現。如宗密《原人論》：

> 一乘顯性教者，說一切有情皆有本覺真心，無始以來常住清淨，
> 昭昭不昧，了了常知，亦名佛性，亦名如來藏。從無始際，妄相翳
> 之不自覺知，但認凡質故，耽著結業受生死苦。大覺愍之，說一切
> 皆空，又開示靈覺真心清淨全同諸佛。〔註33〕

即言眾生皆具全同諸佛的清淨真心。又如：

> 我等多劫未遇真宗，不解返自原身，但執虛妄之相，甘認凡下，
> 或畜或人。今約至教原之，方覺本來是佛，故須行依佛行，心契佛
> 心。返本還源，斷除凡習，損之又損，以至無為，自然應用恒沙，
> 名之曰佛。〔註34〕

即一切眾生因迷執虛妄淪於輪迴，但真心未曾動搖，今依此修行，返還本原，
即稱性而起，可以成佛。華嚴學不但以此真體為眾生可以成佛的內在根據，而
且從宇宙論的角度以此真心真性為萬法之究竟本原。如澄觀言「心是總相者，

〔註32〕 胡建明：《宗密思想綜合研究》，北京：中國人民大學出版社，2013，第127～
　　　　 128頁。
〔註33〕 宗密：《原人論》，《大正藏》第45冊，第710頁。
〔註34〕 宗密：《原人論》，《大正藏》第45冊，第710頁。

法界染淨萬類萬法不出一心，是心即攝一切世間出世間法，故名總相」〔註35〕，
又如宗密「萬法虛偽，緣會而生，生法本無，一切唯識，識如幻夢，但是一心」，
皆以此真心真性為萬法的究竟本原。

　　如印順指出「中國佛教之傳統學者，以『真常論』為根基」〔註36〕，且
「『賢』、『禪』、『密』為徹底之真常者。『淨』則隨所學而出入之」〔註37〕，即
揭示淨土學在「真常」義上與華嚴的內在聯繫。袾宏亦承此，並對「性起」有
自己的話語表述。如：

　　　　言如是不可思議者，當是何物？惟自性乃爾。言性有二：兼無
　　情分中，謂之法性；獨有情分中，謂之佛性。今云「自性」，且指佛
　　性而言也。性而曰自，法爾如然，非作得故，是我自己，非屬他故。
　　此之「自性」，蓋有多名，亦名「本心」，亦名「本覺」，亦名「真知」，
　　亦名「真識」，亦名「真如」，種種無盡。統而言之，即當人靈知靈
　　覺本具之一心也。今明不可思議者惟此心耳，更無餘物有此不思議
　　體與心同也。〔註38〕

意即真如理體遍在一切，於無情即為法性，於有情便為佛性。袾宏即佛性而言
自性，可謂是大乘諸經皆有的觀點，但袾宏進而直指「當人靈知靈覺本具之一
心」，強調自性中本覺與靈知的一面，即是對宗密真心的襲承。又：

　　　　無明所引，棄覺逐塵，違遠真體，故名曰背。返其去路，復使歸
　　還，斯之謂向，即指背娑婆而向極樂也。然此且就眾生一期從迷得悟
　　而言，似有澄之返之之跡。而於自性，實無得失，亦無增損。〔註39〕

即袾宏指出，一切眾生因無明心起而背離本覺，而於輪迴追逐幻塵，但若依
「一心」修行，以往生極樂為成佛方便，實為澄現自性、返還本原，此即華
嚴之稱性而起之義理。對於世出世間一切現象，袾宏亦言「盡萬法不出一心
之體」，以「一心」為宇宙萬法的本原。甚至對極樂世界的功德莊嚴，如袾宏
言：

〔註35〕澄觀：《大方廣華嚴經隨疏演義》，《大正藏》第36冊，第322頁。
〔註36〕釋印順：《印度之佛教》，北京：中華書局，2011，自序，第4頁。
〔註37〕釋印順：《印度之佛教》，北京：中華書局，2011，自序，第4頁。
〔註38〕袾宏：《佛說阿彌陀經疏鈔》，《蓮池大師文集》，北京：九州出版社，2013，第
　　　　2頁。
〔註39〕袾宏：《佛說阿彌陀經疏鈔》，《蓮池大師文集》，北京：九州出版社，2013，第
　　　　3頁。

> 【疏】稱理，則自性能生萬法，是莊嚴義。
>
> 【鈔】六祖云：「何期自性能生萬法」。《華嚴經》云：「一切寶鈴網，解一切法如幻心所生。一切寶樓閣，無著善根、無生善根所生。」乃至衣蓋幢座等，莫不皆然。又云：「此華藏莊嚴世界海中，若山河，乃至樹林塵毛等處，一一皆是稱真如法界，具無邊德。」是故當知淨土唯心，更無外境。〔註40〕

而依華嚴性起義，將極樂世界功德莊嚴皆歸由「一心」生成。宇宙萬法唯心而成，現對應於「一心」之真常自性，是為虛幻。故如袾宏言「真者不妄，以三界虛偽，唯此真實」，又「而妄從真起，波逐水生。即念即空，居然本體。非於念外，別得菩提。故云『萬法虛偽，唯是一心。了悟自心，觸目菩提』矣」〔註41〕，即強調三界萬法唯依「一心」生起，而為虛偽。不僅如此，袾宏還在《疏鈔》中對《阿彌陀經》亦性起義逐句注疏、詮釋，甚至將極樂世界的一花一樹乃至世間萬象、勝義菩薩皆消歸為自性顯現，可謂把「性起」之理發揮到了極致。如：

> 【疏】稱理，則自性無不照，是文殊智義。自性無不容，是彌勒慈義。自性無窮無盡，是不休息、常精進義。餘可類知。
>
> 【鈔】類知者，自性廣大是普賢義，自性圓通是觀音義等。如上隨舉一門，以標名字，若各具者，即名字互通，故謂心即名也。如是解者，即於正觀心中，見一切菩薩也。今見凡夫，不見菩薩者，以失正觀故。故曰：「菩薩清涼月，常遊畢竟空。眾生心垢淨，菩提影現中。」〔註42〕

即不但將文殊菩薩、彌勒菩薩、常精進菩薩、普賢菩薩、觀音菩薩等皆消歸自性，而且指出「於正觀心中，見一切菩薩也」；

> 稱理，則自性真如平等，是金地義。〔註43〕

即以極樂世界的黃金大地為「一心」平等的應現；

〔註40〕袾宏：《佛說阿彌陀經疏鈔》，《蓮池大師文集》，北京：九州出版社，2013，第88頁。
〔註41〕袾宏：《佛說阿彌陀經疏鈔》，《蓮池大師文集》，北京：九州出版社，2013，第18頁。
〔註42〕袾宏：《佛說阿彌陀經疏鈔》，《蓮池大師文集》，北京：九州出版社，2013，第64頁。
〔註43〕袾宏：《佛說阿彌陀經疏鈔》，《蓮池大師文集》，北京：九州出版社，2013，第90頁。

自性在迷，如華尚蕊。自性忽悟，如華正開。又妙色煥爛，不繪而成。妙香馥郁，不行而至。華雨自空，不種而生，不採而下。自性神靈通達，亦復如是。〔註44〕

即以極樂世界的花雨為自性覺悟的瑞現；

理含萬法如樹，智周法界如風。智與理冥，理隨智顯。然而風、樹各不相知，理、智原無二本。百千種樂，不是風作，不是樹作，仁者心作。〔註45〕

即以極樂世界的風、樹、妙樂等歸為「一心」冥顯；

【疏】稱理，則自性變化，是「眾鳥」義。自性出生一切法門，是根、力、覺、道義。

【鈔】下文言彼佛變化所作。今謂妙色雅音，全體是自心顯現，何得高推聖境？又心地含諸種，則五根等，全體是自心培植，何得向外馳求？故先德謂「信心堅固，湛若虛空」，即五根、力。「覺心不起」，即七覺支。「直了心性，邪正不幹」，即八正道。故云：「海生萬物，無物不海。心生萬法，無法不心。」〔註46〕

即以修行證道的五根、五力、七覺分、八正道分等乃至一切法門皆為「一心」生出，如是等等。

五、「不可得而思議」

「不可得而思議」，即「一心」真體不可用語言思維邏輯進行把握。《辨法法性論》言：「此中法相者，謂虛妄分別，現二及名言。實無而現故，以是為虛妄；彼一切無義，惟計故分別。」〔註47〕《辨法法性論》據傳為彌勒菩薩所造，由法尊法師依據藏文譯成漢文，於此強調人們的意識思維是對諸法的義相的一種虛妄分別而以「二取」與「名言」形式表現出來。印順法師注解為「我們的心識活動，純粹是一種名言作用。但在人們的感覺中並不是這樣，以為紅

〔註44〕袾宏：《佛說阿彌陀經疏鈔》，《蓮池大師文集》，北京：九州出版社，2013，第91頁。

〔註45〕袾宏：《佛說阿彌陀經疏鈔》，《蓮池大師文集》，北京：九州出版社，2013，第104頁。

〔註46〕袾宏：《佛說阿彌陀經疏鈔》，《蓮池大師文集》，北京：九州出版社，2013，第99頁。

〔註47〕釋印順：《辨法法性論講記》，《華雨集》上，北京：中華書局，2011，第132頁。

的實在是紅的，物質實在是物質，聲音也以為實有是聲音，樣樣都以為是實在的。其實，呈現在認識中的對象，一切不外乎名言作用。以『現二』及『名言』——二義，說明了我們的心識實在是虛妄分別。佛法所說的生死法，中心即是虛妄分別——妄識。為什麼是虛妄分別？因為一方面顯現二取——能取、所取，一方面不外乎名言」〔註48〕，更明白的指出人對現象世界的認識是建立在「二取」之上的，人的思維活動又是以名言的方式運行的。對於法相之後的法性，不可以「二取」的方式加以認識，故為不可思議，此為大乘諸經的共義，如《大乘離文字普光明藏經》「一相法是如來覺，云何一相，所謂諸法不來不去非因非緣不生不滅無取無捨不增不減。善男子，諸法自性本無所有不可為喻，非是文詞之所辯說」〔註49〕，又《入楞伽經》「大慧！何者如實法？如實法者，不異不差，不取不捨，離諸戲論名如實法。大慧！善男子、善女人，不得執著文字音聲，以一切法無文字故。大慧！譬如有人為示人物以指指示，而彼愚人即執著指，不取因指所示之物。大慧！愚癡凡夫亦復如是，聞聲執著名字指故，乃至沒命終不能捨文字之指取第一義」〔註50〕等，即言世俗語言與思維為有限性認識，無法把握第一義諦。袾宏即在此意義言「『不可思議』者，如上明而復寂，寂而復明，清濁不形，向背莫得，則心言路絕，無容思議者矣」〔註51〕，強調「一心」超越分別對待，具有般若實相、第一義諦的內涵，而不可以世俗語言與思維進行思議。

　　對「不可思議」，袾宏又以「不可思」與「不可議」分別進行論說。對「不可思」，如袾宏言：

　　　　不可思者，所謂法無相想，思則亂生。經云「汝暫舉心，塵勞先起」是也。又法無相想，思亦徒勞。經云「是法非思量分別之所能及」是也。故曰心欲緣而慮亡也。〔註52〕

即實相無相，如果以「二取」與名言思想「一心」實相，則會落入虛妄分別而為執障。此中深義又如孟曉路先生言「名言於凡夫意識中恒為法執之所依。法

〔註48〕釋印順：《辨法法性論講記》，《華雨集》上，北京：中華書局，2011，第133頁。

〔註49〕《大乘離文字普光明藏經》，《大正藏》第17冊，第873頁。

〔註50〕《入楞伽經》，《大正藏》第16冊，第552頁。

〔註51〕袾宏：《佛說阿彌陀經疏鈔》，《蓮池大師文集》，北京：九州出版社，2013，第2頁。

〔註52〕袾宏：《佛說阿彌陀經疏鈔》，《蓮池大師文集》，北京：九州出版社，2013，第2頁。

執者，執法也。法即是名言所詮之義，或曰名言自性。執事有如名言所詮之自性，謂之法執。然此非名言之罪也，罪在能運用名言之分別意識為無明所昏蔽，於法法相關之條理不能頓了於心，只能依名言發明局部性理，從而對名言運用遲滯；故著於名言而成法執」〔註53〕，便指出了執持語言思維而為法執障蔽。故袾宏又引《楞嚴經》「汝暫舉心，塵勞先起」，強調世俗思維一旦運行，即淪入「塵勞」之境，已迴離「一心」真際。對「不可議」，袾宏又言：

> 不可議者，所謂理圓言偏，言生理喪。經云「凡有言說，皆成戲論」是也。又理圓言偏，言不能盡。經云：「一一身具無量口，一一口出無量音。如善天女，窮劫而說，終莫能盡。」是也。故曰口欲談而詞喪也。又此經原名「不可思議」，故用此四字總贊前文，蓋是至理之極名也。〔註54〕

即袾宏認為「一心」實相與大道至理相冥符，至真圓滿，而以片面性、有限性的語言論說至善、圓滿、無限的「一心」實相，不免舉言便失而為戲論。自東晉起，我國佛教學者已論及語言不能表詮事物之後至理的話題，如僧肇「夫言跡之興，異途之所由生也。而言有所不言，跡有所不跡。是以善言言者，求言所不能言；善跡跡者，尋跡所不能跡。至理虛玄，擬心已差，況乃有言，恐所示轉遠」〔註55〕，即指出語言不能表達究竟的真理，如執著語言求索真理只能愈離愈遠，又如吉藏「若有言，體即是本有，名之為常，常不可言」，亦指出實相本有恆常，不可言說，如此等等。正是在此意義上，袾宏強調「一心」實際不可思議。

　　綜上，袾宏以「一心」圓明遍照、離染清淨、常恆無變、靈心絕待、真實不虛、不可思議等內涵，而建立起其融合理論的心性論基礎。

第二節　「一心」的經證

　　袾宏在上文僅正面描述了「一心」的各種特徵內涵，而還須追溯於華嚴學心性學與《大乘起信論》等經論才能確立「一心」的學理正統，故袾宏又將「一心」與佛典經論相標配，以揭示「一心」的深層內涵與融合精神。

〔註53〕孟曉路：《七大緣起論》，北京：宗教文化出版社，2008，第228頁。
〔註54〕袾宏：《佛說阿彌陀經疏鈔》，《蓮池大師文集》，北京：九州出版社，2013，第2頁。
〔註55〕僧肇：《肇論》，《大正藏》第45冊，第157頁。

一、與《阿彌陀經》、《起信論》相標配

袾宏作為淨宗祖師，意欲以淨土為教體實現對教內諸宗的融攝，故在心性理論上須面對一個至關重要的問題，即如何在心性層面上詮釋阿彌陀佛與念佛主體的內在聯繫。也可以說，如果沒有「一心」與淨土經典的理論會通，就無法在心性論意義上確立淨土學的主體個性，也不能在諸宗融合中賦予淨土以教體的地位，故袾宏首先以「一心」與《阿彌陀經》相標配。如：

> 若就當經，初句即無量光，洞徹無礙故。二句即無量壽，常恒不變故。三、四句即靈心絕待，光壽交融，一切功德皆無量故。五句總贊，即經云「如我稱讚阿彌陀佛不可思議功德」。末句結歸，言阿彌陀佛全體是當人自性也。〔註56〕

袾宏指出，「一心」圓明遍照即為無量光義，離染清淨、常恒無變即為無量壽義，靈心絕待即光壽交融不二、無量無邊，故在此意義上阿彌陀佛即是眾生之自性。對於阿彌陀佛的無量功德，如印順言「佛法所說的佛與淨土，是我們的師範，理想世界；但同時，並非向外馳求，而是內在德行的體現，能達到與佛一樣的究竟圓滿。這才是宗教的究極意趣」〔註57〕，即《阿彌陀經》中講述了阿彌陀佛無邊無量的莊嚴功德，其目的在於引導人們發起嚮往之心，開啟內在的德性寶藏，這也是宗教教化的究竟目的，但經中並沒有在形上意義上論及阿彌陀佛與眾生的關聯。而袾宏「阿彌陀佛全體是當人自性」的論斷，即從眾生本性的角度揭示了煩惱即菩提，現世即淨土，無明妄念的轉化即阿彌陀佛的無量功德，如印順言「這是直指生死雜染的當下，本有淨明；明暗、染淨只是迷悟而已」〔註58〕，而將遠在西方極樂世界的淨土納於眾生方寸之間，使成就佛果的至善理想成為轉念間的企及，由「一心」本具的光明清淨德性而啟發人們對至善境界的嚮往與追求。

在袾宏之前，淨土學並沒有一個系統深入的心性理論，如楊維中先生言「而在中國佛教思想中，關於『一心』講的最多的是《大乘起信論》。華嚴宗和禪宗的心性思想正是在《起信論》思想基礎上的新發展」〔註59〕，故袾宏意欲昭示其「一心」在中國佛教學統中地位與價值，又與《起信論》相標配。《大

〔註56〕袾宏：《佛說阿彌陀經疏鈔》，《蓮池大師文集》，北京：九州出版社，2013，第2頁。

〔註57〕釋印順：《禪與淨土》，北京：中華書局，2011，第106頁。

〔註58〕釋印順：《東方淨土發微》，《淨土學論集》，北京：中華書局，2010，第118頁。

〔註59〕楊維中：《中國唯識宗通史》，南京：鳳凰出版社，第2008，第845頁。

乘起信論》傳為馬鳴菩薩所作，由真諦譯，其中闡述了「一心開二門」的哲學模式與心性「本覺」思想。中國佛教學者對《起信論》有著很高的評價，如印順言「大乘的確是這樣的重視自心；大乘起信，是信得以眾生心為眾生心為本的法門。中國的禪者與天台、賢首各家，都推重本論，就因為本論是從實踐的觀點，而開示與我們關切的自心法門」〔註60〕，高振農先生稱「《起信論》論述的內容被視為大乘佛教的根本教法」〔註61〕，又如杜繼文先生「關於《起信論》的教理價值，歐陽漸一系與太虛一系的評估有相當大的差別，但都把它看做是中國佛教的基本精神所在，是完全一致的……因此，把《起信論》看成是中國佛教的哲學大綱，是不過分的」〔註62〕等，皆強調《起信論》對中國佛教產生了非常重要的影響。

《起信論》以體、相、用的辯證關係來說明「一心」與萬法的關係。如《起信論》：

> 摩訶衍者，總說有二種。云何為二？一者、法，二者、義。所言法者，謂眾生心，是心則攝一切世間法、出世間法。依於此心顯示摩訶衍義。何以故？是心真如相，即示摩訶衍體故；是心生滅因緣相，能示摩訶衍自體相用故。所言義者，則有三種。云何為三？一者、體大，謂一切法真如平等不增減故。二者、相大，謂如來藏具足無量性功德故。三者、用大，能生一切世間、出世間善因果故。一切諸佛本所乘故，一切菩薩皆乘此法到如來地故。〔註63〕

意即所謂大乘法（摩訶衍），總體上可從兩個方面論述：一是大乘法的法體，二是大乘法的義理。就法體而言，大乘法即是「眾生心」，總括了大乘法世間一切有漏有為法與出世間的一切無漏無為法。因為眾生心是真實不變的真如相，而顯示大乘法的體性；眾生心又是隨因緣生滅變化的生滅相，能顯示大乘法的本體、相狀與作用。就大乘法義理而言，有體、相、用三種。真如體大，即世出世間一切法都真實如如平等，無增無減；真如相大，即如來藏本自具足無量真實如如的體性功德；真如用大，即能生起世出世間一切善因緣果報。一切佛以眾生心為所乘而臻達究竟圓滿，又一切菩薩亦乘此眾生心臻獲如來佛

〔註60〕釋印順：《大乘起信論講記》，北京：中華書局，2011，第9頁。

〔註61〕高振農：《大乘起信論譯注》，北京：中華書局，2012，前言，第8頁。

〔註62〕杜繼文：《漢譯佛教經典哲學》（下），南京：江蘇人民出版社，2008，第555頁。

〔註63〕《大乘起信論》，《大正藏》第32冊，第575頁。

果。《起信論》這段話指出，一切眾生的心性既是眾生成佛根據，又是世界萬法生起的根本原因；此「一心」之二門可闡釋為心真如門與心生滅門；「一心」的本體論意義由體、相、用「三大」來展開，如楊維中先生言「《起信論》以『三大』說作為其本體論原理的核心內容，確立了『眾生心』即『　心』的本體論地位」〔註64〕。對於體相用，如印順言「體、相、用，為本論的重要術語，與勝論師的實、德、業相同」〔註65〕，《起信論》將印度佛學中的相應概念表述為中國話語即為體、相、用。如以實物為例，體為構成實物的物質，相為實物的形態、性質等，用為實物的作用。體、相、用之間有著統一的內涵，即體為相用顯現的內在根據，相用則為自體的顯現。在佛學體系中，體、相、用又有著自己的演進模式，如印順言「但佛法在發展的過程中，到達攝境從心，於是乎一切唯識為體了。攝相歸性，於是乎一切以如為體了。體，常被用作真如平等相的專名，與相用對論」〔註66〕，各宗據不同經典依據或以識為體，或以真如為體等。又如楊維中先生言「《起信論》體、相、用合一的思想，對後來的天台華嚴禪宗以體用關係論證『心性合一』給予了諸多思想資源。天台宗用體、宗、用三者合一解釋『一念無明法性心』，華嚴宗用理事圓融解釋其『自性清淨圓明體』之真心，禪宗則徑直以心體為依止而使『心』起正用、生正相，是為無相、無念、無住之意旨所在」〔註67〕，具體指出了《起信論》體用思維對天台、華嚴、禪宗的影響。

　　袾宏亦承引《起信論》體用模式標配「一心」。如袾宏言：

> 又初句明無不照，即用大。二句靜無不含，即相大。三、四句
> 迥絕二邊，即體大。五句總贊，所謂即三即一，雙泯雙存，辭喪慮
> 亡，不可思議。末句亦結歸自性也。〔註68〕

文中，袾宏以自性靈明洞徹、遍照無盡為「一心」的無邊妙用，即《起信論》之用大；自性湛寂常恒而含容一切盛妙功德，即《起信論》之相大；靈心絕跡對待，不入二邊，在凡不減，於聖不增，即《起信論》之體大。對「所謂即三即一，雙泯雙存」，古德注為「體非相用，乃至用非體相，即三也。而又離體

〔註64〕楊維中：《如來藏經典與中國佛教》，南京：江蘇人民出版社，2012，第969頁。
〔註65〕釋印順：《大乘起信論講記》，北京：中華書局，2011，第35頁。
〔註66〕釋印順：《大乘起信論講記》，北京：中華書局，2011，第36頁。
〔註67〕楊維中：《如來藏經典與中國佛教》，南京：江蘇人民出版社，2012，第976頁。
〔註68〕袾宏：《佛說阿彌陀經疏鈔》，《蓮池大師文集》，北京：九州出版社，2013，第2頁。

無相用，離相無體用等，即一也。一即三則一泯。三即一則三泯，雙泯也。而
又一即三則三存，三即一則一存，雙存也。存時即泯，泯時即存，非泯非存，
不可思議」，即體、相、用三者相即不離，不一不異。於此古德承引的正是《起
信論》體用模式。故袾宏在體、相、用一如的意義上與《起信論》相標配，而
昭示其「一心」理論與《起信論》正是一脈相承的。

二、與《大般涅槃經》相標配

　　佛教把人生追求的最高理想境界稱為涅槃。涅槃是梵文 Nirvana 的音譯，
也譯為「泥曰」、「泥洹」等。「涅槃者，貪欲永盡，瞋恚永盡，愚癡永盡，一
切諸煩惱永盡，是名涅槃。」〔註69〕意即佛教把消滅三毒之火與一切煩惱而達
到的解脫境界為涅槃。佛教各派也對「涅槃」有著不同的理解。《大般涅槃經》
是漢譯佛經涅槃部的首部大經，如杜繼文先生言「對早期佛教作根本理論上的
清算，而且最明確，最徹底的，是《大般涅槃經》」〔註70〕，該經通過對「涅
槃」的新詮釋為佛教建立了至善妙有的理想世界。《大般涅槃經》明確闡述了
眾生解脫後的理想境界為獲得如來常住法身，入「大般涅槃」，並以如來三德
秘密藏來解說涅槃之境。如：

> 我當令一切眾生及以我子四部之眾悉皆安住秘密藏中，我亦復
> 當安住是中入於涅槃。何等名為秘密之藏？猶如伊字三點，若並則
> 不成伊，縱亦不成，如摩醯首羅面上三目，乃得成先伊三點，若別
> 亦不得成，我亦如是。解脫之法亦非涅槃，如來之身亦非涅槃，摩
> 訶般若亦非涅槃，三法各異亦非涅槃。我今安住如是三法，為眾生
> 故名入涅槃，如世伊字。〔註71〕

意即眾生能安住於如來三德秘密藏，而入於「大般涅槃」。經中將妙有至善的涅
槃境界與小乘佛教「寂滅」的涅槃、般若學「無相、無作」的實相涅槃相區別，
而名為「大般涅槃」。如來秘密藏包含解脫、法身、般若三法，如天台師灌頂注
「如是三德，不可相離，文云：『法身亦非，乃至解脫亦非。』如是三德，不可
相混，文云：『三點具足，無有缺減。』當知雖一而三，雖三而一，雖復三一，
而非三一，雖非三一，而三而一，不可思議，攝一切法，攝一切人」〔註72〕，

〔註69〕《雜阿含經》，《大正藏》第 2 冊，第 126 頁。
〔註70〕杜繼文：《漢譯佛教經典哲學》（下），南京：江蘇人民出版社，2008，第 262 頁。
〔註71〕《大般涅槃經》，《大正藏》第 12 冊，第 616 頁。
〔註72〕灌頂：《大般涅槃經玄義》，《大正藏》第 38 冊，第 8 頁。

即如來三德不一不異，攝一切法，攝一切人，具足各種功德而無上圓滿。經中表述如來秘密三德，即意指三德圓具，方為「大般涅槃」。《大般涅槃經》不僅講述至善的「大般涅槃」，而且指出「聲聞緣覺至十住菩薩，不見佛性，名為涅槃，非大涅槃。若能了了見於佛性，則得名為大涅槃也」〔註73〕，即聲聞、緣覺乃至十住菩薩因不能見到佛性而不能稱為證得大涅槃，只有了見佛性才能稱為大涅槃，更將此涅槃妙德與眾生的佛性聯繫在一起。又「雖斷煩惱，不得名為大般涅槃也。若見佛性，能斷煩惱，是則名為大涅槃也。以見佛性故，得名為常樂我淨，以是義故，斷除煩惱亦得稱為大般涅槃」〔註74〕，即還指出哪怕斷除了煩惱，若沒有了見佛性，也不能稱為大涅槃，故了見佛性才為「大般涅槃」的重要標誌。由此可見袾宏以「一心」與《大般涅槃經》相標配的立意，即將「一心」與佛教的「大般涅槃」緊緊聯繫在一起，而確立「一心」為眾生成就佛果的內在根據。

袾宏以「一心」與如來三德秘密藏相標配。如：

> 又初句言照，即解脫德。二句言寂，即般若德。三四句言寂照不二，即法身德。五句總贊，末句結歸，例上可知。〔註75〕

即「一心」的三個特徵分別對應於如來三德。佛教本以生死煩惱中解脫為歸趣，故袾宏首言解脫德。眾生自性光明、自在無礙，但由於諸煩惱蔽障而沉溺輪迴。若眾生得以解脫，則自性光明顯現，輝天地，透金石，靈耀洞徹，無盡無量，故在此意義上言「一心」「靈明洞徹」，即為如來秘密藏之解脫德。

如來三德秘密藏之二為般若德。般若學以萬法自性「空寂」立義，如《大般若波羅蜜經》「善男子！應修般若波羅蜜多觀一切法本性空寂，汝等若能修此般若觀一切法本性皆空，諸所修行身、語、意業，皆趣甘露得甘露果，必以甘露而作後邊」〔註76〕，而《大般涅槃經》言「汝等比丘，莫謂如來唯修諸法空性本寂」〔註77〕，即並未止步於般若學空性寂滅的義理，而有更深入的論說。又如《大般涅槃經》「我先於摩訶般若波羅蜜經中說我無我無有二相……所謂佛性，非是做法，但為煩惱客塵所覆。若剎利、婆羅門、毘舍、首陀能斷

〔註73〕《大般涅槃經》，《大正藏》第 12 冊，第 746 頁。
〔註74〕《大般涅槃經》，《大正藏》第 12 冊，第 758 頁。
〔註75〕袾宏：《佛說阿彌陀經疏鈔》，《蓮池大師文集》，北京：九州出版社，2013，第 3 頁。
〔註76〕《大般若波羅蜜經》，《大正藏》第 220 冊，第 999 頁。
〔註77〕《大般涅槃經》，《大正藏》第 12 冊，第 379 頁。

除者，即見佛性，成無上道。譬如虛空，震雷起雲，一切象牙上皆生花。若無雷震，花則不生，亦無名字。眾生佛性，亦復如是，常為一切煩惱所覆，不可得見，是故我說眾生無我，若得聞是大般涅槃微妙經典，則見佛性。如象牙花，雖聞契經一切三昧，不聞是經，不知如來微妙之相。如無雷時，象牙上花不可得見。聞是經已，即知一切如來所說祕藏佛性，喻如天雷見象牙花。聞是經已，即知一切無量眾生皆有佛性，以是義故，說大涅槃。名為如來祕密之藏，增長法身，猶如雷時象牙上花，以能長養，如是大義，故得名為大般涅槃」〔註78〕，意即佛性常為煩惱覆蓋而眾生不能得見，故佛陀於般若諸經中言諸法空寂，僅是一種對不能「見佛性」眾生的方便說，而《大般涅槃經》直言佛性，揭示如來祕密藏，則具有超越般若學空寂的內涵，是為「大般涅槃」之般若德義。故可以說，般若學側重從性空的維度來表述諸法實相，相對於此，《大般涅槃經》更注重從妙有的維度來闡述涅槃佛性的思想，此即為《大般涅槃經》如來般若德的意涵。袾宏亦承此密意而言「心源本寂，則諸漏全空。心體本明，則群迷安在，法華謂是真阿羅漢，起信號曰真實識知」〔註79〕，即指出心還歸本來為「寂」，自性光明顯發，破除諸種妄相執著，即是《法華經》所言的「真阿羅漢」義、《起信論》真如自性的「真實識知」義。在此，袾宏又言「彼沉空為寂，作念而知者，名字羅漢，虛妄知識也」，而有意與「沉空為寂」的「虛妄知識」相區別，故在此層面上便可理解「一心」「湛寂常恒」即為如來祕密藏之般若德。

如來三德祕密藏之三為法身德。「法身者，不生不滅，無去無來，妙覺地無所增，無明地無所減，湛然常住。如如不動故。」〔註80〕袾宏指出佛的法身無有生滅、去來等變化，在佛無增，於凡不減，為真如心的體相。又「燈繼日月，通乎晝夜，不住二邊，是中道第一義諦，有法身義」〔註81〕，「我無我者，生而不生，不生而生，即法身故」〔註82〕等，即法身不住於對待意義上的二

〔註78〕《大般涅槃經》，《大正藏》第12冊，第411頁。
〔註79〕袾宏：《佛說阿彌陀經疏鈔》，《蓮池大師文集》，北京：九州出版社，2013，第55頁。
〔註80〕袾宏：《佛說阿彌陀經疏鈔》，《蓮池大師文集》，北京：九州出版社，2013，第146頁。
〔註81〕袾宏：《佛說阿彌陀經疏鈔》，《蓮池大師文集》，北京：九州出版社，2013，第150頁。
〔註82〕袾宏：《佛說阿彌陀經疏鈔》，《蓮池大師文集》，北京：九州出版社，2013，第49頁。

邊，為有我與無我的不二、有生與無生的不二，如是等等皆是從中道意義上言法身具有不二的內涵。而今「一心」光明遍照，湛寂恒常，在此光寂交融、離性離相的不二之境界上言「一心」「非濁非清，無背無向」，即是如來秘密藏之法身德。

　　袾宏以「一心」標配《大般涅槃經》的如來三德秘密藏，如古德言「然有果上修成三德，因中性具三德，今指因中性具而言也」〔註83〕，即指出袾宏將如來果位上的種種涅槃勝德轉化為眾生因位上的「一心」本具。永明延壽亦將「一心」與涅槃三德相標配，如「涅槃三德，真如一心」〔註84〕，並給出多種解釋。如：

　　　　又三德者，有道前性得，道中分得，道後究竟得。〔註85〕

即永明將涅槃三德區分為「道前性得」、「道中分得」、「道後究竟得」，而「道前性得」即為如來果位上的三德在眾生因位上的表現。又：

　　　　三德相冥，同一法界……一則壞於三諦，異則迷於一實。在境
　　　　則三諦圓融，在心則三觀俱運，在因則三道相續，在果則三德周圓，
　　　　如是本末相收，方入大涅槃祕密之藏。古德雲，此之三德，不離一
　　　　如，德用分異。即寂之照為般若，即照之寂為解脫，寂照之體為法
　　　　身，如一明淨圓珠，明即般若，淨即解脫，圓體法身。〔註86〕

永明延壽以「照」為般若德、「寂」為解脫德、「寂照之體」為法身德，而與袾宏「照」為解脫德、「寂」為般若德、「寂照不二」為法身德」的詮釋有差別。顯然永明是依天台學作解，袾宏是依對華嚴學的理解而來，而有詮釋差別。可知，袾宏以「一心」因位詮釋三德秘密藏並非首創，但其依華嚴學理解三德而有著獨到之處。

三、與華嚴「四法界」相標配

　　「四法界說」是華嚴學的基本理論。「法」指各種事物現象，「界」指分界、分類，也會指原因、體性等，故「法界」既有包括一切事物現象的意義，也有事物本相、實相的內涵，如方立天先生言「華嚴宗人通常是在萬物的本原、本體和眾生具有的佛性的意義上使用法界這個名詞的，認為法界就是真如、實

〔註83〕古德：《佛說阿彌陀經疏鈔演義》，《續藏經》第 22 冊，第 707 頁。
〔註84〕永明延壽：《宗鏡錄》，《大正藏》第 48 冊，第 909 頁。
〔註85〕永明延壽：《宗鏡錄》，《大正藏》第 48 冊，第 909 頁。
〔註86〕永明延壽：《宗鏡錄》，《大正藏》第 48 冊，第 906 頁。

相，更嚴格地說就是『如來藏自性清淨心』」〔註87〕，即概言華嚴學法界學說富有特色。華嚴四祖澄觀明確把各種法界分為四類：事法界、理法界、事理無礙法界、事事無礙法界，為宗密等華嚴後學所承襲。事法界指宇宙中千差萬別的一切事物，如宗密言「事法界，界是分義，一一差別，有分齊故」〔註88〕；理法界指事物的本性，如「理法界，界是性義，無盡事法，同一性故」〔註89〕，即華嚴學認為一切事物具有共同的本性；理事無礙法界指事物與本體（性）無二無別，圓融無礙，如「理事無礙法界具性分義，性分無礙故」〔註90〕；事事無礙法界，因各種事物現象皆依共同的本體（性）而現起，故各種事物之間也是無礙圓融的，如「事事無礙法界，一切分齊事法，一一如性融通，重重無盡故」〔註91〕。華嚴學通過四法界的理論建構出一個圓融統一的整體結構，而在這整體機構中，差別的現象世界通過共同本性而為統一性的存在，其間更包含有整體與部分的相互貫注、一與多的相即不二、事物在現實上的分化與本來性層面上的無差等內容，如荒木見悟先生言「於是無窮無盡的主體同時都在以無盡的形態在運動發展，所以絕對不可能企圖以固定的法則及固有的規範整齊畫一地約束它們，而且天成自然的緣起的力動關係保持得井然有序，事事均寸步不讓各自的正位，法界深邃而豐穰地向前運行」〔註92〕，即形象的描繪有華嚴學法界理論中關於世界緣起與事物運行的圖式。

　　儘管袾宏言「盡萬法不出一心之體」，以「一心」為宇宙萬法緣起的本原，但並沒有在宇宙論層面上對宇宙緣起、運行、生化等內容作出闡釋，故仍借助華嚴學，而以「一心」與四法界相標配。如：

> 又以四法界會之，則清濁向背，是事法界。靈明湛寂，是理法界。靈明湛寂而不變隨緣，清濁向背而隨緣不變，是理事無礙法界。不可思議，是事事無礙法界。以此經分攝於圓，亦得少分事事無礙故。末言自性，亦是結屬四法界歸一心也。

因現象事物為對待差別意義上的存在，故言「清濁向背」，正對應於事法界。

〔註87〕方立天：《佛教哲學》，北京：中國人民大學出版社，2006，第 201 頁。

〔註88〕宗密：《注華嚴法界觀門》，《大正藏》第 45 冊，第 684 頁。

〔註89〕宗密：《注華嚴法界觀門》，《大正藏》第 45 冊，第 684 頁。

〔註90〕宗密：《注華嚴法界觀門》，《大正藏》第 45 冊，第 684 頁。

〔註91〕宗密：《注華嚴法界觀門》，《大正藏》第 45 冊，第 684 頁。

〔註92〕（日）荒木見悟：《佛教與儒教》，杜勤等譯，鄭州：中州古籍出版社，2005，第 20 頁。

袾宏「靈明湛寂之體，本無清濁向背，畢竟平等，惟是一心」，自是超越事物清濁向背等差別層面，在本根處把握到形上世界，而為事物共同本性的意義上的「畢竟平等」，故「一心」靈明湛寂，乃是稱述自性，對應於理法界。《大乘起信論》依「一心」開真如門與生滅門，講述了心真如無有變易而又隨因緣變化生成萬法的義理。華嚴法藏承此要旨，以「隨緣不變」、「不變隨緣」表述真如與現象的關係，而於四法界理論中，以「理」對應真如本性（體），事對應事物現象，闡發為理事無礙。袾宏即依照此層義理，而以「（一心）靈明湛寂而不變隨緣，清濁向背而隨緣不變」與理事無礙法界相標配。

對於袾宏以「不可思議」標配事事無礙法界，古德在《疏鈔演義》中言「不可思議，配事事無礙者。以前三法界，同教一乘，猶可思議，後一唯華嚴別教一乘，不可思議也」，即事法界、理法界、理事無礙法界的義理內涵為終教、頓教所共有的，事事無礙法界的義理則獨為華嚴學的殊勝教授，故解釋華嚴學為別教一乘，而作為袾宏以「不可思議」與事事無礙法界相標配的理由。作者認為，如此說法，未免籠統，特加以辯說。首先，依華嚴學教義別教一乘教法本是可思可義。如法藏在《華嚴一乘教義分齊章》指出「初中二：一性海果分，是不可說義。何以故，不與教相應故，則十佛自境界也，故《地論》云：『因分可說，果分不可說』者是也。二緣起因分，則普賢境界也。此二無二全體遍收，其猶波水，思之可見」〔註93〕，即佛陀的一乘教法有「性海果分」與「緣起因分」。「性海果分」是佛陀的自證境界，離言離相，為不可說；「緣起因分」則是對普賢菩薩等的應機說教，為可思可見的普賢境界。而法藏又指出：「就普賢門復作二門：一分相門，二該攝門。分相門者，此則別教一乘別於三乘，如法華中宅內所指門外三車誘引諸子令得出者，是三乘教也，界外露地所授牛車是一乘教也……該攝門者，一切三乘等，本來悉是彼一乘法。」〔註94〕意即在可說的普賢境界裏，又有「分相門」與「該攝門」。「分相門」為與三乘教法不同的圓融無盡法門，即別教一乘；「該攝門」則為融會三乘而為一乘法，即同教一乘。華嚴學為別教一乘的教法，故其四法界理論皆為可以言說、思議的「緣起因分」教法。由此可知，古德的解說難能使人信服。其次，作者認為，對於事事無礙法界不可思議內涵，可參照法藏在《華嚴經探玄記》裏給出的闡發事事無礙法界的十個理由，其一便為

〔註93〕法藏《華嚴一乘教義分齊章》，《大正藏》第 45 冊，第 477 頁。
〔註94〕法藏《華嚴一乘教義分齊章》，《大正藏》第 45 冊，第 478 頁。

「難思解脫故」〔註95〕，即因事事無礙法界具有「絕待離言冥同性海」〔註96〕的深義而不可思議。由此便可以理解袾宏以「不可思議」與事事無礙法界相標配的理由。

至於袾宏「結屬四法界歸一心」的涵義，還應從「一真法界」談起」。如方立天先生言「華嚴宗認為，四法界是一真法界圓融無礙的義相」〔註97〕，即華嚴學人在以四法界理論闡釋宇宙緣起的同時，又提出「一真法界」為四法界的真性之源。對「一真法界」，又如宗密言「初一真法界，後三重法界。言一真者，未明理事，不說有空，直指本覺靈源也。下對諸法圓泯圓收，方說三重等別」〔註98〕，意即理法界與事法界是對待而言，而在邏輯上未分理事之際則為一真法界，具有絕對不妄的意義，是一切事物現象的本原，便可理解「一真法界」在華嚴學中意義與地位。法藏又根據《華嚴經》「三界虛妄，但是心作」〔註99〕的說法，將「一真法界」與主體之心聯繫起來，以「自性清淨圓明心」即為「一真法界」。華嚴後學亦承襲此演進理路，如四祖澄觀「約體者，即本覺心體也，即諸法本源一真法界也。謂此法界，周遍一切，四生六趣，無不有之，在聖在凡，用即有別，體即無異，即諸佛所師，群生自體，萬物資始，眾行所依也」〔註100〕，即以「一心」為一真法界，既是現象萬法的本體，又遍在萬物。五祖宗密則明確提出建立在「一心」基礎上的四法界說，如「清涼新經疏云：統唯一真法界，謂總該萬有，即是一心。然心融萬有，便成四種法界」〔註101〕，而融攝四法界於「一心」。對於宗密此說，如魏道儒先生言「宗密建立在『一心』基礎上的『四法界』說，無論在佛教史還是中國哲學史上都有重要的影響」〔註102〕，即強調其理論意義，而袾宏「末言自性，亦是結屬四法界歸一心也」，以「一心」融攝華嚴四法界，並進一步展開「一心不亂」的論說，建立淨土學的心性學說基礎，自是沿承宗密「心融萬有，便成四種法界」的理路，而呈現「一心」的融合特質，並在此基礎上完成攝禪、律諸宗歸淨的理論建設。

〔註95〕法藏《華嚴經探玄記》，《大正藏》第 35 冊，第 124 頁。
〔註96〕法藏《華嚴經探玄記》，《大正藏》第 35 冊，第 124 頁。
〔註97〕方立天：《佛教哲學》，北京：中國人民大學出版社，2006，第 210 頁。
〔註98〕宗密：《大方廣圓覺經修多羅了義經略疏注》，《大正藏》第 39 冊，第 542 頁。
〔註99〕《華嚴經》，《大正藏》第 9 冊，第 558 頁。
〔註100〕澄觀：《普賢行願品疏鈔》，《續藏經》第 5 冊，第 261 頁。
〔註101〕宗密：《注華嚴法界觀門》，《大正藏》第 45 冊，第 684 頁。
〔註102〕魏道儒：《中國華嚴宗通史》，南京：鳳凰出版社，2008，第 184 頁。

　　另外，永明延壽亦有論及「一心」融四法界的內容。如：

　　　　又依華嚴宗，一心隨理事，立四種法界。一理法界者，界是性
　　義，無盡事法，同一性故。二事法界者，界是分義，一一義別有分
　　劑故。三理事無礙法界者，具性分義，圓融無礙。四事事無礙決界
　　者，一切分劑事法，一一如性，融通，重重無盡故。〔註103〕

現看永明所釋「一心」與四法界的內容，與宗密所指並無二致，故袾宏以「一
心」與華嚴四法界相標配，同宗密、永明比較實是在對華嚴學領悟的基礎上的
新發展，而有著重要的意義。

　　綜上，袾宏以「一心」與《阿彌陀經》彌陀自性、《大乘起信論》體相用
的構說、《大般涅槃經》如來三德秘密藏及華嚴四法界說相標配，而將「一心」
理論的立宗要旨與融合精神凸顯了出來。

〔註103〕永明延壽：《宗鏡錄》，《大正藏》第 48 冊，第 435 頁。

第四章　諸宗融合論

　　在晚明佛學融合的大潮中袾宏以淨土作為融合諸宗的教體，而有以淨融賢、攝禪歸淨、融戒歸淨、融會相淨、顯密融通等內容。袾宏佛學的一個重要特徵就是突出「一心」的本體性地位，並將之貫徹於融合學說。袾宏淨土學以冥符性理、突出「一心」主旨而獨具特色；在賢淨關係上，袾宏在「一心」層面上對華嚴三師加以融通；在禪淨關係上，袾宏在「自性體自靈知」的基點上對「自性彌陀，唯心淨土」重新詮釋，並對「即心即佛」加以淨土改造而攝禪歸淨；袾宏的戒律學具有心戒一如的特色，並在「一心」層面上以戒與禪、教、淨融通；在相淨關係上，因法相與淨土在學理上具有內在的差分，袾宏並沒有直接以淨土統攝法相，而是會相歸性，在性相圓融的原則下以「一心」統攝法相宗與淨土宗；在顯密關係上，袾宏以淨土學與密教相融通，而又在密教典籍的詮釋中以顯釋密，表現為顯密圓融等。對此，明末曹洞宗禪學法師覺浪道盛有對袾宏的評言。如：

　　　　此後（雲棲大師）見法門師承大壞，參學無真，乃大權設教，開戒律，闡教乘，標淨土，而歸於心宗。世人不知大師悟證之由，以大師乃教中圓人，何必捏歸禪宗以亂其統。又孰知大師先悟禪宗，而後開教海，收攝群機，消歸正覺之苦心乎？世間開戒、闡教、標淨者甚多，未必皆悟道之後設施也，獨大師於悟心之後弘法。是以說戒，戒即金剛戒相也；設教，教即妙明真心也；立論，論即直剖宗旨也；標淨，淨即全提佛心也。挽近主法之人，孰能如大師真參實悟而後舉揚宗旨振作玄機密用哉。〔註1〕

―――――――――――――――

〔註 1〕《天界覺浪道盛禪師語錄》，《嘉興藏》第 25 冊，第 72 頁。

即覺浪道盛認為袾宏並不僅僅是弘傳淨土，而是把淨土放於顯目的標誌性地位，以禪、律、淨、教並重，表現出以淨土為弘教主體而融納諸宗的特色。道盛還言袾宏融眾學而攝於「心宗」，即意指袾宏表面上是以淨土為融合的教體，實是以「心」為宗而對教、律、禪、淨土等的融攝態度。道盛是禪門宗人，自是以禪者的立場言說，但其說當揭示出袾宏以「一心」融攝諸宗的深義。現欲把握袾宏諸宗融合論的深意，還須先瞭解其淨土學的內涵。

第一節　作為融合本體的淨土學

明朝文士周之夔言：「儒以三綱五常，奠乾坤而正人類；至於截生死逆流，出三界火宅，必資佛教。十方三世佛，而阿彌陀為第一也；諸佛各有所攝受之淨土，而西方極樂世界為第一也。念佛求生淨土，功行觀門無窮；而執持名號，一心不亂為第一也。古今聖賢，贊淨土教念佛，如天台《十疑論》、永明《萬善同歸》、天如《或問》、龍舒《淨土文》，諸書已詳；而義類散見，卷帙分函，至大明雲棲大師《彌陀疏鈔》，為集大成。」〔註2〕周之夔這短話概括出了中國淨土學的教學簡要，即以稱念佛名、往生淨土為出離生死輪迴的第一方便法門，又於各類淨土典集中盛讚袾宏的《彌陀疏鈔》為大成之著。現由這部淨土教典的「集大成」之作，我們可窺探袾宏淨土學的風貌。

一、「澄濁而清，返背而向」的修行解脫論

與往昔的淨土大德相比較，袾宏淨土學最大的特色就是在對淨土的詮釋中引入了《起信論》的「一心」學說與精緻圓融的華嚴學，而在修行實踐上又把《起信論》與華嚴學的修行解脫理論引入淨土念佛實踐，形成了獨具特色的淨土修行解脫論。

《起信論》在心性論上持「真心本覺說」。《起信論》以如來藏心為絕對清淨、不生不滅的存在，但從「心生滅門」來看「依如來藏故有生滅心，所謂不生不滅與生滅和合，非一非異，名為阿梨耶識」〔註3〕，是以阿賴耶識為眾生在現實意義上的根本所依，而涵蓋一切淨法與一切染法。《起信論》又把阿賴耶識分為「覺」與「不覺」，而覺又分為「本覺」與「始覺」兩種。「所言覺義者，謂心體離念。離念相者，等虛空界無所不遍，法界一相即是如來平等法身，

〔註2〕袁宏道：《西方合論》，《大正藏》第47冊，第385頁。
〔註3〕《大乘起信論》，《大正藏》第32冊，第576頁。

依此法身說名本覺。」〔註4〕以「生滅門」而言，由於清淨真心受無明的薰染而產生種種差別境界，但心的覺體仍然離於虛妄分別念，無限廣大，無所不在，即是佛的平等無二法身，故依此而言「本覺」。「始覺」是相對「本覺」而言，指經後天修習而破除妄念染習，返歸清淨心源。「始覺」又根據覺悟的程度有「究竟覺」與「非究竟覺」的區分。「所言不覺義者，謂不如實知真如法一故，不覺心起而有其念。」〔註5〕《起信論》將眾生於現實世界不覺的原因歸結為「依覺故迷」，即覺性迷失，而有妄念生起，淪入種種妄想分別的境界。對於不覺，以「無明能生一切染法」而為根本不覺；不覺的枝末相有三細相（無明業相、能見相、境界相）與六粗相（智相、相續相、執取相、計名字相、起業相、業系苦相）。此即為《起信論》所描繪得眾生由淨入染的過程，袾宏亦依此而言眾生由「清」入「濁」。如：

> 上言靈明湛寂之體，本無清濁向背，畢竟平等，惟是一心。今謂約生滅門，以不如實知真如法一故，不覺心起而有其念，則無明所覆，失本流末，渾亂真體，故名曰濁。

袾宏依《起信論》「一心二門」的模式，以靈明湛寂、畢竟平等的心體對應於《起信論》「真如心」。又就「生滅門」而言，眾生清淨自性在生死輪迴中被無明所覆蓋，而為有生有滅與不生滅和合的「渾亂真體」，稱之為「濁」。如此可見袾宏在眾生流轉輪迴的緣因上對《起信論》的依承。

對於眾生如何修行解脫，《起信論》又言「返本還源」。如：

> 顯示從生滅門即入真如門。所謂推求五陰色之與心，六塵境界畢竟無念，以心無形相，十方求之終不可得。如人迷故謂東為西，方實不轉。眾生亦爾，無明迷故謂心為念，心實不動。若能觀察知心無念，即得隨順入真如門故。〔註6〕

意即如能於心色對待的六塵境界中察知真如自性無有妄念，便可於妄境、妄心中回轉，而與如來法身相應，即是從生滅門趨入真如門的方便之路。由妄念污染的生滅心返還本來清淨真如心，即是返淨還源。又如楊維中先生言「《大乘起信論》……真如與無明的相互薰習義及由眾生『本覺』的判斷而導致的不同於法相唯識宗的修行解脫之道——返本還源」〔註7〕，即強調《起信論》修行

〔註4〕《大乘起信論》，《大正藏》第32冊，第576頁。
〔註5〕《大乘起信論》，《大正藏》第32冊，第576頁。
〔註6〕《大乘起信論》，《大正藏》第32冊，第579頁。
〔註7〕楊維中：《如來藏經典與中國佛教》，南京：江蘇人民出版社，2012，第974頁。

解脫之路的返本還源特色。雖然《起信論》的返本還源解脫論被法相唯識學者所異議，但對華嚴、天台、禪宗等皆產生了巨大的影響。

華嚴學依此路徑而發展為以去除妄念為返本還源的「妄盡還源觀」。如方立天先生言：「教觀不可偏廢，法藏的法界緣起或性起緣起的理論是與相應的觀法密切聯繫著的」〔註8〕，華嚴學人在法界緣起等理論基礎上建立起各種修行解脫觀法，而意圖通過對法界緣起、性起理論的理解、把握、體悟，最終能實現大徹大悟、究竟解脫的理想境界。在華嚴學的修行解脫觀中，主要有法界觀、十重唯識觀、妄盡還源觀等各種觀法，而其中最能體現華嚴學解脫理論特色的即是法藏所提倡的妄盡還源觀。在法界觀中，四種法界是所觀的對境，觀是能觀之智，而法界觀便是體證到法界實相的方法、路徑。法藏在法界觀的基礎上吸取唯識宗的五重唯識觀，把法界歸為「一心」，提出了十重唯識觀。而法藏的妄盡還源觀便是在法界觀、十重唯識觀等各種觀法基礎上的形成一種系統觀修方法，如方立天先生言「還源觀從體用關係講觀法，帶有綜合以上觀法（法界觀、十重唯識觀）的意義，具有更高的抽象性，也表現出法藏思想的成熟性」〔註9〕，便突出妄盡還源觀為法藏囊括大成、思想成熟之觀法。對於「妄盡還源觀」，如法藏言：

> 夫滿教難思，窺一塵而頓現；圓宗巨測，覿纖毫以齊彰。然用就體分，非無差別之勢；事依理顯，自有一際之形。其猶病起藥興，妄生智立。病妄則藥妄，舉空拳以止啼；心通則法通，引虛空而示遍。既覺既悟，何滯何通。百非息其攀緣，四句絕其增減。故得藥病雙泯，靜亂俱融。消能所以入玄宗，泯性相而歸法界。〔註10〕

即法藏在《修華嚴奧旨妄盡還源觀》開篇指出，以智對妄猶以藥治病，盡遣迷妄，而藥病俱泯，歸於法界，為其觀法的主旨。進而，法藏又以六門對妄盡還源觀進行解釋，其論說核要即是顯示清淨圓明的心體。如：

> 煩惱覆之則隱，智慧了之則顯，非生因之所生，唯了因之所了，《起信論》云：真如自體，有大智慧光明義故，遍照法界義故，真實識知義故，自性清淨心義故，廣說如彼，故曰自性清淨圓明體也。〔註11〕

〔註 8〕方立天：《隋唐佛教》，北京：中國人民大學出版社，2006，第 157 頁。
〔註 9〕方立天：《隋唐佛教》，北京：中國人民大學出版社，2006，第 180 頁。
〔註 10〕法藏：《修華嚴奧旨妄盡還源觀》，《大正藏》第 45 冊，第 637 頁。
〔註 11〕法藏：《修華嚴奧旨妄盡還源觀》，《大正藏》第 45 冊，第 637 頁。

即法藏以《起信論》為依據，指出自性清淨圓明的心體有大智慧、大光明，法界遍照，真實不虛，本來清淨，但為煩惱障蔽，隱而不現，若依智慧遣除迷妄，猶以燈照物，由之顯現，即是還源本淨的心體。法藏在妄盡還源觀中突出了迷妄與自性清淨的矛盾，而以消除迷妄為返還本淨心體的關鍵，此正是對《起信論》返淨還源解脫論的一種繼承與發展。

袾宏亦依此建立淨土學的修行解脫理論。首先，袾宏指出淨土念佛解脫的總綱領，即「澄濁而清，返背而向」。如《疏鈔》言：

> 澄濁而清，返背而向。越三祇於一念，齊諸聖於片言。至哉妙用，亦不可得而思議者，其惟佛說阿彌陀經歟！……不覺心起而有其念，則無明所覆，失本流末，渾亂真體，故名曰濁。如澄泥沙，復使淨潔，斯之謂清，即指轉五濁而成清泰也。無明所引，棄覺逐塵，違遠真體，故名曰背。返其去路，復使歸還，斯之謂向，即指背娑婆而向極樂也。然此且就眾生一期從迷得悟而言，似有澄之、返之之跡。而於自性，實無得失，亦無增損。是故時濁時清，水非易性。
>
> 忽背忽向，人無二身。所謂「修證即不無，污染即不得」也。〔註12〕

袾宏以妄念現起、迷失自性為「濁」，追逐妄塵、離迷本覺為「背」。在妄念分別的濁背境界裏，眾生靈明湛寂的真如心體並沒有減損或失卻，僅是為妄念雜染所覆蔽。一旦妄念消除，眾生則猶如濁沙使之澄清，或昔迷途復還正路，而返歸自己本來清淨、光明的真如自性。南嶽懷讓曾參六祖，慧能問「還可修證否」，懷讓則答「修證即不無，污染即不得」。袾宏據此而言自性「修證即不無，污染即不得」，即此自性靈明湛寂，不會因修證而增加，亦不因妄念染起而減少，而是本來如此，常恒不變。故妄念盡除，由迷轉悟，返還本源，即是「澄濁而清，返背而向」的機要。

在華嚴妄盡還源觀中，法藏以「攝境歸心真空觀」等六種觀法而依止起觀，隨如一觀，另五為伴，眾妙兼具，觀於法界，迷妄盡除，還歸心源，表現出華嚴學獨特的修學風格。循此理路，袾宏即在「澄濁而清，返背而向」綱要下闡發《阿彌陀經》稱名念佛的解脫機理。如：

> 夫垢心難淨，混若黃河。妄想難收，逸如奔馬。歷恒沙無數量之劫，輪轉未休。攻三藏十二部之文，覺路彌遠。而能使濁者清，

〔註12〕袾宏：《佛說阿彌陀經疏鈔》，《蓮池大師文集》，北京：九州出版社，2013，第3頁。

背者向，一念頓超，片言即證。力用之妙，何可思議。用從體、相

而出，故止言妙用也。〔註13〕

眾生一念迷於分別之境，難於自覺自悟，而流轉輪迴，無有出期，可謂是「垢心難淨」、「妄想難收」，而依佛理，一個博地凡夫須歷經二大阿僧祇劫的精進苦修才能成就佛果，有可謂「覺路彌遠」。而今，若採用《阿彌陀經》稱念阿彌陀佛名號的方法，便可於一念間離於分別執著之境，歸向淨土，故可謂「一念頓超，片言即證」，故稱名念佛具有不可思議的殊勝妙用。又：

或問：小乘且置，只如諸大乘經，廣如山積，云何妙用偏贊此

經？

答：修多羅中雖具有此義，未有如此經之明且簡者。故夫稱性

而談，正直而說，非不圓頓，而澄濁返背，方便未彰。其餘法門，

或浩博而難持，或幽深而罔措。今但片言名號，便入一心。既得往

生，直至成佛。即方便而成圓頓，神功勝力，不歸此經，將誰歸乎。

又前是性德，今是修德。前是自性清淨，今是離垢清淨。乃至

性淨、障盡等，互融不二。如教中說。〔註14〕

即通過將《阿彌陀經》與諸大乘經典對比，袾宏指出彼大乘經雖在學理上稱性而談，卻未能在修證上如《阿彌陀經》所教授的稱念佛名方法具有迅捷快疾的解脫功效。袾宏更明判，餘諸大乘經為由真如門而教授自性清淨的修學方法，而《阿彌陀經》為由生滅門而教授離垢清淨、返本還源的修行解脫方法，兩者不可混為一談。在「澄濁而清，返背而向」解脫綱要下，袾宏將《阿彌陀經》置於諸經之上，並把稱名念佛的殊勝解脫功德凸顯出來，故按此機理，袾宏的念佛解脫理論亦可稱為「妄盡還源」的稱名念佛解脫論。

二、突出尊崇《阿彌陀經》

就淨土的成熟時期而言，其所尊奉的經典為三經一論，即《無量壽佛經》、《觀無量壽佛經》、《佛說阿彌陀經》與印度天親論師所著的《往生論》。也有五經之說，即在前述的基礎上，再加上《楞嚴經‧大勢至菩薩念佛圓通章》與《華嚴經‧普賢菩薩行願品》。諸經論雖皆以往生西方淨土為旨歸，但在修行

〔註13〕 袾宏：《佛說阿彌陀經疏鈔》，《蓮池大師文集》，北京：九州出版社，2013，第4頁。

〔註14〕 袾宏：《佛說阿彌陀經疏鈔》，《蓮池大師文集》，北京：九州出版社，2013，第4頁。

方法、根機階被及往生品位等內容上又有著明顯的差異，而被淨土學人給以不同程度的重視。其中，袾宏特突出尊崇《阿彌陀經》。前文已言，袾宏在教門的判攝上按華嚴五門判教，判《阿彌陀經》分攝圓頓，而樹立其與《華嚴經》等齊的地位，此已為突出尊崇《阿彌陀經》在學理上做好了預備。不僅如此，袾宏還重點從以下兩個方面進行論說。

（一）以《阿彌陀經》融攝淨土諸經

在學理上，袾宏對淨土諸經予以揀別、會通。首先，袾宏先對諸經進行揀別，而以部、類劃分淨土諸經的歸屬。在淨土諸經中，《阿彌陀經》與《無量壽佛經》的義理比較接近，而被袾宏判劃為同一部屬，如袾宏言：

> 部者，以是總歸一部，而有詳略。詳為《大本》，略為此經……
>
> 今此經者，名為小本。文有繁簡，義無勝劣，判屬同部。〔註15〕

意即袾宏劃歸《阿彌陀經》與《無量壽佛經》為同一部屬，而以《無量壽佛經》內容詳細為《大本》，《阿彌陀經》簡略為《小本》。

袾宏又判劃《阿彌陀經》與《觀經》、《鼓音王經》、《後出阿彌陀偈經》等為同一類屬。因《觀經》與此兩經有不同的內容，而亦被淨土學人重視，如肯尼斯先生指出「具有重要意義的是，慧遠不但是第一個將《觀經》放在與此時期其他大乘經平等的基礎上來處理的解經家，而且是首先將他與另外兩部兩部淨土經典整合進了一個系統之中的人」〔註16〕，即強調《觀經》被慧遠充分重視而整合入淨土系統。在類屬的劃歸上，如袾宏言：

> 【疏】二明類者，自有三種：一、《觀經》；二《鼓音王經》；三《後出阿彌陀偈經》。
>
> 【鈔】類者，不同其部，而同其類。如從昆弟，雖不同父，而同其祖。亦名比肩，相為等夷，故曰同類。《觀經》者，《觀無量壽佛經》，具談十六妙門，一心三觀，詳本《疏鈔》。〔註17〕

袾宏以部的上屬為類。雖然《觀經》亦以西方往生為旨歸，但因其在修行方法上以十六妙觀等內容與《阿彌陀經》不同，而被判為與《阿彌陀經》同一類屬，

〔註15〕　袾宏：《佛說阿彌陀經疏鈔》，《蓮池大師文集》，北京：九州出版社，2013，第33頁。

〔註16〕　（美）肯尼斯・k・田中：《中國淨土思想的黎明——淨影慧遠的〈觀經義疏〉》，上海：上海古籍出版社，2008，第59頁。

〔註17〕　袾宏：《佛說阿彌陀經疏鈔》，《蓮池大師文集》，北京：九州出版社，2013，第34頁。

而非同一部屬。還有《鼓音王經》、《後出阿彌陀偈經》等，亦被劃歸為同一類屬。

其次，袾宏特重點對《阿彌陀經》與同類屬中的《觀經》加以會通。因一些淨土與別宗學人有持《觀經》比《阿彌陀經》更為殊勝的見解，故袾宏對《觀經》亦表現出一種特別的態度，即既須在淨土系統內判分出《觀經》與兩經的差異，又須在義理層面上加以會通。袾宏先對天台學人的相關見解加以辯駁。由於天台宗人對觀想念佛的承揚而於淨土類經典中對《觀經》更加重視，並有相關疏鈔流傳，如知禮便著有《觀無量壽經疏妙宗鈔》、《觀經融心解》等，對此《中國天台宗通史》有相關評論「觀想念佛非始於知禮，廬山慧遠結社往生即採取觀想念佛的形式，但使觀想成為體系化的念佛法門則是天台宗人努力的結果，其中智者大師的止觀法門確定了基本理論框架，後經湛然的加工，至知禮則被極端地發揚」〔註18〕，即指出天台後學有對《觀經》「極端」發揮的一面。故袾宏又對天台後學關於《阿彌陀經》的相關見解進行辯駁，而此辯駁中又有《阿彌陀經》與《觀經》相會通的內容。天台學人孤山智圓有關於《阿彌陀經》所修為散善而《觀經》為定善的觀點。袾宏指出「智者入滅，唱三寶名。章安臨終，亦稱彌陀及二大士。彼師資自行如斯，必不散判稱名，於是益信」〔註19〕，即天台智者是依稱念三寶（佛、法、僧）之名而往生西方淨土的，章安灌頂也是稱念佛號往生西方淨土的，此皆天台祖師的身體力行模範，故天台後學不可判《阿彌陀經》為散善功德，而與《觀經》定善功德相會通。

袾宏又對《阿彌陀經》與《觀經》中的五個重點內容進行會通。有人可能會以《阿彌陀經》僅稱佛名、佛為劣應、華局車輪、五逆不生、止屬下品而生等五種疑問而以《阿彌陀經》不如《觀經》功德殊勝，袾宏亦對此有詳細辯說。其一，對《觀經》具備多種觀法而《阿彌陀經》僅持名念佛的疑問，袾宏指出：

> 然經云：「阿彌陀佛，與諸聖眾，現在其前。」既佛現，則寧無相好？況與眾，則主伴齊彰。蓋彼以作觀見佛，此以持名見佛。為因不同，見佛則一。〔註20〕

〔註18〕潘桂明，吳偉忠：《中國天台宗通史》，南京：鳳凰出版社，2008，第554～555頁。

〔註19〕袾宏：《佛說阿彌陀經疏鈔》，《蓮池大師文集》，北京：九州出版社，2013，第25頁。

〔註20〕袾宏：《佛說阿彌陀經疏鈔》，《蓮池大師文集》，北京：九州出版社，2013，第25頁。

即該經持名念佛即可顯現阿彌陀佛及其勝妙眷屬，這與《觀經》中提及的所見之佛無有不同，而不應生兩者差別想。

其二，對《觀經》中阿彌陀佛高大六十萬億那由他恒河沙由旬而《阿彌陀經》無有言及的疑問，袾宏言：

> 然《大本》云：「爾時阿彌陀佛放大光明，普照一切世界。阿難見佛容體巍巍，如黃金山，高出一切諸世界上。」則《觀經》所說，猶一世界。今言一切世界，則更為高大，何得言劣？又《大本》言：「阿彌陀佛道場寶樹，純以眾寶，自然合成。」則非木菩提樹下之身，何得言劣？又《觀經》言：「彼佛或現丈六八尺，或現大身，滿虛空中。」則隨機所見，大小無定。故古謂即劣即勝，生法不二。
> 而況今經，不出大小，何得定指為劣？〔註21〕

此處，袾宏給出不應對兩經有差別想的三個理由：第一，與《阿彌陀經》同部的《無量壽經》曾言佛身「高出一切諸世界上」，而比《觀經》所提及的「猶一世界」更為高大，故不可言《阿彌陀經》中佛身為劣；第二，《無量壽經》所言道場寶樹乃純以眾寶自然合成，故佛身亦非木菩提樹下之身，而不可言《阿彌陀經》中佛身為劣；第三，《觀經》雖然談到佛身很高，但在普觀想中也談到阿彌陀佛現為丈六八尺之高，故佛身是隨眾生的根機所見而有高大與低小的區分，而不可言《阿彌陀經》中佛身為劣。

其三，對《阿彌陀經》功德池中蓮花有華局車輪般大的疑問，袾宏指出：

> 【疏】車輪者，言其形也。大小無定，《婆沙》等說。種種不同，各隨機見。
> 【鈔】……故知車輪不可思議，寧得局以人世常所御車而為限量。隨機者，以或小或大，由其因地念佛，功有勝劣，機感自致耳。
> 乃有以華如車輪，抑此經為散善，蓋未考於輪義。〔註22〕

即《阿彌陀經》中言及的蓮花是一種喻指功德的說法，亦如《婆沙》、《如來藏經》等所說蓮花會因念佛眾生在因地修行的功德而有顯現差異，故不可對兩經中所講的淨土蓮花生差別想。

〔註21〕 袾宏：《佛說阿彌陀經疏鈔》，《蓮池大師文集》，北京：九州出版社，2013，第25頁。

〔註22〕 袾宏：《佛說阿彌陀經疏鈔》，《蓮池大師文集》，北京：九州出版社，2013，第83頁。

其四，對《觀經》「五逆得生」而《無量壽經》「唯除五逆」的疑惑，如袾宏言：

> 五逆不生者，或謂「《觀經》言五逆得生。《大本》唯除五逆，則濟度功狹，故名散善。」不知「唯除五逆」下，有「誹謗正法」四字。五逆而兼謗法，乃在所除。雖具五逆，不謗法者，未必不生也。良由謗則不信，不信不生，故所謂「疑則華不開」是也。《觀經》不言謗法，如兼謗者，亦不生也。又《觀經》下下品五逆文中，謂其人十聲稱名，遂得往生。則觀想未成，唯資十念。五逆之生，正稱名得生耳。況《大本》云：「地獄鬼畜生。亦生我剎中。」墮地獄者，非五逆人而何？〔註23〕

意即《無量壽經》言「唯除五逆」之文後還有「誹謗正法」四字，亦有排除「五逆而兼謗法」者不能往生的意涵；《觀經》雖未提及謗法，但「五逆而兼謗法」者依《觀經》亦不可往生，且《觀經》後文還有關於五逆者十聲稱名遂得往生的教言，故不應在「五逆之生」問題上對兩經產生差別想。其實，關於《無量壽經》「唯除五逆」的問題在道綽時便已詳述，而與袾宏之說大意相同。

其五，因《觀經》僅在講述下三品往生時有稱名念佛的教授，有人而疑《阿彌陀經》持名往生僅為下品下生。對此，袾宏言：

> 止屬下品者，或謂：「《觀經》下之三品，初言：『智者教令合掌叉手，稱南無阿彌陀佛。』三言：『善友教云：汝若不能念彼佛者，應稱名號。』則持名往生。似唯下品。」不知持有事、理，理復淺深。今下生者，僅是事善。若成理觀，則與彼經三觀圓修，冥契不二，何應品位之不高也？況下品文中，乃指惡人愚人，非謂善人智人持名亦居下品也。故知二經，其義一也。〔註24〕

即持名號有事持、理持之分，僅就理持而言還有淺深的不同，而《阿彌陀經》下品三生僅是對事持而言的「事善」，一旦進修為「理觀」，即與《觀經》的三觀圓修為同一境界，且《觀經》下品三生皆專指惡、愚人，非為善智者，故兩經實為一義。

〔註23〕 袾宏：《佛說阿彌陀經疏鈔》，《蓮池大師文集》，北京：九州出版社，2013，第25～26頁。

〔註24〕 袾宏：《佛說阿彌陀經疏鈔》，《蓮池大師文集》，北京：九州出版社，2013，第26頁。

最後，袾宏還指出《阿彌陀經》更有較《觀經》的殊勝之處。如：

> 獨要者，略有三意：一者，《觀經》所明佛身，雖云即報即法。而那由恒沙，不無數計。生身、尊特，猶待辯疑。此經但曰「光明無量」、「壽命無量」，則不屬諸數，直指法身，獨要一也。二者，十六妙門，雖云即觀即心，而先日，次水，次地，次樹，次座，方入佛觀，則不無次第，猶覺繁長。此經不修餘業，單事持名，倐爾一心，便得佛現，獨要二也。三者，上三品生，乃能遊歷十方，承事諸佛。中、下二品，皆無此文。今持名往生，便得供佛諸方，食時還國，獨要三也。聞說一義，尚恐生疑。更聞獨要，必致深駭。故云「難信之法」，又云「不可思議功德經」也。〔註25〕

對此，袾宏從三個方面進行論說：第一，《觀經》佛身尤有數量可計，而《阿彌陀經》只言無量光、無量壽，此是直指法身，不可數計而為殊勝；第二，《觀經》所展開的十六觀門，儘管即觀即心，但還有次第差別，不免冗繁，不如《阿彌陀經》僅稱佛名便證入「一心」，而為簡捷殊勝；第三，《觀經》僅言上三品生可得「遊歷十方，承事諸佛」，而《阿彌陀經》以持名往生便可如此，而為方便殊勝。

由此，袾宏完成了以《阿彌陀經》融攝淨土諸經的論說。

（二）強調稱名念佛的殊勝功德

在修行方法上《阿彌陀經》主要講授稱名念佛，而此非餘諸經所授，故袾宏又強調稱名念佛方法的殊勝功德而突顯《阿彌陀經》。

首先，袾宏以《阿彌陀經》與《無量壽經》、《觀經》相比較，而顯示《阿彌陀經》持名念佛尤為淨土修行的「要約」之門。如：

> 【疏】又以願門廣大，貴在知先。觀法深玄，尤應守約。知先則務生彼國，守約則惟事持名。舉其名分，兼眾德而俱備。專乎持也，統百行以無遺。
>
> 【鈔】即前《大本》、《觀經》，較而論之，知持名尤為要約也。廣大者，以四十八願，帡包幽顯，統括聖凡，廣大恢宏，茫無畔岸，入之必有由漸，故貴知先。傳曰：「知所先後，則近道矣。」深玄者，以門分十六，事匪一端，而復妙觀精微，初心靡及。操之必得其要，

〔註25〕袾宏：《佛說阿彌陀經疏鈔》，《蓮池大師文集》，北京：九州出版社，2013，第26頁。

故應守約。軻氏曰：「守約而施博者，善道也。」云何知先？繇生彼國，近事如來，如是大願，庶可希冀。但得見彌陀，何愁不開悟。故以求願往生為先務之急也。云何守約？良以觀雖十六，言佛便周。佛雖至極，惟心即是。今聞佛名，一心執持，可謂至簡至易，功不繁施。而萬法惟心，心清淨故，何事不辦？剎那運想，依正宛然。舉念欲生，便登彼國。是則難成之觀，不習而成。故以持名念佛，所守尤為要約也。天如謂：「大聖悲憐，直勸專持名號。」是也。〔註26〕

阿彌陀佛以四十八大願接引眾生，願力恢宏廣大，凡聖並包，是為「要約」，但須得法要，以入此門。《觀經》十六觀法雖然勝妙精微，但難為初學所掌握，難以入門，相比之下，《阿彌陀經》持名念佛方法正有「兼眾德而俱備」、「統百行以無遺」的殊勝功德，而較《阿彌陀經》與《無量壽經》殊更為勝，故為淨土修學的要約之門。袾宏又從「一心」的層面立義。如：

舉名者，佛有無量德，今但四字名號，足以該之。以彌陀即是全體一心，心包眾德，常樂我淨、本覺、始覺、真如、佛性、菩提、涅槃，百千萬名，皆此一名攝無不盡。專持者，眾生學佛，亦有無量行法，今但持名一法，足以該之。以持名即是持此一心，心該百行，四諦、六度，乃至八萬四千，恒沙微塵一切行門，攝無不盡。故名守約。〔註27〕

因阿彌陀佛即是「一心」真如實際，含攝常樂我淨、本覺、始覺等一切勝妙功德，而今持念阿彌陀佛名號即是持修「一心」，而統攝四諦、六度乃至一切行門，故持名念佛尤為淨土修行的要約之門。

其次，袾宏以《阿彌陀經》持名念佛方便迅捷而為淨土修行的徑中之徑。袾宏指出，在佛教的修行中有多種方法，其中以念佛往生為修行的快捷徑路，而念佛中的稱名念佛更方便迅捷，又可謂為徑中之徑。對此，袾宏從兩個方面進行闡釋。袾宏先就稱名念佛與多種佛門修行方法相比較。如：

徑路者，路小而捷名徑。小喻念佛為力之簡易，捷喻念佛成功之迅速。善導大師偈云：「唯有徑路修行，但念阿彌陀佛。」是也。故云：餘門學道，名豎出三界。念佛往生，名橫出三界。如蟲在竹，

〔註26〕 袾宏：《佛說阿彌陀經疏鈔》，《蓮池大師文集》，北京：九州出版社，2013，第5～6頁。
〔註27〕 袾宏：《佛說阿彌陀經疏鈔》，《蓮池大師文集》，北京：九州出版社，2013，第6頁。

> 豎則歷節難通，橫則一時透脫。餘門之比念佛，則念佛為速矣。念
> 佛復有多門者，如後文中所開實相念佛四種，乃至萬行迴向等。實
> 相之佛，雖云本具，而眾生障重，解悟者希。下此數門，觀像則像
> 去還無，因成間斷，觀想，則心粗境細，妙觀難成；萬行，則所作
> 繁多，重處偏墜。唯此持名一法，簡要直捷，但能繼念。便得往生。
> 古人謂：「既得見彌陀，何愁不開悟。」則不期實相而實相契焉。故念
> 佛為修行徑路，而持名又念佛中之徑路也。鶴沖已過凡禽，爭如鵬舉？
> 驥驟雖超群馬，未及龍飛。皆上喻念佛，下喻持名念佛也。〔註28〕

意即在佛教的眾多修行法門中念佛法門具有得力、簡易的特徵，而稱名念佛更堪為念佛法門中最為方便快捷的方法。在念佛法門中有多種方法，如實相念佛、觀想念佛等。但因眾生業障深重，而少有眾生通過悟解實相以證悟；又因眾生心思粗糙，妙觀難成，易於間斷，亦難於由觀想念佛而解脫。現眾生由持名念佛的方法則易於往生淨土，而一旦得見彌陀，便可透悟諸法實相，故《阿彌陀經》教授的持名念佛與別的念佛方法相比，猶如大鵬迥超鶴禽，飛龍勝比驥馬，堪為徑中之徑。

　　袾宏又以《阿彌陀經》與《無量壽經》相比較。因袾宏判歸《阿彌陀經》與《無量壽經》為同一部屬，故通過比對兩者而凸顯《阿彌陀經》持名念佛在同部屬中的殊勝功德。如：

> 以對今經，世稱《大本》，蓋部同而廣略異也。彼為樂廣者說。
> 此為樂略者說，然辭簡而理益明，事約而功倍勝。如《大本》廣談
> 諸福，而此經謂但持名號，即為多福多善。《大本》猶分三輩，而此
> 經謂但生彼國，俱得不退菩提。是則不獨為種種念佛門中之要，又於
> 本部中轉更為要。可謂妙中之妙，玄中之玄，徑而復徑者矣。〔註29〕

意即《無量壽經》中廣泛陳述極樂世界的依正莊嚴，完備記述三輩修行的因行，文義繁廣，是專為喜此等修學風格的眾生而說，現《阿彌陀經》義理簡明，以持名便可具足彼等功德，更為殊勝。由此，袾宏以《阿彌陀經》持名念佛在淨土念佛類屬以及同部屬中皆具有殊勝功德，而讚歎為徑中之徑。

〔註28〕 袾宏：《佛說阿彌陀經疏鈔》，《蓮池大師文集》，北京：九州出版社，2013，第
　　　　19頁。
〔註29〕 袾宏：《佛說阿彌陀經疏鈔》，《蓮池大師文集》，北京：九州出版社，2013，第
　　　　20頁。

最後，袾宏就心性解脫的層面上強調《阿彌陀經》持名念佛具有妄盡還源的殊勝功德。如：

【疏】從茲而萬慮咸休，究極乎一心不亂。

【鈔】不念佛前，念念塵勞，所謂一剎那間，九百生滅。生住異滅，分劑頭數，無量無邊，天眼莫覷，名「萬慮」也。此萬慮者，甲滅則乙生，俄去則倏返，百計除之，終莫能得。今以持名之力，正念才舉，雜想自除，喻如師子出窟，百獸潛蹤；杲日照霜，千林失白，名「咸休」也。故永明謂：「有人數息，覺觀不休。念佛稱名，即破覺觀。」此其驗也。休之又休，窮其源本，故云「究極」。至於一心不亂，是為成就念佛三昧。〔註30〕

即袾宏以持名念佛具有遣除妄念「至於一心不亂」的勝妙功用。眾生住於分別妄想境界，妄念紛飛，念念生滅，終難消除。若憑依稱名念佛，而正念才生，妄念不專消而已消，如此正念不斷，妄想則無有容存，故而永明法師稱讚持名念佛更勝比數息覺觀。如能憑藉稱名念佛之力，便可正念成片，消除雜念，而窮盡妄想雜念的源頭根本，顯現「一心」真如，即得念佛三昧。故如袾宏的點睛之語「澄濁而清，返背而向，越三祇於一念，齊諸聖於片言。至哉妙用，亦不可得而思議者，其惟佛說《阿彌陀經》歟」，即在心性解脫上以持名念佛為妄盡還源的最勝解脫法門，這也正是袾宏極力尊崇《阿彌陀經》的究竟原因。

三、「以智生信」

如憨山言「教有信解行證四門」〔註31〕，大乘佛教一般以信、解、行、證為修學次第，即由信起解，由解起行，由行而證，此反映在淨土修中，即以信、願、行為修學通途。淨土法門以彌陀願力接引眾生往生為要約之門，其關鍵是行人能夠發願往生淨土，而此即是建立深信淨土一法的基礎上的，如大安法師言「淨土宗念佛法門從發心到成辦往生圓成佛道，無不依信力而得成就。心眺果海，果徹信源，表證著淨土信心的內核與功能」〔註32〕，即強調信為淨土修學的首要之門。在信的理解上，袾宏「以智生信，則為正信」，表現出以智貫之的特色。

〔註30〕袾宏：《佛說阿彌陀經疏鈔》，《蓮池大師文集》，北京：九州出版社，2013，第6頁。
〔註31〕《憨山老人夢遊集》十一卷，《續藏經》第73冊，第532頁。
〔註32〕釋大安：《淨土宗教程》，香港：文化中國出版有限公司，2015，第264頁。

首先，袾宏強調淨土生信為難中之難。袾宏亦言信為淨土修學的首務。如：

> 今復末言「信受」。則知因信生願，因願起行。從初發心，次得
> 往生，究竟成佛，皆資信力。故云始終信為根本。〔註33〕

意即信、願、行三者為淨土資糧，由信而發願，願再起行，至始至終全仗信力，故以信為淨土修學的根本。佛教各宗派皆以信為修學的通路，而在淨土學中更是唯信能入，故淨土學教義雖不幽深，卻稱為「一切世間難信之法」。對此，袾宏先給出淨土學難以生信的十個理由。如：

> 言「難信」者，略舉有十：今居穢土，習久心安，乍聞彼國清
> 淨莊嚴，疑無此事，難信一也。縱信彼國，又疑十方佛剎皆可往生，
> 何必定生極樂？難信二也。縱信當生，又疑娑婆之去極樂十萬億剎，
> 云何極遠而得往彼？難信三也。縱信不遠，又疑博地凡夫，罪障深
> 重，云何遽得往生彼國？難信四也。縱信得生，又疑生此淨土，必
> 有奇妙法門，多種功行，云何但持名號，遂得往生？難信五也。縱
> 信持名，又疑持此名號，必須多歷年劫，乃克成就，云何一日七日，
> 便得生彼？難信六也。縱信七日得生，又疑七趣受生，不離胎卵濕
> 化，云何彼國悉是蓮華化生？難信七也。縱信蓮生，又疑初心入道，
> 多涉退緣，云何一生彼國，便得不退？難信八也。縱信不退，又疑
> 此是接引鈍機眾生，上智利根，不必生彼。難信九也。縱信利根亦
> 生，又疑他經或說有佛，或說無佛，或有淨土，或無淨土，狐疑不
> 決，難信十也。故難信而曰一切世間，是不但惡道難信，而人天猶
> 或疑之。不但愚迷難信，而賢智猶或疑之。不特初機難信，而久修
> 猶或疑之。不特凡夫難信，而二乘猶或疑之。故曰「一切世間難信
> 之法」。〔註34〕

即袾宏以淨土清淨、距離遙遠、持名即生等十個方面說明了淨土學為難信之法。淨土本就難以生信，故對人宣說猶如對裸形國人宣示威儀，又如對盲人指陳黑白，可謂其難。進而，袾宏更指出淨土修學中的難中之難。如：

〔註33〕袾宏：《佛說阿彌陀經疏鈔》，《蓮池大師文集》，北京：九州出版社，2013，第173頁。

〔註34〕袾宏：《佛說阿彌陀經疏鈔》，《蓮池大師文集》，北京：九州出版社，2013，第168～169頁。

說法之難。其難亦二：一謂善世說法，未足為難，今於惡世；二謂惡世說法，而說其易信者，猶未為難，今說難信之法，是以難也。略為四喻：第一喻者，譬如有人，身入大海，復乘破舟，復遇逆風，復沖巨浪，復值羅剎、魚王、毒龍，危在頃刻。而能於中，安隱得渡，是之謂難。不但自渡，並渡諸人置之彼岸，是難中難。大海、破舟、逆風、巨浪、及羅剎等，此喻五濁。自渡，喻得道。渡人，喻說法也。……此之四喻，略喻釋迦二種難事，明淺易曉。使知如來不憚劬勞，備歷艱苦，為我等故，行難中難，一至於此。〔註35〕

意即淨土難信，而於今時惡濁之世更是難說難信。袾宏又舉了乘破舟、遇逆風等四種比喻，以說明淨土之法自信已難，更何況教說他人生信，故謂難中之難。

其次，以智生信為行難之道。儘管淨土生信非常之難，袾宏還是給出一條行難之道。如：

不知此經具有如是功德，則疑而不信，信亦不真。〔註36〕

即袾宏指出，如人對淨土教義懷疑，自不能發起真信，此根源就在於不能如實了知《阿彌陀經》的究竟功德。又如：

仍以心懷兼利，道貴弘通。慨古疏鮮見其全，惟數解僅行於世，辭雖切而太簡，理微露而不彰。不極論其宏功，疇發起乎真信？頓忘膚見，既竭心思。總收部類五經，直據文殊一行，而復會歸玄旨，則分入《雜華》。貫穿諸門，則博綜群典。無一不消歸自己，有願皆迴向菩提。〔註37〕

即袾宏指出，現存《阿彌陀經》的疏解為數不多，且在義理的詮釋上辭簡理微，難該全貌，而難以使見聞者發起真信，這也是袾宏引華嚴學入淨土，彰顯深義，貫融諸門，而作此疏鈔的一個重要原因。進而，袾宏指出：

經中謂佛為眾生說此難信之法。難信，則惟智慧深遠者始信不疑，是以首舉。或難：「《般若心經》，獨告身子。則知身子之智，在乎解空，不在淨土。」噫！「色即是空，空即是色。」獨不曰：「淨

〔註35〕 袾宏：《佛說阿彌陀經疏鈔》，《蓮池大師文集》，北京：九州出版社，2013，第170頁。

〔註36〕 袾宏：《佛說阿彌陀經疏鈔》，《蓮池大師文集》，北京：九州出版社，2013，第9頁。

〔註37〕 袾宏：《佛說阿彌陀經疏鈔》，《蓮池大師文集》，北京：九州出版社，2013，第9頁。

土即空，空即淨土」乎？若撥淨土，則非真空。不解真空，則非正

智。身子之智，必不如是。〔註38〕

意即唯有智慧深遠者才能對此難信之法生起正解正信，這也是《阿彌陀經》以
羅漢中智慧第一的舍利弗為說法對象的表徵意涵。

　　關於智解之信，袾宏又分為權智與實智。如：

　　　　如前所明，此經惟智方能信受故。又分別而論，則身子權智，
　　　　文殊實智。權智明有生淨土，實智明無生淨土。鈍根則從權入實，
　　　　利根則權實雙融。若推本而論，《不思議境界經》云：「復有百千萬
　　　　億菩薩，現聲聞形，亦來在坐，其名曰舍利弗等。」則文殊身子，
　　　　同一甚深智慧。益知此經非淺智所能信矣。〔註39〕

在聽法者中經中首舉舍利弗，即意指權智。就權智而言，則實有西方淨土可以
往生，是專為鈍根眾生所說，而以此方便入於實智。經中又舉文殊菩薩，即意
指實智。就實智而言，並無實有西方淨土可生，此是專為利根眾生所說，以證
入生無可生的淨土境界。故袾宏以權實無礙的辯證思維對《阿彌陀經》信的內
涵進行詮釋，突出了以智生信的重要作用。

　　再次，信為「一心」的清淨功德。袾宏以《阿彌陀經》為自性的全然顯現，
而信為經中所倡要義，亦為自性功德的一種妙顯。如：

　　　　【疏】又信即心淨，如《唯識》說。

　　　　【鈔】《成唯識論》云：「信者，謂於實德，深忍樂欲，心淨為
　　　　性。何言心淨？以心勝故，如水清珠，能清濁水。又諸染法，各自
　　　　有相。唯有不信，自相渾濁，復能渾濁餘心心所。如極穢物，自穢
　　　　穢他。信正翻彼，故淨為相。」今修淨土，主乎心淨。信為急務，明
　　　　亦甚矣。〔註40〕

即若能對淨土法生信，即能與「一心」的清淨性德相契合，而得到世出世間等
善道果。依《成唯識論》，信不僅是自性清淨的一種顯現，還猶如水清珠能使
濁水清般能夠清淨心王和心所法，染法也各自有相，不僅自己是染，而且能夠

〔註38〕袾宏：《佛說阿彌陀經疏鈔》，《蓮池大師文集》，北京：九州出版社，2013，第
　　　　56頁。

〔註39〕袾宏：《佛說阿彌陀經疏鈔》，《蓮池大師文集》，北京：九州出版社，2013，第
　　　　62頁。

〔註40〕袾宏：《佛說阿彌陀經疏鈔》，《蓮池大師文集》，北京：九州出版社，2013，第
　　　　163頁。

渾濁其他心王和心所有法，故淨土修學由信而入，可顯發自己的清淨自性。故如袾宏言「今此經者，依正、信願等法，若文若義，究極皆歸一心真如」〔註41〕，即在此意義上不究信願之事相，而探其源本，將依正、信願等歸攝於「一心」真如。

四、「以智發願」

在淨土修學中，修行者會在信的基礎上發願往生西方淨土。發願為往生淨土重要動力因，而為淨土學人重視，如袾宏言「但得見彌陀，何愁不開悟，故以求願往生為先務之急也」，即以發願往生為淨土修學的第一要務。淨土學願門的修學要義為厭離穢土、欣求淨土，而在發願上，袾宏「以智發願，則為弘願」〔註42〕，同樣表現出以智起願的教學風格，有著豐富的內涵。

首先，以「無著」釋願。「無著」，即於一切法無有執著。般若學以一切事物皆因緣和合而生成，不會無條件的恒常存在，亦沒有真實的自體可得，由此而破除對萬法執著。袾宏以般若無著之理詮釋願門，如「善修無著者，於法不染，一切自在，能於十方所去如願，故入願心」〔註43〕，意即修行者若能夠體悟般若學之無相、無執之理，則能於相離相、於事不迷，其心體無染無住、自在無礙，而能如願發心。又「此道廣大，猶如虛空，不可思議。其中真明，自然念念開發，令其所作，願行事理，悉皆和融，流入法界」〔註44〕，即如能證悟般若空義，則所行所願皆為真如自性的自然顯露。「由此一心，出生大願，而成正覺。即以本願，還度眾生，而歸一心淨土法門。」〔註45〕正在此意義上，袾宏指出眾生發出大願的內在根據即是「一心」，而發願往生淨土實為證入真如自性，而攝發願歸於「一心」。

其次，發菩提願心。菩提心是為救度一切眾生而發願獲得如來正等覺果位

〔註41〕袾宏：《佛說阿彌陀經疏鈔》，《蓮池大師文集》，北京：九州出版社，2013，第30頁。

〔註42〕袾宏：《佛說阿彌陀經疏鈔》，《蓮池大師文集》，北京：九州出版社，2013，第66頁。

〔註43〕袾宏：《梵網菩薩戒經義疏發隱》，《梵網經注疏》，北京：線裝書局，2016，第21頁。

〔註44〕袾宏：《梵網菩薩戒經義疏發隱》，《梵網經注疏》，北京：線裝書局，2016，第23頁。

〔註45〕袾宏：《佛說阿彌陀經疏鈔》，《蓮池大師文集》，北京：九州出版社，2013，第5頁。

的希求心，如《現觀莊嚴論》「發心為利他，求正等菩提」〔註46〕，即指此意。大乘佛教以發菩提心為入道要門，淨土宗亦依此修學，如袾宏言「且文中多善根，全在發菩提心，而三輩不同，同一發心，正往生要旨」，即指出發菩提心是能夠往生淨土的要求之一。菩提心無量廣大，難發難行，而在淨土修學中，如魏磊先生言「大乘菩提心，無論是順事發心（四宏願），還是順理發心（緣生性空），動經多劫，殊非易事，故為難行道。而淨土宗在發菩提心上，顯示出方便易行的特質」〔註47〕，即具有便易發菩提心的特色。淨土弘揚者對菩提心多有闡發，袾宏亦有獨到的理解。袾宏先將發菩提心與佛教修行的善根、福德聯繫在一起。如：

> 善根者，《觀經》則如上第三福「發菩提心」，《大本》則三輩往生，皆言「發菩提心」。據此，則發凡夫心，是謂無善根。發聲聞心，不發菩提心者，是謂少善根也。福德者，《觀經》則「孝養父母」等，《大本》則「修諸功德」等。據此，則施、戒等，乃至立寺、造像、禪誦、苦行，一切福業，捨置不作，是謂無福德。但作此福，種人天小果有漏之因，是謂少福德也。〔註48〕

意即《觀經》以發菩提心為往生第三福因，《無量壽經》以發菩提心為三輩往生的通旨，與此相比，則發凡夫心為無善根，發聲聞心而不發菩提心為少善根，不作施戒禪誦福業等為無福德，單作諸福德而不發菩提心為少福德，故在此意義上，發菩提心即為多善根、多福德。袾宏又以持名念佛攝持發菩提心。如：

> 善中善者，自有五義，以具《智論》五菩提心故：一、發心菩提，謂於無量生死中，發大菩提心也。而持名，正於凡夫生死心中，起大覺故。二、伏心菩提，謂斷諸煩惱，降伏其心也。而持名，則正念才彰，煩惱自滅故。三、明心菩提，謂了達諸法實相也。而持名，正即此一心，明暸一切諸法實相故。四、出到菩提，謂得無生忍，出三界，到薩婆若也。而持名，即得一二三忍，捷超生死，趨一切智故。五、無上菩提，謂坐道場，成最正覺也。而持名，則得不退轉地，直至成佛故。

〔註46〕羅時憲講述：《現觀莊嚴論略釋講義》，香港：佛教法相學會，2005，第13頁。
〔註47〕魏磊：《淨土宗教程》，北京：宗教文化出版社，1998，第311頁。
〔註48〕袾宏：《佛說阿彌陀經疏鈔》，《蓮池大師文集》，北京：九州出版社，2013，第119頁。

又《海東疏》引《菩薩心地品》云：「諸菩薩初發心，能攝一切菩提分法，殊勝善根。」《瑜伽》第三十七云：「菩薩所集善根，以純一淨妙信心，迴向無上菩提。」《梁攝》第十云：「所作善根，悉以迴向無上菩提。」則皆以菩提為善根。而今經持名，正迴向無上菩提之善根也。以阿彌陀佛，即無上菩提故，是則善中之善，名多善也。〔註49〕

即袾宏以淨土信願持名具有殊勝功德，而全部具足《大智度論》所言大乘行人由初發心直至圓滿成佛的五種菩提心，故持名念佛即為發菩提心為善中之善，是為多善。又：

福中福者，亦有二義：一者，彌陀乃萬德名號，一名才舉。萬德齊圓。不期於福，福已備故。二者，以持念力，自然諸惡不作，眾善奉行。以之修福，福易集故。是則福中之福，名多福也。〔註50〕

即今持阿彌陀佛名號，以一名攝萬德，修眾福兼止惡，故是福中之福，是為多福。袾宏以持名念佛攝持發菩提心，為多善根、多福德，而強調淨土學發菩提願方便易行的特質。後有淨宗九祖蕅益智旭倡言「深信發願即無上菩提」，當與袾宏此說有著重要的關聯。

五、「以智起行」

由信發願已，淨土修學還須將信願落實於念佛的行持中，如袾宏言「行，謂願非虛願，常行精進，念念相續，無有間斷故，如經所云『執持名號，一心不亂』是也」〔註51〕，即在淨土行門中以稱念佛名為修行的正行。在念佛正行中袾宏亦以智貫之，正所謂「以智起行，則為妙行」〔註52〕，表現有行冥智理的特色。

首先，袾宏指出淨土念佛行以「至於一心」為宗趣。淨土修學雖以往生淨土為目標，但亦不違「一心」之旨。如：

〔註49〕 袾宏：《佛說阿彌陀經疏鈔》，《蓮池大師文集》，北京：九州出版社，2013，第119～120頁。

〔註50〕 袾宏：《佛說阿彌陀經疏鈔》，《蓮池大師文集》，北京：九州出版社，2013，第120頁。

〔註51〕 袾宏：《佛說阿彌陀經疏鈔》，《蓮池大師文集》，北京：九州出版社，2013，第27頁。

〔註52〕 袾宏：《佛說阿彌陀經疏鈔》，《蓮池大師文集》，北京：九州出版社，2013，第66頁。

　　　　四、行寂一對者，以行為宗，令至寂為趣。言崇尚此念佛觀行，
　　其意云何？良由心雖本寂，多生習染，觸境生心。若不修觀行，縱
　　令強抑妄心，終非定慧平等。今依正觀，執持名號，至於一心，則
　　復還空寂之體，是其趣也，不徒為有作安訓而已。〔註53〕

意即雖然眾生本性空寂，但無始以來在輪迴中流轉，住於妄想分別，習染熾盛，
若不通過觀行方便，終難於妄心境界中出離。現今通過持名念佛方法以消除妄
念，復還虛寂之體，體現的正是淨土念佛行「至於一心」的宗趣。

　　其次，袾宏將持名念佛分為事持與理持。袾宏先以理來詮釋行的內涵。
如：

　　　　教、行、理者，本理立教，依教修行，從行顯理。諸經皆具教、
　　行、理三，故名為通。專指此經，則佛說是教，執持名號是行，阿
　　彌陀是理，局此異餘，故名為別。〔註54〕

即淨土念佛亦是由理立教，依教而有稱名念佛行，由念佛之願行而證阿彌陀佛
之性理真際。袾宏又據善導《觀經四帖疏》言：

　　　　約行，則報行純熟，智冥於理，無相無功，曠若虛空，湛如渟
　　海，心識妄惑寂然不起，方曰無生。〔註55〕

即通過念佛，本然之智現前，與「一心」之理冥契不二，迴超性相，心識妄念
無起無滅，而住於真如性海。簡言之，即智理冥符，妄念消除，而體證「一心」
真際。進而，袾宏將執持佛名區分為事持與理持。如：

　　　　單言「持」，則攝「執」，總之為專念不忘意也。又持復有數種：
　　一者明持，謂出聲稱念；二者默持，謂無聲密念；三者半明半默持，
　　謂微動唇舌念，咒家名「金剛持」是也。又或記數持，或不記數持，
　　俱如密教中說，隨便皆可。而各分事理：憶念無間，是謂事持；體
　　究無間，是謂理持。〔註56〕

執持念佛即為念念不忘佛境之意，而執持念佛又有有聲稱念、無聲密念、半明

〔註53〕袾宏：《佛說阿彌陀經疏鈔》，《蓮池大師文集》，北京：九州出版社，2013，第
　　　　32頁。
〔註54〕袾宏：《佛說阿彌陀經疏鈔》，《蓮池大師文集》，北京：九州出版社，2013，第
　　　　45頁。
〔註55〕袾宏：《佛說阿彌陀經疏鈔》，《蓮池大師文集》，北京：九州出版社，2013，第
　　　　138頁。
〔註56〕袾宏：《佛說阿彌陀經疏鈔》，《蓮池大師文集》，北京：九州出版社，2013，第
　　　　124頁。

半默持等多種方法。在此袾宏依事、理二義加以區分，即為事持念佛與理持念佛。事持念佛即憶念佛境無有間斷；理持念佛是在事持的基礎上體究真際之理。

再次，袾宏將「一心」分為「事一心」與「理一心」。《阿彌陀經》：「舍利弗！若有善男子，善女人，聞說阿彌陀佛，執持名號，若一日、若二日、若三日、若四日、若五日、若六日、若七日，一心不亂。」〔註57〕因經文中前言「執持名號」，後有「一心不亂」，袾宏對之注為「以是為因，後一心不亂，亦有事理」，即持名念佛有事、理的區分，而「一心不亂」作為對應於持名念佛之因的後修之果，也有事、理的區分。袾宏又對「一心不亂」進行詳細解釋。如：

【疏】「一心不亂」，言執持之極也，是為一經要旨。

【鈔】「心」者，揀口誦而心不念也。「一」者，揀心雖念而念不一也。「不亂」者，揀念雖一而有時乎不一也。一心不亂，淨業之能事畢矣。〔註58〕

意即執持念佛的工夫臻達極境，由口念進而為心念，念念純一，而為「一心不亂」，為淨土學人念佛的工夫成就的體現。又「一則不亂，亂則不一。有其一心，無其亂心，故云正反。如言『純一不雜，精一無二』之類，是也」〔註59〕，即袾宏指出「一心」與「不亂」為正語與反語的關係，而實為一意。進而，袾宏對「事一心」與「理一心」予以詮釋。如：

如來一語，事理雙備。故同名一心，有事有理。如《大本》云「一心繫念」，正所謂一心不亂也，而事理各別。初事一心者，如前憶念，念念相續，無有二念，信力成就，名事一心。屬定門攝，未有慧故。〔註60〕

意即對如來講法應從事相與性理的兩面來理解，故「一心」也應有事與理的兩層內涵。「事一心」，即在事相上憶佛念佛的工夫成就。袾宏詳釋為：

憶念者，聞佛名號，常憶常念。以心緣歷，字字分明。前句後

〔註57〕《佛說阿彌陀經》，《大正藏》第 12 冊，第 347 頁。
〔註58〕袾宏：《佛說阿彌陀經疏鈔》，《蓮池大師文集》，北京：九州出版社，2013，第127 頁。
〔註59〕袾宏：《佛說阿彌陀經疏鈔》，《蓮池大師文集》，北京：九州出版社，2013，第127 頁。
〔註60〕袾宏：《佛說阿彌陀經疏鈔》，《蓮池大師文集》，北京：九州出版社，2013，第127 頁。

句，相續不斷。行住坐臥，唯此一念，無第二念，不為貪、瞋、煩惱諸念之所雜亂。如《成具光明定意經》，所謂：「空閒寂寞，而一其心。在眾煩惱，而一其心。」乃至褒訕利失、善惡等處，皆一其心者，是也。事上即得，理上未徹。惟得信力，未見道故，名事一心也。言定者，以伏妄故。無慧者，以未能破妄故。〔註61〕

即在事相上聞信阿彌陀佛名號，恒常憶念。口念繫心，正心緣念，字字句句，念念不斷。念念不忘，心自緣境，心念一純，無有貪瞋等煩惱妄念生起，此即《成具光明定意經》所言的由純一其心而伏諸種煩惱之意。故「事一心」是一種憑藉信力鎮伏妄念的工夫體現，但在實質上言，並沒有消除妄念，實為一種定門境界；又在性理上言，「事一心」並沒有般若智現前照破諸種煩惱，還沒有悟入「一心」實相。

對「理一心」，如袾宏言：

> 理一心者，如前體究，獲自本心，故名一心。於中復二：一者了知能念所念，更非二物，唯一心故；二者非有非無，非亦有亦無，非非有非無，離於四句，唯一心故。此純理觀，不專事相，觀力成就，名理一心。屬慧門攝，兼得定故。〔註62〕

即「理一心」是一種在性理層面上體究念佛的工夫成就，其中又有兩層涵義：一，能念、所念唯是「一心」；二、離於四句。袾宏加以詳釋：

> 體究者，聞佛名號，不惟憶念，即念反觀，體察究審，鞫其根源。體究之極，於自本心，忽然契合。中二義者。初即如智不二。能念心外，無有佛為我所念，是智外無如。所念佛外，無有心能念於佛，是如外無智。非如非智，故惟一心。二即寂照難思。若言其有，則能念之心，本體自空；所念之佛，了不可得。若言其無，則能念之心，靈靈不昧；所念之佛，歷歷分明。若言亦有亦無，則有念無念俱泯。若言非有非無，則有念無念俱存。非有則常寂，非無則常照。非雙亦，非雙非，則不寂不照，而照而寂。言思路絕，無可名狀，故唯一心。斯則能所情消，有無見盡。清淨本然之體，更有何法而為雜亂？以見諦故，名理一心也。言慧者，能照妄故。兼

〔註61〕袾宏：《佛說阿彌陀經疏鈔》，《蓮池大師文集》，北京：九州出版社，2013，第128頁。

〔註62〕袾宏：《佛說阿彌陀經疏鈔》，《蓮池大師文集》，北京：九州出版社，2013，第128頁。

定者，照妄本空，妄自伏故。又照能破妄，不但伏故。〔註63〕

由上語可知，體究念佛有兩個關鍵處，即「即念反觀」與「體察究審」。由於念佛是一種工夫境界，非佛門內修持有素者不可妄談，若勉強評議，則不免有隔岸觀火之嫌，故於此特參考印光法師的相關悟解。如印光言：

> 若論其法，必須當念佛時，即念返觀。專注一境，毋使外馳。念念照顧心源，心心契合佛體。返念自念，返觀自觀。即念即觀，即觀即念。務使全念即觀，念外無觀。全觀即念，觀外無念。觀念雖同水乳，尚未鞫到根源。須向者一念南無阿彌陀佛上，重重體究，切切提撕。越究越切，愈提愈親。及至力極功純，豁然和念脫落，證入無念無不念境界。所謂靈光獨耀，迴脫根塵。體露真常，不拘文字。心性無染，本自圓成。但離妄念，即如如佛者。此之謂也。工夫至此，念佛法得。感應道交，正好著力。其相如雲散長空，青天徹露。親見本來，本無所見。無見是真見，有見即隨塵。到此則山色溪聲，咸是第一義諦。鴉鳴鵲噪，無非最上真乘。活潑潑應諸法，而不住一法。光皎皎照諸境，而了無一物。語其用，如旭日之東升，圓明朗照。語其體，猶皓月之西落，清淨寂滅。即照即寂，即寂即照。雙存雙泯，絕待圓融。譬若雪覆千山，海吞萬派。唯是一色，了無異味。無掛無礙，自在自如。論其利益，現在則未離娑婆，常預海會。臨終則一登上品，頓證佛乘。唯有家里人，方知家裏事。語於門外漢，遭謗定無疑。〔註64〕

通過印光的講述可知，在體究念佛中「即念反觀」與「體察究審」為兩項重要的體證內容，即在事持念佛的基礎上，不僅對念佛之境憶念不斷，還要即念即觀，念念返觀，由有事有境的持名念佛轉入對自己「一念南無阿彌陀佛上」的直覺體觀（即念反觀），再由觀觀直照，體究「一心」本源，重重體究，切切提撕（體察究審），察究至極處，即契合「一心」真際。如此境界已離妄念妄境，無有能所區分，既無所念之佛，也無能念之心，如智不二，是為「一心」。在世俗諦層面，人們對事物的把握不出四種思維，即有、無、亦有亦無、非有非無，現此寂照不二的勝義境界為「一心」本具，已迥超對待、能所，言思路

〔註63〕 袾宏：《佛說阿彌陀經疏鈔》，《蓮池大師文集》，北京：九州出版社，2013，第128頁。

〔註64〕 釋印光：《念佛三昧摸象記》，張育英校注：《印光法師文鈔》，北京：宗教文化出版社，2009，第1091頁。

絕，不可名狀，無法以四句的思維方式來把握。如此體究念佛，頓顯「一心」清淨本然之體，即為「理一心」。因「理一心」念佛即念返觀，妄念消除，頓現自心本源，寂照不二，於般若勝智得無所得，故為慧門境界；「理一心」又是就事持念佛的基礎上照破妄念，返徹心源，亦涵有定門所攝的要義，故袾宏判「理一心」為「屬慧門攝，兼得定故」。

綜上，袾宏作《疏鈔》闡發淨土學深意，主要內容有「澄濁而清，返背而向」的修行解脫觀、突出尊崇《阿彌陀經》、以智生信、以智發願、以智起行等。於此可以看出，袾宏淨土學中已包涵有「一心」圓修、理事辯證等內涵，如淨宗後祖印光法師的盛讚「蓮池大師乃圓融無礙之說」〔註65〕，而表現出甚深的圓融品質，堪為諸宗融合的教體。

第二節　以淨融賢

自宋以來，中國佛教各宗在義理上相互滲透，如魏道儒先生言「圓融思想是華嚴宗教理的核心內容，逐漸得到佛教各宗派的共識，滲透到中國佛學的各個方面，並且成為佛教各派進行理論與實踐融合的不竭動力」〔註66〕，各宗學人多有引華嚴以闡發自宗教義的表現，其中有北宋省常、南宋義和等，皆為引華嚴闡發淨土者。現就袾宏依華嚴五教義理判淨土為圓頓之教，以華嚴心性學充實「一心」說而為淨土建立心性學基礎，發揮華嚴理事無礙為宗教融合的重要方法，依華嚴妄盡還源觀而設立淨土修行解脫路徑等內容來看，可謂將以賢解淨發揮到了極致，故袾宏當為以華嚴學闡發淨土最究竟者。在華嚴學中念佛往生淨土本為華嚴諸種修行法門中的一門，而華嚴學人亦將華嚴與淨土視為一種主幹與枝從的關係，但袾宏注《疏鈔》闡發賢淨圓融深義，借華嚴提升淨土的地位，凸顯淨土的卓越特徵，而被曹魯川認為是「駕淨土於《華嚴》之上」〔註67〕，那麼其又是如何完成這種論說的呢？華嚴學經由杜順至宗密的發展，其內容可謂精深浩遠、蔚然大觀，而今袾宏引華嚴入淨土，猶如引江海之水以自用，自是難能全源汲取。現從袾宏《疏鈔》的內容來看，其對華嚴

〔註65〕釋印光：《復溫光熹居士書十》，張育英校注：《印光法師文鈔》，北京：宗教文化出版社，2009，第648頁。

〔註66〕魏道儒：《中國華嚴宗通史》，南京：鳳凰出版社，2008，第320頁。

〔註67〕袾宏：《答蘇州曹魯川邑令》，《蓮池大師文集》，北京：九州出版社，2013，第559頁。

學的引用亦純非取於某一人或某一說，而是在賢淨融合的大背景下對華嚴諸師說隨用隨取，且在不同問題上也有各種處理，故對此應加以具體分析。詳述如下：

一、借華嚴提升淨土

華嚴學本就與淨土有著內在的聯繫，如《華嚴經》中就有相關念佛修行、往生淨土的深義，如：

> 大威光童子，見彼如來成等正覺、現神通力，即得念佛三昧，名：無邊海藏門；〔註68〕

> 一切威儀中，常念佛功德，晝夜無暫斷，如是業應作。〔註69〕

> 布施、愛語、利益、同事──如是一切諸所作業，皆不離念佛，不離念法，不離念僧，不離念同行菩薩，不離念菩薩行，不離念諸波羅蜜，不離念諸地，不離念力，不離念無畏，不離念不共佛法，乃至不離念具足一切種、一切智智。〔註70〕

> 菩薩摩訶薩令眾生得十種圓滿已，復為眾生作十種佛事。何等為十？所謂：以音聲作佛事，為成熟眾生故；以色形作佛事，為調伏眾生故；以憶念作佛事，為清淨眾生故……〔註71〕

> ……

如此經文皆以念佛為解脫修行的重要方法，又在《普賢菩薩行願品》中普賢菩薩亦以往生西方淨土為最終歸趣，可顯示出華嚴與淨土內在聯繫，故如顧淨緣先生的總結「華嚴十玄緣起，教理絕高，但五十三參，結歸念佛。故初祖杜順，每遊歷郡國，勸念阿彌陀佛，著《五悔文》，讚歎淨土。《佛祖統紀》第二十九卷《杜順傳》中曾記之。其後各師，自不費淨業」〔註72〕，即言華嚴學人亦以此為據而將淨土作為華嚴修學的重要內容。但華嚴學人對淨土的解釋大都是在華嚴學框架下的闡發，有把淨土置於華嚴旁支地位的取向，如袾宏最尊崇的華嚴四祖澄觀在《華嚴經行願品疏鈔》中就有關於普賢十願結勸眾生往生淨土的評注。如《疏鈔》言：

〔註68〕《大方廣佛華嚴經》，《大正藏》第 10 冊，第 56 頁。
〔註69〕《大方廣佛華嚴經》，《大正藏》第 10 冊，第 64 頁。
〔註70〕《大方廣佛華嚴經》，《大正藏》第 10 冊，第 183 頁。
〔註71〕《大方廣佛華嚴經》，《大正藏》第 10 冊，第 218 頁。
〔註72〕吳信如編著：《淨土奧義》，北京：中國藏學出版社，2004，第 267 頁。

　　【疏】不生華藏而生極樂略有四意：一有緣故；二欲使眾生歸
憑情一故；三不離華藏故；四即本師故。

　　【鈔】「略有四意」者：

　　一、彌陀願重，偏接娑婆界人。

　　二、但聞十方皆妙，此彼融通，初心忙忙，無所依託，故方便
引之。

　　三、極樂去此但有十萬億佛土，華藏中所有佛剎皆微塵數，故
不離也……故知阿彌陀佛國不離華藏界中也。

　　四、即此第三十九〈偈讚品〉云：「或有見佛無量壽，觀自在等
共圍繞」，乃至賢首如來，阿閦、釋迦等，彼並判云「讚本尊遮那之
德」也。〔註73〕

此段文字為澄觀作疏，宗密注鈔。澄觀指出，西方淨土並非離於華藏世界的
單獨存在，阿彌陀佛亦即本尊遮那，但因憑藉阿彌陀佛願力是接引娑婆世界
眾生的對機方法，故普賢菩薩解勸眾生往生西方淨土。從此可以看出，澄觀
指出彌陀大願因與娑婆界人對機而為殊勝，但淨土為華嚴法義的一角顯現，
而沒有表達出對淨土修學的特別青睞，故如荒木見悟先生的評價「對澄觀來
說，『淨土信仰』與其說是『不值得重視』，不如說他是『為了不破壞《華嚴
經》所說的重重無盡法界的理論』的，因此，才得將淨土置於旁支的地位」
〔註74〕。華嚴五祖宗密亦沿承澄觀的說法，如荒木見悟先生言「他（宗密）
發表了聽來似乎言之稱理的見解，但對『華嚴的無盡緣起』和『往生西方』
之間的機能性關係，並沒有任何論述」〔註75〕，也沒有對極樂淨土另加卓越
之辭。

　　在袾宏之前就有華嚴學人以華嚴學闡發淨土義，如圓澄義和著《華嚴念
佛三昧無盡燈》，即「把念佛往生淨土作為證得唯心淨土的手段，企圖把淨土
宗納入華嚴宗的軌道」〔註76〕，而這種闡釋在更大程度上取消了淨土的獨立
地位，實為融淨入賢。現袾宏又以華嚴學對淨土教義進行全面詮釋，但他不

〔註73〕澄觀：《華嚴經行願品疏鈔》，《續藏經》第5冊，第322頁。
〔註74〕（日）荒木見悟：《近世中國佛教的曙光——雲棲袾宏之研究》，周賢博譯，臺
　　　　北：慧明文化事業有限公司，2001，第158頁。
〔註75〕（日）荒木見悟：《近世中國佛教的曙光——雲棲袾宏之研究》，周賢博譯，臺
　　　　北：慧明文化事業有限公司，2001，第159頁。
〔註76〕魏道儒：《中國華嚴宗通史》，南京：鳳凰出版社，2008，第404頁。

願再依華嚴學者置淨土於華嚴的旁支地位，而須論證淨土的合理性，賦淨土以崇高的地位，那麼如荒木見悟先生言「袾宏不僅要以華嚴學為其教學的基盤，同時又須勉強將之引入淨土教門中的話，則他須有獨到的觀點和教法才行」，袾宏又是如何完成華嚴與淨土的理論結合，而賦於淨土以崇高地位的論證呢？

袾宏首先表達了對《華嚴經》的無比尊崇，如《竹窗二筆》「且三藏聖教，獨華嚴如天王，專制宇內；諸侯公卿大夫百執事，以至兆民，皆其所統馭也。夫孰與之等也」〔註77〕，便把《華嚴經》喻為天王，其餘諸經為之所「統馭」。可知袾宏同為華嚴門人，《華嚴經》在他心中有著至上的地位。

其次，袾宏以「分圓無礙」的辯證邏輯論證華嚴與淨土在義理上的等齊地位。前已述及，華嚴獨以事事無礙法界而被袾宏判歸為「圓極」之教，因《阿彌陀經》亦通事事無礙之理而判為「分圓」。那麼「圓極」與「分圓」是一種在教理地位上的平等關係嗎？且看袾宏的相關解答。如：

> 問：疏云：「《華嚴》圓極，此經分圓。圓全攝此，此分攝圓。」然圓無全、分。全中有分，圓即有段。分中非全，圓即不遍。如月在水，寸水全月。如風在樹，片葉全風。分、全雙乖，圓義不成。
>
> 答：君知其一，未知其二。知者，無全無分，始得名圓。不知者，可全可分，正所以為圓也。如曰全中有分，圓即有段。然月落千江，月分為千；風入萬竅，風分為萬，全中分也。而實無千無萬，何慮圓之有段？如曰分中非全，圓即不遍。然窗楞之月，一隙而已；橐籥之風，一掬而已，分非全也。而全體是月是風，何慮圓之不遍？真如可分分而證，無明可分分而斷。即全而分，即分而全，亦何礙焉？故《華嚴》號大不思議，《維摩》號小不思議，即此全攝彼，彼分攝此之義也。既不思議，故無全無分，而又可全可分也，是乃所以為圓極之教也。胡可以常情測之也？
>
> 復次，《孟子》曰：「孔子，聖之時者也。」「時」，即儒之「圓」也。而子夏、子游、子張，各有聖人之一體。冉牛、閔子、顏淵，則具體而微。信如全中有分，圓則有段。未聞孔子之圓，因各得其一體者，而遂割截成段也。信如分中非全，圓則不遍。未聞孔子之圓，因一體非全體者，而遂局隘不遍也。若云圓自屬具體者。然具體而

〔註77〕袾宏：《竹窗二筆》，《蓮池大師文集》，北京：九州出版社，2013，第405頁。

微，微對巨得名，巨與微，即全與分之謂也。是故圓全攝此，此分
攝圓，圭峰所以楷定《圓覺》者，萬世不易之至論也。比而例之，
孔子全攝諸賢，諸賢分攝孔子，亦猶是矣。又何疑焉？〔註78〕

有人對袾宏「分圓」說提出疑問：分即有段而不可為圓，故以淨土為分圓而攝
華嚴全圓的說法似有偏頗。顯然，這是一種建立在經驗認識上的提問。袾宏答
為圓既無全無分，又可全可分，這又是一種具有中道意味的回答。袾宏舉例，
如月落千江，月分為千江之月影，因月影具全月，對應分圓義；若分即有段，
則如窗櫺之月，僅月之一隙，已非全月，而非分圓義。因分月（月影）亦具全
月，而為「此分攝圓」，又月遍映千江，而千多月影皆為一真月所現，故為「圓
全攝此」。袾宏又舉孔子與諸賢為例，孔子猶如全圓，其弟子則如分圓「各有
聖人之一體」，而為「孔子全攝諸賢，諸賢分攝孔子」。如此，袾宏由「即全而
分，即分而全，亦何礙焉」的思辨邏輯完成了分圓與圓極互攝無礙的論證。依
此「分圓無礙」邏輯，淨土分攝華嚴，並具足華嚴的全圓之理，故淨土與華嚴
僅有派生邏輯上的分圓與全圓的差別，而在義理內涵上並無不同。袾宏又指
出，宗密亦是以「此分攝圓」的論證方法楷定《圓覺經》以正統法位，故此種
論證可為「萬世不易之至論」。

　　於此應當指出的是，袾宏舉月落千江以及孔子與諸賢的例子作為「圓全攝
此，此分攝圓」的根據，其背後的理論根據正是華嚴學事事無礙法界理論之「攝
入無礙門」說。如：

七、攝入無礙門，謂彼一切望於一法，以入他即是攝他故，一
切全入一中之時，即令彼一還復在自一切之內，同時無礙。又由攝
他即是入他故，一法全在一切中時，還令一切恒在一內，同時無礙。
思之。〔註79〕

即此門講一切入於一，一全在一切之中，一與一切相攝無礙。一與一切的辯
證關係是華嚴事事無礙觀的重要內容。華嚴學在理事無礙的基礎上，由理如
是門等十門理論論證一即一切、一切即一的圓融無礙道理。其中攝入無礙門
著重論述了法界緣起中的諸法相攝，如霍韜晦先生所言「而法的相攝，亦是
通過自他的力用交徹說：一方全敞開，一方全徹入，所以一切法的存在，都
同時兼具有力、無力二義、必如此然後有完全的相攝、沿此方向，最後達於

〔註78〕袾宏：《阿彌陀經疏鈔問辯》，《續藏經》第 22 冊，第 701 頁。
〔註79〕法藏：《華嚴發菩提心章》，《大正藏》第 45 冊，第 654 頁。

一即一切，一切即一；一入一切，一切入一的境界。這也是法界緣起的基本構想：一切法通過這種相即相入的關係而得一圓融存在」〔註80〕，即諸法由相攝相入而臻達一即一切、一切即一的無礙境界。袾宏正是在諸法攝入無礙的語境下論證「圓全攝此，此分攝圓」，而在教理上將淨土提升至與華嚴等齊的地位。

在華嚴學事事無礙、周遍含容的語境下，一切事物相即相入，遍融遍攝，重重無盡。原本被華嚴學者認為「阿彌陀佛國不離華藏界中也」的西方淨土，現在袾宏淨土學的話語下即為：

> 《華嚴》一微塵中，具足十方法界，無盡莊嚴。此則如《大本》
> 云「於寶樹中，見十方佛剎，猶如鏡象」故。〔註81〕

即因一與一切相攝無礙，西方淨土一樹一葉同樣含攝有整個無盡的華藏世界，故而西方淨土與華藏世界遍融無礙。在一與一切遍融遍攝的無礙中，西方淨土與華藏世界已不再具有世俗上的差別意義，而是無礙的平等，毗盧遮那佛亦與阿彌陀佛無有二致。如此論證，袾宏確立了淨土學的崇高地位。

再次，袾宏突出淨土較華嚴更加適應眾生根機的特質。如袾宏言：

> 言世尊始成正覺，演大《華嚴》。大教難投，隨眾生根，說三乘
> 法。後乃會權歸實，悉與大車，故曰「等頒珍賜」。此如來一代時教
> 之大致也。而於其中，復出念佛一門，不論大根小根，但念佛者，即
> 得往生。亦不待根熟，方乃會之歸實，但往生者，即得不退。〔註82〕

即釋迦佛悟道後首演華嚴教法，但終因眾生根性不趁而大教難投，才應眾生根性言說三乘教法。在各種法門中有念佛方法三根普被，殊勝迅捷，而念佛方法中又以《阿彌陀經》持名念佛更為捷徑中的捷徑。如此，袾宏通過層層論證而將淨土較華嚴更適應眾生根性的優越性凸顯出來。

在袾宏的論斷裏，淨土與華嚴僅有派生邏輯上的差別，而在義理上具有等齊的地位，且淨土更具有適應現世眾生根性的優越性，這難免會讓人產生誤解，即袾宏有把淨土置於華嚴之上的意味，如曹魯川對袾宏的質疑「尊者乃與彌陀經並稱，已似未妥。因此遂有著論騰之，駕淨土於華嚴之上者。朱紫遞淆

〔註80〕霍韜晦：《現代佛學》，北京：中國社會科學出版社，2003，第 278 頁。
〔註81〕袾宏：《佛說阿彌陀經疏鈔》，《蓮池大師文集》，北京：九州出版社，2013，第23 頁。
〔註82〕袾宏：《佛說阿彌陀經疏鈔》，《蓮池大師文集》，北京：九州出版社，2013，第4～5 頁。

之謂何,鹿馬互指又何說也。此而無人言之,天下後世必有秦無人焉之嗤」〔註83〕,即為此意。儘管袾宏在回覆時言「華嚴如天子,誰有駕諸侯王大臣百官於天子之上者乎。然不肖亦未嘗並稱也。疏鈔中特謂華嚴圓極,彌陀經得圓少分,是華嚴之眷屬流類,非並也。古柟華嚴之與餘經,喻如杲日麗大,奪眾星之耀。須彌橫海,落群峰之高。夫焉有並之者,此不待論也」〔註84〕,仍依華嚴學人以淨土為華嚴之「眷屬流類」,但曹魯川的質疑之聲不能不視為當時學者們對袾宏見解的一種反映吧!

二、對華嚴三師淨土觀的承襲與圓融

隋唐以來,華嚴學在發展中有多支流傳,如荒木見悟先生言「只是從唐以來,『華嚴學』就分成三個流派。即在澄觀的《華嚴演義鈔》中所看到的正統派繁瑣的『解釋學』;李通玄的《華嚴合論》中所能看到的簡明率直的『實踐論』;以及雖稍稍離於『華嚴學』的本旨,而同時表彰《圓覺經》的宗密的《疏鈔》」〔註85〕,即以澄觀、李通玄、宗密三師為華嚴學流支的代表。三師皆為華嚴巨匠,在義理闡釋上尚有不同的論說,而袾宏以華嚴作為疏論的學理依據,對三師也是隨用隨取,並兼有相關評議,故對此也須具體分析。袾宏意在引華嚴學為淨土立論,而對三師的態度也集中表現在淨土往生等相關內容上了。

在三師中,一般認為秉承華嚴學「正統」法脈的是四祖澄觀,袾宏對之可謂崇敬至極。如《竹窗隨筆·天台清涼(一)》:

> 或曰:「人於天台無議矣,於賢首或置喙焉,何也?」曰:「喙賢首者,亦百喙而一中耳。又向不云乎?賢首之道,至清涼而始備,是則天台清涼二師,恩如父母,道亦如父母,且清涼可得議乎?」或未答,予笑曰:「毋勞爾思也。天台之後有清涼,猶堯舜之後有孔子也。而又何議也?」〔註86〕

〔註83〕 袾宏:《答蘇州曹魯川邑令》,《蓮池大師文集》,北京:九州出版社,2013,第559頁。
〔註84〕 袾宏:《答蘇州曹魯川邑令》,《蓮池大師文集》,北京:九州出版社,2013,第560頁。
〔註85〕 (日)荒木見悟:《近世中國佛教的曙光——雲棲袾宏之研究》,周賢博譯,臺北:慧明文化事業有限公司,2001,第155~156頁。
〔註86〕 袾宏:《竹窗隨筆》,《蓮池大師文集》,北京:九州出版社,2013,第350頁。

即袾宏將澄觀與智者以父母並稱，又堪比堯舜與孔子。其尊崇之情，可見一斑。從澄觀的著述中，可知其儘管視西方淨土為華嚴之枝節，但還是肯定西方淨土的存在。澄觀又在《華嚴經行願品疏》中歸納五種念佛門，即一緣境正觀念佛門，二攝境唯心念佛門，三心境俱泯念佛門，四心境無礙念佛門，五重重無盡念佛門等，並指出：

> 一切諸佛平等境界者，即是所觀，橫該十方，豎窮三際，義貫十身，故云一切，即上普觀一行三昧。觀其法身，十方諸佛，亦通餘身，真應無礙，十身圓融，皆是所念。平等有二：一約事等，一切諸佛利樂意樂受用變化，一切作業悉皆同故；二者理等，十方如來同一法身，三際諸佛無二體故，故般若云，若一佛出世，一切皆出，一佛涅槃，一切涅槃。何以故，諸佛法性無二相故。不如是知，非真念佛。〔註87〕

即依事事無礙觀闡釋佛的平等境界，又依理事無礙觀將佛平等境界區分為事等與理等，而在諸佛無礙圓融的平等境界上倡言念佛。儘管澄觀沒有把往生西方淨土視為一種卓越的修行解脫方法，但其對淨土與念佛的理解顯然對袾宏有著重要的啟發。

華嚴五祖宗密可以說是在總體上承襲了澄觀的淨土觀念。如：

> 念十方佛者，昔因親狎惡友，信受其言；今念十方佛，念無等慈，作不請友；念無等智，信大導師；欲違生死之惡緣，須順菩提之正路，故須念佛。然念佛一門，修行之要津，攝心之關鍵，因此略明念佛之義。言「念」者，明記不忘為義，體即是慧。今名念者，即鄰近彰名也。然念佛不同，總有四種：一、稱名念，二、觀像念，三、觀想念，四、實相念。〔註88〕

宗密已明顯強調念佛為「修行之要津，攝心之關鍵」，但依然沒有特別強調往生西方淨土的殊勝，並總結念佛方法為稱名念、觀像念、觀想念、實相念等四種念佛，並強調「此之四等，各隨根器，從淺至深，最後為妙」〔註89〕，以實相念佛為最「妙」。這應是中國佛教史上最早歸結的四重念佛說，亦應是袾宏所舉四種念佛的來處，且如袾宏言「理一心者，一心即是實相」，以「理一心」

〔註87〕澄觀《華嚴行願品疏》，《續藏經》第 5 冊，第 98 頁。
〔註88〕宗密：《華嚴行願品疏鈔》，《續藏經》第 5 冊，第 280 頁。
〔註89〕宗密：《華嚴行願品疏鈔》，《續藏經》第 5 冊，第 281 頁。

念佛與實相念佛相對應，這不能不說是袾宏與宗密在念佛內容上的一種內在
關聯表現。

又如湯用彤先生言「澄觀之學深接禪法，至其弟子宗密而華嚴與禪二宗乃
尤近」〔註90〕，即指出宗密思想中已有禪教一致之風氣。此在宗密相關淨土往
生的內容上亦有體現。如：

> 問：何故化土有淨穢耶？
>
> 答：此有二說：一由佛本願，二由生感變。由佛願者，如阿彌
> 陀佛往昔曾為轉輪聖王，名「無諍念」，於寶藏佛所發菩提心，願取
> 淨土，利樂有情，今既果滿，亦現淨土。釋迦牟尼如來時為大臣，
> 名曰「寶海」，願攝穢土，成熟有情，故今果中，亦處穢土。言「由
> 生感變」者，由生心淨，感變淨土，故《淨名》云：「欲得淨土，當
> 淨其心」等。由生心濁，故感變穢土，如釋迦本願，十方佛土所不
> 容受惡業眾生悉生我國。又，心垢故眾生垢，心淨故眾生淨，即其
> 義也。餘義極多，緣疏文窄，不敢繁敘也。〔註91〕

對關於化土為何有淨穢的疑問，宗密主要舉出二種說法：一、由於阿彌陀佛在
因地修行時願取淨土，果位圓滿，現有西方淨土，而釋迦如來於因地修行時願
攝穢土，故今處穢土；二、眾生心的感變緣故，即由眾生心淨故感變為淨土，
而眾生心垢故感變為垢土。宗密舉此二說，顯然認為皆有其道理。此二說，不
管由佛本願而成，還是由眾生心所感變，皆以不違西方淨土實有之旨。但宗密
「由生感變」說將淨土之淨歸因於眾生之心淨，並引《維摩詰經》「欲得淨土，
當淨其心」為據，這顯然是宗密在真心、圓覺的基點上倡導禪教一致而在淨土
觀念上的一種折射。而袾宏所言「如《淨名》云：『隨其心淨，則佛土淨。』
今經言『一心不亂』，即自性彌陀，惟心淨土，為一經大旨也」〔註92〕，即在
「自性彌陀，唯心淨土」的基點上闡發攝禪歸淨，這又豈不是宗密所倡禪教一
致在晚明時代下一種新的理論進化與昇華？

相對於華嚴正統而言，李通玄往往被視為華嚴學的旁支流，如湯用彤先生
言「唐開元時有長者李通玄者，精研此經（《華嚴經》），立說亦與賢首法師不

〔註90〕湯用彤：《隋唐佛教史稿》，武漢：武漢大學出版社，2008，第 163 頁。

〔註91〕宗密：《華嚴行願品疏鈔》，《續藏經》第 5 冊，第 317 頁。

〔註92〕袾宏：《佛說阿彌陀經疏鈔》，《蓮池大師文集》，北京：九州出版社，2013，第
46 頁。

同」〔註93〕，即含此意。這旁支流在明末時期正產生著重要影響，如荒木見悟先生的考證「不可否認，通玄所論的根本與賢首、澄觀的理論多所相似，但其基於凡夫與不動智佛一體化的信念，遂產生了吸引千萬人中的名言。最典型者，為《新華嚴經論》的序言所說的：『無邊剎境，自他不隔於毫端。十世古今，始終不移於當念。』此番話語由於具有不動智佛的信念，極早便被禪門所吸收，進而長久貫串了整部禪宗史」〔註94〕，意即約由於澄觀繁雜龐大的華嚴義學詮釋未如李通玄簡便的講授易於被學人接近，抑或通玄之說更具有震撼的效果，而在明末時代大受歡迎。現將之與澄觀正統之學相比較，如魏道儒先生言「從唐代開始，李通玄的著作與華嚴祖師的著作並行於佛教界，歷宋元明清而不變。特別在明末清初，重視李通玄著作的人尤多，既有佛教界的宗師，也有信仰佛教的著名士大夫，出現了李通玄的著作比華嚴諸祖著作更流行的現象」〔註95〕，可知李通玄更得到明末學人的歡迎。

袾宏對通玄旁支流與澄觀正統持有一種圓融的態度。如袾宏言：

> 彼居士惟崇棗柏之論，其詆清涼者，言不當以信解行證分裂全經，大失經旨。不思經開信住行向地等，其分裂也抑又甚矣。然則佛亦非歟？夫行布圓融，一而二，二而一者也。必去行布，則圓融何物？因該果海，果徹因源，則先後同歸，首尾一貫，無縫無罅，何處覓其分裂也。況論有論體，疏有疏體。發明大意，莫尚乎論。委曲發明，窮深極微，疏鈔之功不可思議。二大士者，皆羽翼華嚴之賢聖，不可得而軒輊者也。〔註96〕

即當有人指責澄觀華嚴義學以信、解、行、證而分裂華嚴經之大旨時，袾宏指出，行布與圓融應相統一，而通玄與澄觀皆為輔佐華嚴的賢聖，不應重此輕彼。這顯然是對崇奉通玄、詆議澄觀者的一種通融之說。在西方淨土權實的問題上，李通玄便與澄觀等華嚴正統表現出明顯的差異性。如《華嚴合論》：

> 一、念佛力修戒發願力生於淨是化佛淨土，非真淨土，為非見性及不了無明是一切如來根本智故，是有為故，如阿彌陀經是也；

〔註93〕湯用彤：《隋唐佛教史稿》，武漢：武漢大學出版社，2008，第162頁。

〔註94〕（日）荒木見悟著：《李通玄在明代》，廖肇亨譯，《明末清初的思想與佛教》，上海：上海古籍出版社，2010，第74頁。

〔註95〕魏道儒：《李通玄的華嚴學的核心內容及其歷史地位》，《華嚴學與禪學》，北京：宗教文化出版社，2011，第102～103頁。

〔註96〕袾宏：《竹窗三筆》，《蓮池大師文集》，北京：九州出版社，2013，第423頁。

　　二、作淨土觀行所生淨土是化淨土，從心想生故，是有為故，

不見佛性本智慧故，即無量壽《觀經》是也；〔註97〕

即李通玄以《阿彌陀經》、《觀經》中西方淨土皆為非真實的化佛淨土，是權淨土，且此種見解「經常為禪家所引用，而成為他們蔑視淨土教門的最佳藉口」〔註98〕。就袾宏本人而言，是不贊成以淨土為一種不真實存在的說法的，如《淨土不可言無》「心現地獄者，墮實有之地獄；心現淨土者，不生實有之淨土乎？寧說有如須彌，莫說無如芥子。戒之戒之」〔註99〕，即強烈反對把西方淨土說成一種不真實的存在，故袾宏加以融通。對李通玄的權淨土之說，袾宏言：

　　　　十種土者，棗柏所分十種權實。雖極樂是權非實，然是且據權實對待分別言耳。若論隨機，權實無定。所以者何？彼云：「彌陀佛土，為一分取相凡夫，未信法空實理，以專憶念，其心分淨，得生淨土，是權非實。」則知就取相者，非就入理者。若理一心，即權即實，故云無定。〔註100〕

意即李通玄將淨土區分為權實，而以西方淨土是權非實，這是一種依對待分別的取向來分析權教和實教、權淨土和實淨土的見解，現若就眾生根性的取向而言，權和實則是無定的。因為李通玄是對「一分取相凡夫」，即沒有證悟空性、諦入實理的學人，而施設西方淨土，使之在事相上專心憶念佛，得以往生，這是專依取相凡夫的根機而建立權淨土；而上乘根機者念佛證入「理一心」，即權即實、權實一如，而無需權、實淨土的設教，故袾宏歸結，隨眾生的根機不同淨土亦權實無定。袾宏此說是將李通玄的權、實淨土觀納入事、理的層面進行分析，而在「理一心」上取消了李通玄權淨土的獨立性，得出其為應機設教的結論。對於西方淨土的有無，袾宏還有更明確的說明，如：

　　　　如前所明，此經（《佛說阿彌陀經》）惟智方能信受故。又分別而論，則身子權智，文殊實智。權智明有生淨土，實智明無生淨土。鈍根則從權入實，利根則權實雙融。

〔註97〕李通玄《華嚴經合論》，《續藏經》第 4 冊，第 34 頁。
〔註98〕（日）荒木見悟：《近世中國佛教的曙光——雲棲袾宏之研究》，周賢博譯，臺北：慧明文化事業有限公司，2001，第 157～158 頁。
〔註99〕袾宏：《竹窗二筆》，《蓮池大師文集》，北京：九州出版社，2013，第 407 頁。
〔註100〕袾宏：《佛說阿彌陀經疏鈔》，《蓮池大師文集》，北京：九州出版社，2013，第 68 頁。

即眾生惟依智慧才能入於《阿彌陀經》所講授的淨土境界，故對鈍根眾生應依權智設教，言有西方淨土可以往生，以此為方便而引此類眾生入於實智；而對利根眾生，應直接依實智設教，即就「理一心」而言則無有淨土往生，故權、實淨土本就不二。如此，袾宏憑依華嚴學的事理辯證，完成了對李通玄權、實淨土觀與有、無淨土說的融通。

但並不止於此，袾宏還將事理攝歸於「一心」，在「一心」的層面上對往生淨土進行說明。如：

> 交徹者，以一心原有真如、生滅二門。真如即是生滅，故理不礙事、境、心。生滅即是真如，故事、境、心不礙理。今此經者，心即是土，則一念無為，而不妨池樓鳥樹，昭佈森列；眾生信樂，隨願往生。土即是心，則七寶莊嚴，而不妨全體空寂，不立一塵，實無眾生生彼國者。則心、境、理、事，互相融攝，而為教體也。〔註101〕

袾宏指出，《阿彌陀經》以心、境、理、事的交徹無礙而有西方淨土的信樂往生，此內在修學依據還在於《起信論》「一心」之二門，即心真如門與心生滅門。就生滅門而言，一念無明即有了萬象森然的現象世界，而「一心」真如本無動搖，即「真如即是生滅」；就還滅門而言，妄念消除，回歸於不生不滅的真如法界，即「生滅即是真如」。今《阿彌陀經》依念佛而一念入於無為法界，即往生西方淨土，而現見極樂世界的萬德莊嚴，此為「心即是土」；而西方淨土萬德莊嚴皆由「一心」真際所生，本自空寂，無有纖塵，此為「土即是心」，故言淨土為有或無，皆是一種依心、境、理、事交徹無礙而不同取向的言說。從究竟而言，則「《華嚴》重重法界，不出一心。《楞嚴》十方虛空，皆汝心內。是知極樂之生，生乎自心」〔註102〕，即心、境、理、事交徹無盡，皆不離「一心」，故淨土權、實亦不出「一心」。由此，袾宏在「一心」的層面上完成了對華嚴諸師的融通。

第三節　攝禪歸淨

明朝時期中土佛教中禪宗與淨土還有相當的影響力，如郭朋先生言「明代

〔註101〕袾宏：《佛說阿彌陀經疏鈔》，《蓮池大師文集》，北京：九州出版社，2013，第30頁。
〔註102〕袾宏：《佛說阿彌陀經疏鈔》，《蓮池大師文集》，北京：九州出版社，2013，第142頁。

佛教，創新者少，因襲者多。較活躍的，主要還是禪宗和淨土；其餘各宗，都是氣息奄奄，不絕如縷」〔註103〕，但此時的淨土已成為各宗的共同信仰，並沒有作為一個獨立宗派的存在而有影響力，故在淨土教還沒能獨立成為氣候的境況下，袾宏意欲大力弘傳淨土教法，則不能不首先考慮如何協調同禪宗的關係。而如《中國佛教通史》「袾宏是晚明佛教堅持體究念佛論而主攝禪歸淨、淨土往生的真正代表」〔註104〕，可知袾宏的禪淨融合學說對明代淨土弘興具有很重要的價值，那麼袾宏又是如何闡發禪淨理論的呢？本節將進行詳細探討。

一、禪淨雙修

唐宋以來，如蔣維喬先生言「念佛宗宋以後，流傳頗廣；單非獨立一宗，凡抱天台、華嚴，乃至禪宗宗旨之人，以期念佛往生，或勸人念佛者；其人甚多，不遑枚舉」〔註105〕，佛門各宗學人多有兼修念佛者。而諸宗學人在以自宗學說對淨土信仰進行闡釋的同時，又注意在修行方法上以自宗的方法與淨土念佛相結合。單就禪宗而言，自圭峰宗密倡導禪教一致以來，永明延壽首開禪淨合流之舉，後多有兼修參禪與念佛的禪門高僧，如臨濟宗中鋒明本《勸念阿彌陀佛》偈「捷徑法門惟有念佛，一代宗師箇箇念佛，古今名賢人人念佛，我今有緣得遇念佛」〔註106〕，便以念佛為宗師名賢共認的修持捷徑。至明代時期，如郭朋先生言「自宋以後，淨土宗即已成為佛教各派的共同信仰；到了明代更是如此。其原因，出了名宗傳人對自宗的『解脫之道』喪失信心，覺得只要歸心淨土才較有把握外，更為重要的，則是由於當時反對的封建統治所造成的社會苦難更深重了⋯⋯正是在這一背景下，明代的淨土宗，才能以佛教『共宗』的姿態而繼續傳播著」〔註107〕，更是出現了各宗轉向淨土的景象。在此風潮下參禪與念佛成為一個引起較多關注的話題，而如何對待參禪與念佛亦成為袾宏處理禪淨關係的一個重要問題。

〔註103〕郭朋：《中國佛教思想史》（下卷），北京：社會科學文獻出版社，2012，第198頁。

〔註104〕《中國佛教通史》（12卷），第196頁。

〔註105〕蔣維喬：《中國佛教史》，北京：中華書局，2015，第303頁。

〔註106〕《天目明本禪師雜錄》，《續藏經》第70冊，第718頁。

〔註107〕郭朋：《中國佛教思想史》（下卷），北京：社會科學文獻出版社，2012，第291～292頁。

首先，參禪與念佛皆對袾宏求道產生有深刻影響。《雲棲本師行略》中記述了袾宏剛出家的境況，如「師出家，從南五臺性天理和尚祝髮，受具戒，進菩薩戒。法諱上袾下宏，字佛慧，別號蓮池，志西方也」〔註108〕，可知袾宏出家後先受具足戒，後受菩薩戒，而於其時，由於淨土學法義的世俗化、普及化發展，其已深受念佛往生之風的薰染。爾後，袾宏開始遊歷參學。在憨山德清《古杭雲棲蓮池大師塔銘》中記有「北遊五臺，感文殊放光。至伏牛，隨眾煉魔」〔註109〕，而這純是袾宏的個人宗教體驗，從中還看不出在學理上與其他各宗交涉的內容。隨後袾宏接觸禪宗的修學，如「時辨融、笑岩兩禪師，宗風並振。師往詣入室，多所契合」〔註110〕，即從學於辨融、笑岩兩禪師。從袾宏的著述可知，辨融禪師並沒有著作傳世，而在《竹窗二筆》中記有辨融的唯一教誡，即「無貪利，無求名，無攀援貴要之門，唯一心辦道」〔註111〕，可知辨融禪師實修體行的宗風對袾宏的深刻影響。關於笑岩禪師則存有多種記述，如《續高僧傳》「既冠，偶過講肆，聞法師講《華嚴大疏》，至十地品初地菩薩捨國城妻子頭目髓腦處，發憤歎曰：『千古猶今，同一幻夢，富貴功名，縱得奚益。』遂投廣慧院能長老出家」，可知其因聽聞澄觀的《華嚴大疏》有所感悟，乃出家發奮修行。笑岩出家後廣尋名師，參禪悟修，及其弘法「……名震海內，海內禪子，皆奔走座下矣。師隨緣開化，靡定所居」〔註112〕，其教化影響巨大甚至被杜繼文先生評為「明中葉影響最大的禪師是笑岩」〔註113〕。笑岩禪師曾自總結「予自離本師至此，入山出山，遍謁諸師，博明個事。冒寒暑於十餘年間，涉南北於數千里外，放始心猿罷跳，意馬休馳。豈此一心外更別有玄妙可得者哉」〔註114〕，即從其自己遍尋名師及參悟體驗中得出「一心」主旨，而後有袾宏引華嚴入淨土、以「一心」融攝各宗、禪淨兼修等皆不可說與笑岩禪師的影響無關。笑岩禪師的一個重要教學特徵就是將念佛與參

〔註108〕 廣潤：《雲棲本師行略》，《蓮池大師文集》，北京：九州出版社，2013，第676頁。

〔註109〕 德清：《古杭雲棲蓮池大師塔銘》，《蓮池大師文集》，北京：九州出版社，2013，第671頁。

〔註110〕 廣潤：《雲棲本師行略》，《蓮池大師文集》，北京：九州出版社，2013，第676～677頁。

〔註111〕 袾宏：《竹窗二筆》，《蓮池大師文集》，北京：九州出版社，2013，第387頁。

〔註112〕 《補續高僧傳》卷十六，《續藏經》第77冊，第484頁。

〔註113〕 杜繼文：《中國禪宗通史》，南京：江蘇人民出版社，2007，第545頁。

〔註114〕 轉引杜繼文：《中國禪宗通史》，南京：江蘇人民出版社，2007，第546頁。

禪相結合，如《笑巖北集》「……向無依無著乾淨心中準提一個阿彌陀佛，或出聲數念，或心中默念，只要字字郎然……但覺話頭鬆緩斷漸，便是意下不謹切，便是走作生死大空子，即速覺得照破伊，則自然沒處去」〔註115〕，便將念阿彌陀佛名號當做話頭，可念可參，而將淨土內容融入了禪門修習。袾宏正是在笑巖門下深受影響且「有開發」〔註116〕，然後才產生「過東昌，忽有悟，作偈曰『二十年前事可疑，三千里外遇何奇，焚香擲戟渾若夢，魔佛空爭是與非』」〔註117〕的開悟體驗。由上可知，在袾宏求道的歷程中參禪與念佛皆對袾宏產生了深刻的影響，這也是袾宏後來弘揚淨土而兼融禪宗的一個重要原因。

　　其次，袾宏強調念佛與參禪應相助益。袾宏將在念佛中運用參禪的方法稱為「參究念佛」。參究是禪宗門人體悟自心的一種用功方式，如董群先生言「禪宗強調的特色是心燈相傳，學人追求的是通過自心佛性的證得而解脫，進入自由的境界。學人的參究體證，從唐代至宋元，所依靠的方便法門是有變化的」〔註118〕，即強調禪門參究亦有多法，並與時變化。又「但在分燈禪時期，作家大士們在接引學人時，開始舉出一些古德的機緣語句來作說明，這些機緣語句，對中下根器的學人來說，不僅是參禪的入道方便了，參禪由參究自心逐漸演化為參公案，甚至像大慧宗杲所提倡的只是參公案中的某一句話，稱為『參話頭』」〔註119〕，而由各種參究體證中發展出參話頭的方法。在禪淨融合的風潮下，參話頭與持名念佛遭遇在一起，而引發了念佛與參禪的討論。對此，袾宏持兩者相益之說。第一，參禪有益於念佛。如《竹窗二筆·參究念佛》：

　　　　國朝洪永間，有空谷、天奇、毒峰三大老。其論念佛，天、毒二師俱教人看念佛是誰，唯空谷謂只直念去亦有悟門。此二各隨機宜，皆是也。而空谷但言直念亦可，不曰參究為非也。予於疏鈔已略陳之。而猶有疑者，謂參究主於見性，單持乃切往生，遂欲廢參究而事單持，言經中止云執持名號，曾無參究之說。此論亦甚有理，

〔註115〕　《笑巖北集》卷上，轉引杜繼文：《中國禪宗通史》，第544頁。
〔註116〕　德清：《古杭雲棲蓮池大師塔銘》，《蓮池大師文集》，北京：九州出版社，2013，第671頁。
〔註117〕　萬松行秀著，董群譯：《從容錄》，臺北：佛光文化事業有限公司，1997，第8頁。
〔註118〕　萬松行秀著，董群譯：《從容錄》，臺北：佛光文化事業有限公司，1997，第8頁。
〔註119〕　萬松行秀著，董群譯：《從容錄》，臺北：佛光文化事業有限公司，1997，第8頁。

> 依而行之，決定往生；但欲存此廢彼則不可。蓋念佛人見性，正上
> 品上生事，而反憂其不生耶？〔註120〕

袾宏指出，禪門巨匠天奇、毒峰教人看念佛是誰，是一種參禪與念佛相結合的修行方法，而空谷只是教人「直念去」，並沒有在念佛中突出參究的性格。對於空谷「直念」法，袾宏在《疏鈔》中言「此恐僅能事念者，自疑理性不明，所為無益。故言事得通理，以決其疑。《大勢至圓通章》云：『不假方便，自得心開』。空谷云：『不參念佛是誰，直爾純一念去，亦有悟日。』是也」〔註121〕，即空谷念佛法為事持念佛，而應與理持念佛相區分。袾宏現又指出，直念之法尚可往生淨土，而參究為明見自性主要工夫，如能參究念佛明見心性，何止僅得往生，更可得上品上生，更非空谷「直念」方法可以比擬，故念佛應加參究。第二，念佛有益於參禪。如：

> 然亦有禪兼淨土者，如圓照本、真歇了、永明壽、黃龍新、慈
> 受深等諸師，皆禪門大宗匠，而留心淨土，不礙其禪。故知參禪人
> 雖念念究自本心，而不妨發願，願命終時往生極樂。所以者何？參
> 禪雖得個悟處，倘未能如諸佛住常寂光，又未能如阿羅漢不受後有，
> 則盡此報身，必有生處。與其生人世而親近明師，孰若生蓮花而親近
> 彌陀之為勝乎？然則念佛不惟不礙參禪，實有益於參禪也。〔註122〕

袾宏指出，永明等禪門宗匠皆兼修念佛，若修禪者能往生淨土親近彌陀，必能究竟成佛，故念佛有益於參禪。但對袾宏念佛參禪互益說，如麻天祥先生言「袾宏往生極樂的思想實際上是建立在悟的內境和極樂的外境，這兩種境界劃分的基礎上。他確信淨土實有，因而強調要超生蓮邦，親近彌陀。這顯然與禪以見性為終極關懷的內在超越之境是完全不同的，但袾宏卻把它們劃分為高下而兼容並包了」〔註123〕，即指出袾宏所言的念佛有益於參禪是一種建立在淨土實有的觀念下的見解，而對以淨土為一種方便教法的禪宗學人來說，還缺少一種將西方淨土與禪門當下一悟的貫通。麻天祥先生所評確有其道理，這也正是袾宏融貫禪淨理論的煞費苦心所在，也由此有了袾宏對「自性彌陀，唯心淨

〔註120〕 袾宏：《竹窗二筆》，《蓮池大師文集》，北京：九州出版社，2013，第 395～
　　　　396 頁。
〔註121〕 袾宏：《佛說阿彌陀經疏鈔》，《蓮池大師文集》，北京：九州出版社，2013，
　　　　第 134 頁。
〔註122〕 袾宏：《竹窗二筆》，《蓮池大師文集》，北京：九州出版社，2013，第 399 頁。
〔註123〕 麻天祥：《中國禪宗思想發展史》，武漢：武漢大學出版社，2007，第 246 頁。

土」的新詮釋。

二、對慧能淨土說的會通

　　印度佛教中本就有「唯心淨土」的相關思想，而如方立天先生言「唯心淨土思想的闡揚與流傳，是佛教淨土觀念在中國發生轉型的重大標誌」〔註124〕，即「唯心淨土」在中國佛教中被廣為闡發，並形成中國特色的淨土思想。在中土「大力提倡『唯心淨土』說的是禪宗大師」〔註125〕，而其中影響最大的莫過於慧能關於西方淨土的解說。如《壇經》：

　　　　世尊在舍衛城中，說西方引化。經文分明，去此不遠。若論相說，里數有十萬八千，即身中十惡八邪，便是說遠。說遠為其下根，說近為其上智。人有兩種，法無兩般。迷悟有殊，見有遲疾。迷人念佛求生於彼，悟人自淨其心。所以佛言：「隨其心淨即佛土淨。」使君東方人，但心淨即無罪。雖西方人，心不淨亦有愆。東方人造罪，念佛求生西方。西方人造罪，念佛求生何國？凡愚不了自性，不識身中淨土，願東願西。悟人在處一般，所以佛言：「隨所住處恒安樂。」使君心地但無不善，西方去此不遙。若懷不善之心，念佛往生難到。今勸善知識，先除十惡即行十萬，後除八邪乃過八千。念念見性，常行平直，到如彈指，便覩彌陀。使君但行十善，何須更願往生？不斷十惡之心，何佛即來迎請？若悟無生頓法，見西方只在剎那。不悟念佛求生，路遙如何得達。惠能與諸人，移西方於剎那間，目前便見。各願見否？〔註126〕

慧能指出，佛經中言西方有淨土，是一種專對下根學人的說法，而對上智人又有「隨其心淨即佛土淨」的教言，故所謂淨土與穢土只在學人當下一念的迷悟。顯然，慧能的淨土觀念是建立在「即心即佛」的心性論與「識心見性」的解脫論之上的。在佛性論上，慧能以非有非無的般若觀來理解佛性，強調「即心即佛」，如洪修平先生言「它突出的是即心即佛、生佛不二，把自心的迷悟作為凡聖的唯一區別，強調識心見性，自在解脫，從而形成了種種與傳統的涅槃佛性義迥異的思想特點」〔註127〕，而把佛性、佛、眾生與人們的當下之心

〔註124〕　方立天：《中國佛教哲學要義》，北京：宗教文化出版社，2014，第 176 頁。
〔註125〕　方立天：《中國佛教哲學要義》，北京：宗教文化出版社，2014，第 176 頁。
〔註126〕　慧能：《六祖大師法寶壇經》，《大正藏》第 48 冊，第 352 頁。
〔註127〕　洪修平：《中國禪學思想史》，北京：中國人民出版社，2007，第 180 頁。

結合在了一起。顯然，慧能關注的不是經院哲學中對形上之理的繁瑣思辨，而是如何在現實中把握佛性。人們如能在現實中把握當下之心，念念無相、無著、無住，即為解脫之道上的正行。故在解脫論上，慧能認為人們如能夠在一念之際轉迷為悟，識心見性，即可剎那間悟至佛地，而強調在生活實際中自識本心，明見佛性。對於識心見性，如洪修平先生言「識心見性是慧能修行觀的總原則。既然自心有佛，自性是佛，那麼，識心見性即能自成佛道」〔註128〕，即強調禪宗修行側重於自心中了見本來清淨的佛性。故在淨土觀上，慧能基於識心見性的解脫路徑，主張「唯心淨土」，故如洪修平先生言「而慧能作為一個融攝空有的禪者，一方面繼承了道生的思想，把『唯心淨土』說落實在『行』上，另一方面又進一步把『唯心淨土』發展為『自淨其心』、『白心頓悟』的修行法」〔註129〕，即慧能在淨土觀上又突出解脫實踐的特點。慧能從「即心即佛」出發，把西方淨土與自心的迷悟聯繫在一起，認為若人迷則西方淨土無盡遙遠，若人自淨其心、由迷轉悟，則西方淨土當下即是，而將往生西方淨土的彌陀信仰轉化成自淨其心的宗教實踐。可以說，慧能這種見解極大的消解了西方淨土的外在性與獨立性。而對主張時處「末法」應以中下根人為主要弘法對象的袾宏來說，須要在學理上遵循傳統淨土學的理路，即突出西方淨土外在與實有的特性，故而對慧能淨土說加以會通。

首先，立意路徑不同。袾宏指出，慧能淨土說與傳統淨土學立意的路徑不同。如：

《六祖壇經》云：「東方人造惡，念佛求生西方。西方人造惡，念佛求生何國？」又云：「愚人願東願西。」後人執此，遂疑六祖說無西方，故為此辯。初、為門不同者，復有二：一者且據理事二門。六祖所說，是以理奪事門。若以事奪理門，則佛事門中，不捨一法，安得撥無淨土？二者晉宋而下，競以禪觀相高，直指單傳之意，幾於晦塞。於時達摩始唱，諸祖繼興，惟欲大明此道。而此道無佛無眾生；今西方者，正開示眾生趣向佛故。此道舉心即錯，動念即乖；今西方者，正教人起心念佛故。此道心境俱寂；今西方者，正以佛國為境，發心求生故。是雖理無二致，而門庭施設不同。隨時逐機，法自應爾。假使才弘直指，復贊西方，則直指之意，終無

〔註128〕洪修平：《中國禪學思想史》，北京：中國人民出版社，2007，第183頁。
〔註129〕洪修平：《中國禪學思想史》，北京：中國人民出版社，2007，第185頁。

由明矣。故六祖與淨土諸師，易地則皆然也。〔註130〕

這其中又有兩層含義。第一，從理和事來分析，慧能的說法是「以理奪事」，即通過掃蕩事相以顯現主體本具的清淨心性，而與「以理奪事」相對的是「以事奪理」，若按以事奪理的路徑理解，則佛門中無有一法不為通往究竟真理的門徑，又怎可撥無淨土？第二，由達摩開出的禪宗一道，以空為入手處而直指心性，若滯執於事相、名言，則舉心動念即乖離真如實相；而傳統的淨土法門，正以西方淨土為念想的外境而啟發修行者起信念佛。故兩者雖同以求證無上佛果為終極目標，但因對應的眾生根機差別而立徑不同。

其次，似毀實贊。袾宏認為慧能此說為似毀實贊。如：

> 二、似毀實贊者。六祖東西之說，只是勸人要須實心為善，空願無益。何曾說無西方？喻如孔子生於東魯，今有人言：「齊人造惡，慕孔子求居魯邦。魯人造惡，慕孔子求居何國。」蓋謂為善是真學仲尼，何曾說無東魯？六祖此言，正經中必以多善根得生彼國之謂也，惡得云毀？〔註131〕

袾宏指出，慧能並沒有明確否定實有西方淨土的存在，而是將西方淨土與學人自心的迷悟聯繫起來，這種見解正符合《阿彌陀經》以多善根得生淨土的說法。從《壇經》的內容來看，慧能的確沒有明確否定實有西方淨土，如洪修平先生言「但從『萬法在自性』、自心圓滿具足一切法的禪學理論出發，他（慧能）又不否定西方淨土的存在，而是以『唯心淨土』去融攝『西方淨土』」〔註132〕，而將淨土映像於學人自心的迷與悟，突出禪宗修行注重實踐的一面，故故袾宏以慧能為似毀實贊。

再次，「不為初機者」說。袾宏強調慧能是「不為初機者」說的應機施教。如：

> 三、不為初機者。六祖自云：「吾戒定慧接最上乘人。」今初心下凡，以秋毫世智，藐視西方，妄談般若。非徒無益，而又害之。故《壇經》者，慎勿示之初機。苟投非器，便落狂魔，誠可歎惜。〔註133〕

〔註130〕袾宏：《佛說阿彌陀經疏鈔》，《蓮池大師文集》，北京：九州出版社，2013，第158頁。

〔註131〕袾宏：《佛說阿彌陀經疏鈔》，《蓮池大師文集》，北京：九州出版社，2013，第158～159頁。

〔註132〕洪修平：《中國禪學思想史》，北京：中國人民出版社，2007，第185頁。

〔註133〕袾宏：《佛說阿彌陀經疏鈔》，《蓮池大師文集》，北京：九州出版社，2013，第159頁。

袾宏指出，佛法本是應機設教，且慧能已言其禪法是專為接引「最上乘人」的教設，故作為「初機」學人，還應相信實有西方淨土，而不應妄談般若，以免落入狂亂之道。

最後，記錄有訛。袾宏還認為禪門學人對《壇經》的記錄有訛。如：

> 四、記錄有訛者。壇經又言「西方去此十萬八千里」，是錯以五天竺等為極樂也。五天、震旦，同為娑婆穢土，何須分別願東願西？而極樂自去此娑婆十萬億土。蓋《壇經》皆學人記錄，寧保無訛？不然，則藉此之西域，以喻彼之西方耳。古謂「盡信書，不如無書」者，此也。〔註134〕

袾宏指出，據《阿彌陀經》西方極樂世界距離此娑婆世界有十萬億土之遙，而《壇經》僅言有十萬八千里，顯然是把古天竺國當作西方淨土了，這應該是後學記錄有誤。作為學術研究，必須以一種科學嚴謹的態度對待各種文字資料，這亦是袾宏學術精神的一種體現。

袾宏不但以上四點理由會通慧能之說，還對撥無淨土說者提出嚴厲的警戒。如：

> 況西方，千佛所讚。今乃疑千佛之言，信一祖之語。佛尚不足信，況於祖乎？明智者當為世人決疑起信……而復有人出一惡言，撥無淨土，阻人念佛，是人罪業過於前人百千萬倍，乃至無算。何以故？微塵諸佛讚歎西方，惟欲人人成佛。汝獨生謗，即是遍謗微塵如來，陷害眾生，常沉苦海，不得成佛。故罪如是。其慎辭哉！〔註135〕

意即西方淨土之說是千佛所讚，應信奉佛語，而若有人撥無淨土、阻人念佛，即是罪業無量。顯然，袾宏自是以宗教信仰的立場而言，但於此不乏表現出對慧能淨土說的一種辯證態度。

三、「自性體自靈知，是其土有佛義」

儘管慧能沒有明言否認實有西方淨土，但已將對外在西方淨土的憧憬轉移為對內在自心的關注，並如方立天先生言「禪宗的唯心淨土思想，在思維格局上與天台宗的『一念三千』、唯識宗的『唯識所變』以及華嚴宗的唯心迴轉

〔註134〕袾宏：《佛說阿彌陀經疏鈔》，《蓮池大師文集》，北京：九州出版社，2013，第159頁。

〔註135〕袾宏：《佛說阿彌陀經疏鈔》，《蓮池大師文集》，北京：九州出版社，2013，第159頁。

思想有著共同之處，所以，唯心淨土說也成為禪、天台、華嚴諸宗一時的盛談」〔註136〕，而在佛教宗派間產生了重要影響。在諸宗學說中亦多有據唯心淨土加以闡發者，如華嚴李通玄即在十種淨土分類中舉「唯心淨土」為其一。如：

> 第九唯心淨土者，自證自心當體無心，性唯真智不念淨穢，稱真任性心無恚癡，無貪瞋癡，任大悲智安樂眾生，是實淨土。以自淨故，教化眾生令他亦淨故，是故維摩經云：「唯其心淨即佛國淨，欲生淨土當淨其心。」〔註137〕

即以主體自證當體無心、真智現前為淨土，且是一種「實淨土」。天台後學亦有與「自性彌陀，唯心淨土」類似的論說，如四明知禮「全心是佛，全佛是心」的主張，即肯定佛存在於自心。禪門後學更多有相關淨土內在性的闡發。如元代臨濟宗天如惟則禪師言：

> 淨土惟心，心外無土。此惟心之土，其東無東，其西無西，四維上下含攝無餘。所謂十方微塵佛剎者，吾淨土中之剎也。三世恒沙諸佛者，吾淨土中之佛也。極樂世界彌陀世尊，亦吾淨土中之一剎一佛而已。〔註138〕

即以淨土為「惟心之土」，西方淨土阿彌陀佛亦僅「吾淨土中之一剎一佛而已」。也有倡導禪淨合一的禪門學人，如明本等禪宗祖師「雖然大力弘揚淨土，但從其根本上看，則是借淨土信仰發揮禪宗唯心淨土思想，並以此拯救日趨衰落的禪宗」〔註139〕，亦是站在禪家的立場上闡揚唯心淨土觀。故袾宏欲在明末時代諸宗融合的大潮中為傳統淨土學爭有一方之基，當不可迴避對「自性彌陀，唯心淨土」話題的關注。那麼，袾宏又如何從中闡發出淨土圓義呢？

首先，據念佛實踐進行解說。經慧能改造後「唯心淨土說」具有一個明顯特徵，就是重視在宗教實踐中對自己生命本然的體悟。袾宏不乏留意於此，故特從念佛實踐的角度加以解說。如：

> 【疏】蓋由念空真念，生入無生。念佛即是念心，生彼不離生此。心、佛、眾生一體，中流、兩岸不居。故謂自性彌陀，唯心淨土。

〔註136〕方立天：《中國佛教哲學要義》，北京：宗教文化出版社，2014，第177頁。
〔註137〕李通玄：《新華嚴經論》，《大正藏》第36冊，第759頁。
〔註138〕《天如惟則禪師語錄》，《續藏經》第70冊，第784頁。
〔註139〕紀華傳：《江南古佛——中峰明本與元代禪宗》，北京：中國社會科學出版社，2006，第158頁。

【鈔】承上殊因妙果，正由念佛至於一心，則念極而空，無念之念，謂之真念。又念體本空，念實無念，名真念也。生無生者，達生體不可得，則生而不生，不生而生。是名以念佛心，入無生忍，如後「教起」中辯。故知終日念佛，終日念心。熾然往生，寂然無往矣。心、佛、眾生者，經云：「心佛及眾生，是三無差別。」蓋心即是佛，佛即是生，諸佛心內眾生，念眾生心中諸佛也，故云一體。中流、兩岸者，娑婆喻此，極樂喻彼，始焉厭苦欣樂，既焉苦樂雙亡，終焉亦不住於非苦非樂。所謂二邊不著，中道不安也。自性彌陀，唯心淨土，意蓋如是。是則禪宗、淨土，殊途同歸。以不離自心、即是佛故，即是禪故。彼執禪而謗淨土，是謗自本心也，是謗佛也，是自謗其禪也，亦弗思而已矣。〔註140〕

袾宏指出，由念佛契入「一心不亂」之境，當下呈現出「念」的體性為「空」，即是禪門「無念之念」，而為「真念」；同理，在「一心不亂」之境中往生淨土亦無「生」體可得，此即為「生入無生」；淨土以念佛為主要方法，禪宗以悟心為宗，現兩者合流「以念佛心，入無生忍」，即是「念佛即是念心，生彼不離生此」；由念佛而念心，心佛不二，故眾生念佛，即念心中之佛，而為「心佛眾生一體」；現就心的解脫而言，娑婆世界為苦，西方淨土為樂，現由淨土念佛性證入「一心」，而超越苦、樂、非苦非樂等對待性認識，即是「中流兩岸不居」。此即為袾宏對「自性彌陀，唯心淨土」新詮釋。

在此意義上，袾宏又言「今經言『一心不亂』，即自性彌陀，惟心淨土，為一經大旨也」〔註141〕，即將《阿彌陀經》「一心不亂」與「自性彌陀，惟心淨土」等同而論，如荒木見悟先生的評價「如此一來，袾宏遂將『自性彌陀，唯心淨土』與《阿彌陀經》的『執持名號，一心不亂』結合在了一起，且宣說行者依念佛行，即可自證與體驗到『一心不亂』的境界。換句話說，『一心不亂』這一概念，在『自性彌陀，唯心淨土』這一教學原則的解釋方法上，成為『禪──華嚴』與『淨土』的結合點」〔註142〕，而打通了禪淨一致的瓶頸環

〔註140〕 袾宏：《佛說阿彌陀經疏鈔》，《蓮池大師文集》，北京：九州出版社，2013，第6～7頁。

〔註141〕 袾宏：《佛說阿彌陀經疏鈔》，《蓮池大師文集》，北京：九州出版社，2013，第46頁。

〔註142〕 （日）荒木見悟：《近世中國佛教的曙光──雲棲袾宏之研究》，周賢博譯，臺北：慧明文化事業有限公司，2001，第185頁。

節。袾宏於此最大創新就是把「自性彌陀、唯心淨土」安置於「一心」念佛的宗教實踐中加以闡發，而把《阿彌陀經》「一心」念佛與禪門修行的當下「自心」緊緊聯繫在一起，從而得出「禪宗淨土，殊途同歸」的結論。

其次，聯繫「靈知」進行闡釋。袾宏又在「靈知」的基點上對「自性彌陀，唯心淨土」進行闡發。前已述及，袾宏把「一心不亂」區分為「事一心」與「理一心」，現又把「自性彌陀，唯心淨土」與「理一心」等同起來，如「今謂自性唯心，正指經中理一心不亂言耳，上智乃克承當，鈍根未能領荷」〔註143〕，即以之對應於上智眾生的「理一心」。袾宏在「事一心」層面上主張實有西方淨土，而為傳統淨土學保有一方藍天，又在「理一心」層面上暢言「自性彌陀，唯心淨土」而與禪宗等相融通，這亦是發揮華嚴學圓融精神的一種表現。

袾宏又將「自性彌陀，唯心淨土」同「靈知」聯繫起來。如袾宏言：

> 今謂達摩說禪，直指靈知之自性也。此理一心，正靈知自性故。
> 門庭施設不同，而所證無兩心也。〔註144〕

意即「理一心」正是「靈知自性」。宗密曾總結菏澤神會禪法，而以達摩禪法心要為「空寂之心，靈知不昧」，而強調「靈知」。袾宏在闡釋「一心」內涵時已言「性而曰自，法爾如然，非作得故，是我自己，非屬他故。此之『自性』，蓋有多名，亦名『本心』，亦名『本覺』，亦名『真知』，亦名『真識』，亦名『真如』，種種無盡。統而言之，即當人靈知靈覺本具之一心也。」，即突出「一心」本具「靈知靈覺」的一面。於此又可看出袾宏對宗密的承接。

進而，袾宏在「自性體自靈知」的基點上對「自性彌陀，唯心淨土」進行闡釋。如：

> 試觀自性，欠少何事？靈知體上，彌陀聖眾終日現前。常寂光
> 中，極樂淨邦無時不往。〔註145〕

即以眾生自性本具萬法，而將阿彌陀佛現前與往生極樂淨土皆歸結為「靈知」的勝妙之用。且袾宏更直言「稱理，則自性體自靈知，是『其土有佛』義」〔註146〕，

〔註143〕袾宏：《佛說阿彌陀經疏鈔》，《蓮池大師文集》，北京：九州出版社，2013，第 7 頁。

〔註144〕袾宏：《佛說阿彌陀經疏鈔》，《蓮池大師文集》，北京：九州出版社，2013，第 131 頁。

〔註145〕袾宏：《佛說阿彌陀經疏鈔》，《蓮池大師文集》，北京：九州出版社，2013，第 144 頁。

〔註146〕袾宏：《佛說阿彌陀經疏鈔》，《蓮池大師文集》，北京：九州出版社，2013，第 72 頁。

即為袾宏「自性彌陀，唯心淨土」闡發的點睛之語。顧偉康先生曾將袾宏歸納為「理智型」禪淨合一者，如「所謂理智型，是指繼承宗密、延壽的思想，從理事雙修的角度出發，宣揚禪淨合一者……其最典型的代表者，要數號稱『明四家』的雲棲袾宏、紫柏真可、憨山德清和蕅益智旭」〔註147〕，強調「明四家」在禪淨合一理論闡發上具有「理事雙修」的特徵。其中袾宏在靈知的基點上闡發「自性彌陀，唯心淨土」的實踐與理論意義，倡導禪淨統一，顯然是在明時代下對宗密靈知說的一種運用、發揮，可謂是承永明延壽以來在心性論高度上倡禪淨合一的傑出典範。

四、攝禪歸淨

　　儘管袾宏提倡禪淨一致，但其對淨土與禪宗的態度是不同的。如袾宏言：

　　　　三、境行一對者，以境為宗、令起行為趣。境即是所觀之理，對能觀之智，故名為境。言崇尚此理，其意云何？既知彌陀自性，淨土唯心。正欲即此以為真境，而起觀行，執持名號，一心不亂，是其趣也，不徒為曉達此理而已。〔註148〕

即袾宏對「宗趣」進行發揮，以所崇尚的法義為「宗」，法義所指向的目的為「趣」，而貫徹於禪淨關係中，「自性彌陀，唯心淨土」法義建立的理境即為「宗」，依此理境起觀行，證入「執持名號，一心不亂」即為「趣」。袾宏通過「宗」「趣」辯證將《阿彌陀經》「執持名號，一心不亂」的主旨凸顯出來，而表明袾宏以淨土為主導、禪宗為輔從的態度，如日本學者忽滑谷快天先生言「如斯宏表融合禪淨，同時陰信淨業為勝」〔註149〕，即含此意。總體來說，袾宏以淨土為主導、禪為從屬的做法可謂為攝禪歸淨。除此之外，袾宏還通過如下幾個方面表現出來的：

　　首先，念佛更勝參禪。從解脫方便而言，袾宏認為念佛更勝於參禪。如《重修雲棲禪院記》「大都主以淨土，而冬專坐禪，餘兼講誦」〔註150〕，便記有袾宏在日常修習中對學人的要求，即主張淨禪雙修而以淨土為主。又如《竹窗三

〔註147〕顧偉康：《禪淨合一溯源》，上海：上海社會科學院出版社，2012，第171頁。
〔註148〕袾宏：《佛說阿彌陀經疏鈔》，《蓮池大師文集》，北京：九州出版社，2013，第32頁。
〔註149〕（日）忽滑谷快天著，朱謙之譯：《中國禪學思想史》，上海：上海古籍出版社，1994，第796頁。
〔註150〕袾宏：《重修雲棲禪院記》，《蓮池大師文集》，北京：九州出版社，2013，第498頁。

筆‧教人參禪》：

> 參禪人之誤，教參禪者誤之也。或問：「教人參禪，是欲起直指
> 之道於殘燈將爐之日，曷言乎誤之也？」予曰：「道雖人人本具，而
> 亦人人所難，苟非利根上智，卒莫邊岸，奈何概以施之。譬如蓁士
> 者，得屑屑懦怯，僅可執旗司鼓。而授之以朱亥之錘，云長之刀，
> 典韋之戟，其不振掉而顛蹶者幾希矣，安望其有斬將擒酋，攻城破
> 壘之功乎？其或自亦才離上大人丘乙巳，而教人以制科文字，亦舛
> 矣！」〔註151〕

即袾宏指出，唯有「利根上智」方可教之參禪。而對大多數中下根智眾生，如
袾宏言「於自本心，曾未開悟，而輕談淨土，蔑視往生，為害非細。所謂『豁
達空，撥因果，莽莽蕩蕩招殃禍』者也」〔註152〕，而應老實念佛尚得往生。
佛教的教化可以說是以生死解脫為核心展開的，而念佛與參禪皆為佛教生死
解脫的方法，可謂各有殊勝。袾宏則強調，念佛可借助彌陀願力直臻佛境，而
在生死解脫上具有易行性、方便性，更適宜「末法」時代的大多數鈍機眾生，
故念佛更較參禪為勝。顯然，這也是袾宏在禪淨關係中確立淨土主導地位根據
之一。

其次，融參禪於念佛。袾宏又在修行方法上融參禪於淨土念佛中。參話頭
是參禪的一種重要方法，如董群先生言「宗杲提出自己的禪法參究方法——參
話頭。這不同於默照禪，也不是大立文字的參究公案，而是把一些公案中的關
鍵性語句拈提出來，當做參究對象」〔註153〕，即指出參話頭的主要特徵。而
在參究實踐中，又如董群先生言「具體參話頭的方法是要時時『提撕』話頭，
除卻一切妄念，沒有顛倒之心，思量分別之心，貪生怕死之心，知見之心，喜
靜惡鬧之心，只有一個話頭，行也體撕，坐也體撕，喜怒哀樂時也體撕，帶人
接物時也體撕。體撕到心中就像放了一團熱鐵一樣，保持住這種狀態，就能頓
然心地放光明」〔註154〕，即由「體撕」話頭而實現對心的參究。這亦可在袾
宏「理一心」念佛中體現出來，如袾宏言「體究無間，是謂理持」，即以理持

〔註151〕 袾宏：《竹窗三筆》，《蓮池大師文集》，北京：九州出版社，2013，第 422 頁。
〔註152〕 袾宏：《佛說阿彌陀經疏鈔》，《蓮池大師文集》，北京：九州出版社，2013，
　　　　第 8 頁。
〔註153〕 大慧宗杲著，董群點校：《正法眼藏》，鄭州：中州古籍出版社，2016，第 8
　　　　頁。
〔註154〕 董群釋譯：《正法眼藏》，臺北：佛光事業有限公司，1997，第 16 頁。

念佛主要工夫為「體究無間」。袾宏對於「體究」又有詳細的解說。如：

> 體究者，聞佛名號，不惟憶念，即念反觀，體察究審，鞫其根
> 源。體究之極，於自本心。忽然契合。〔註155〕

即在稱名念佛中即念反觀，體察究審念佛之念的根源，而能與自本心契合。又：

> 不知體究念佛，與前代尊宿教人舉話頭、下疑情，意極相似。
> 故謂「參禪不須別舉話頭，只消向一句阿彌陀佛上著到。」妙哉言
> 乎。〔註156〕

袾宏即言，體究念佛與禪宗參話頭極為相似，現「體究念佛」只需向一句阿彌陀佛佛號上用功，不需再舉話頭。換句話說，袾宏是用佛號代替了一句話頭，故亦可謂為參佛號。元代的斷雲智徹禪師曾開有參究念佛一法，但袾宏是淨土行願導向下的體究念佛，與之還有著相當的區別。董群先生有言「禪宗中經常有這樣的情形：某一種方法或手段最先並不是某禪師首創，但他引入後能夠創造性地運用，賦予它嶄新的意涵。這就是模仿創新的作用」〔註157〕，現袾宏在淨土行願的大框架下把參話頭的體究機理運用於持名念佛，融淨土學以禪的內涵，亦可謂是淨土學上的一種模仿創新。

　　再次，對「即心即佛」的淨土學改造。禪宗強調眾生本性與佛的本性的統一，以佛的本性為眾生本自圓滿具足而把佛性落實於眾生的「自心」，即為「即心即佛」。如董群先生言「在《壇經》中，慧能似乎並沒有作出『即心即佛』這樣的精練概括，但這種思想已經完整地構建完成了。他（慧能）說：『若欲覓佛，但識佛心眾生，即緣有眾生，離眾生，無佛心。』這就是即心即佛」〔註158〕，便強調禪宗於慧能時即已成熟即心即佛的心性意涵，而其思想又由對心、佛、眾生的相關詮釋表現出來。袾宏亦據此言「即心即佛」，而「他（袾宏）教人『之下鈍了此心，本來是佛』，與人說法，因勢利導，要學人『信得及』、『見得徹』、『即心即佛』的道理，顯然也是對禪宗思想的有目的改造」〔註159〕，故袾宏言「即心即佛」又是別有用心，可以說其真正目的

〔註155〕袾宏：《佛說阿彌陀經疏鈔》，《蓮池大師文集》，北京：九州出版社，2013，第128頁。

〔註156〕袾宏：《佛說阿彌陀經疏鈔》，《蓮池大師文集》，北京：九州出版社，2013，第124頁。

〔註157〕董群：《禪與創新》，臺北：東大圖書公司，2007，第120頁。

〔註158〕董群：《祖師禪》，杭州：浙江人民出版社，1997，第90頁。

〔註159〕麻天祥：《中國禪宗思想史略》，北京：中國人民大學出版社，2007，第236頁。

就是攝禪歸淨。如：

> 一謂即心是佛，何必捨己念彼？不知即佛是心，不妨念佛故。
>
> 良由即心是佛，豈不即佛是心？但執念心，不許念佛，則心佛是二，
>
> 即義不成。是以念佛念心，兩不礙故。〔註160〕

意即禪門由觀心為修證成佛的門徑，為「即心是佛」，而淨土宗以持名念佛證悟心的本然，為「即佛是心」，此二者不應執為兩撅。於此，袾宏正是在心佛不二的意義上融通「即心是佛」與「即佛是心」，而將禪宗「即心即佛」融入淨土心性論。

若僅就由眾生之心而實現眾生與佛的統一的方面而言，這是《華嚴經》、《大乘起信論》等經論中共有的思想，亦是禪宗、天台、華嚴的共有內容，還看不出禪宗自己的特色。而如洪修平先生言「他（慧能）所說的眾生與佛不二，並不是就『理』而言，而是就『行』立論的」，可知禪宗心性論的獨特品性，即慧能之「即心即佛」更注重在實踐上的宗教體悟。故袾宏亦然注意在念佛實踐中突出「即心即佛」。如：

> 如斯會得，終日念佛，終日念心。終日念心，終日無念。即心
>
> 即佛，非佛非心，是則名為真念佛者。〔註161〕

即能夠在念佛實踐中做到由念佛而念心，由念心而無念，便是「即心即佛，非佛非心」，才為「真念佛者」。由此，袾宏通過對「即心即佛」的新詮釋更豐富了淨土心性理論，其中透露的正是攝禪歸淨的意圖。

第四節　融戒歸淨

袾宏作為一名佛教學僧，同時又是晚明時期佛教戒律、儀軌等的倡導者與建設者。如《靈峰蕅益大師宗論》中曾記有蕅益智旭在雲棲袾宏像前求授戒一事：

> 智旭生於萬曆己亥，二十四歲壬戌，為天啟二年，痛念生死事
>
> 大，父未葬，母不養，決志出家。時紫柏尊者已寂園中，雲棲老人
>
> 亦遷安養，憨山大師遠遊曹溪，力不能往，其餘知識，非予所好。

〔註160〕袾宏：《佛說阿彌陀經疏鈔》，《蓮池大師文集》，北京：九州出版社，2013，
　　　　第 125 頁。

〔註161〕袾宏：《佛說阿彌陀經疏鈔》，《蓮池大師文集》，北京：九州出版社，2013，
　　　　第 134 頁。

乃作務雲棲，坐禪雙徑，訪友天台，念念趨向宗乘，教律咸在所緩。

後因幾番逼拶，每至工夫將得力時，必被障緣侵擾。因思佛滅度後，

以戒為師，然竟不知受戒事，何為如法，何為不如法，但以雲棲有

學戒科，遂從天台躡冰冒雪，來趨五雲，苦到懇古德法師為阿闍梨，

向蓮池和尚像前，頂受四分戒本。〔註162〕

從文中可知，蕅益每於「工夫將得力」之際「必被障緣侵擾」，才憶知佛陀「以
戒為師」的告誡，而在袾宏像前「頂受四分戒本」。由晚明時期「戒律荒廢、
授戒有名無實的現狀」〔註163〕，可知其時戒學傳承之稀貴，而更顯示出袾宏
戒學影響之弘大。關於袾宏的佛教律儀建設貢獻的內容，王建光先生已在《中
國律宗通史》中以重視律學撰述、重視《梵網經》、重視佛教軌儀建設等三個
部分詳細解說，於此不再贅述。而袾宏受晚明時期三教合一、教內諸宗融合的
大趨勢影響，亦在戒學思想中表現出禪、教、淨、戒融合的特色，此亦是其融
合思想中的重要內容，本節將詳加探討。

一、以戒為宗

佛陀入滅前即有「以戒為師」的告誡，佛教行人謹遵此教，這可反應出戒
在佛教修行中具有著極其重要的地位。袾宏亦對戒無比重視。

首先，「心戒為宗」。戒、定、慧三學實為佛法的根本，如《三藏法數》「如
來立教，其法有三：一曰戒律，二曰禪定，三曰智慧。然非戒無以生定，非定
無以生慧，三法相資，不可缺一」〔註164〕，即言戒定慧「三法相資，不可缺
一」而為佛教修學的核心，且從戒生定、定發慧的次第決定邏輯言，戒實為定
慧之根本。袾宏亦依此重視戒的作用。如袾宏言：

自迷心而起於惑海，浩爾難窮。乃因心而建以法門，茫乎無量。

然而法必有紀，事斯可循。繇是無量而約以恒沙，恒沙而約以八萬，

又約之則從萬而千，又約之則從百而十，又約之則六度張其大目，

又約之則三學總其宏綱。而復融會乎三，捃束為二，雙配故云定慧，

單舉則號毗尼。斯蓋溯流及源，全歸此戒。緣名覓體，惟是一心。

心攝也，遊念斂而湛寂生。心寂也，定力深而慧光發。三學既備，

〔註162〕 蕅益智旭：《靈峰蕅益大師宗論》，《嘉興藏》第 36 冊，第 350 頁。

〔註163〕 賴永海主編：《中國佛教通史》（第 12 卷），南京：江蘇人民出版社，2010，
第 463 頁。

〔註164〕 《大明三藏法數》，《大正藏》第 181 冊，第 579 頁。

六度自修，無量法門皆舉之矣。〔註165〕

袾宏指出，佛教修行方法皆因心建立，心有無量煩惱，即對應有無量修行門，可約簡為六度，再約即戒定慧三學，三學又「全歸此戒」，而戒之體即為「一心」；又從修行實踐的方面言，持戒攝心，而心寂為定，定能發慧，由三學而統攝無量法門，故戒為一切法之宗。袾宏於此將戒體追溯於「一心」真際，而在「一心」的層面上由戒攝心，生定發慧，舉攝無量法門。可以看出，袾宏注重在「一心」的層面上言戒體，如此即可以理解其言「大哉戒也，其一切法之宗歟」〔註166〕，即將戒與「一心」緊密結合起來建立戒的宗義。又如「若依名、體、宗、用、教相，則此乃兼人法喻為名，實相心地為體，執持心戒為宗，滅惡生善為用，最初乳味為教相」〔註167〕，即在心戒一如的意義上直言「心戒為宗」。

其次，「一心持戒」。在持戒實踐上袾宏闡發「一心持戒」的意涵。如：

> 一心者，無二心也。一心不亂，始名持誦也。按一心念佛，有事有理。此亦應爾。事一心者，以心守戒，持之不易，誦之不忘，無背逆意，無分散意，心不違戒，戒不違心，名一心也。理一心者，心冥乎戒，不持而持，持無持相，不誦而誦，誦無誦相，即心是戒，即戒是心，不見能持所持，雙融有犯無犯，名一心也。〔註168〕

袾宏在《疏鈔》中依理事辯證而闡發「一心不亂」為「事一心」與「理一心」，現對應於持戒而為「事一心」持戒與「理一心」持戒。「事一心」持戒即以心守戒，無有背逆、分散等；「理一心」持戒即在事持的基礎上心與戒相冥符，即戒即心，即心即戒，已然超越戒的能持與所持之戒的對立。顯然，「事一心」持戒還屬於一種事相層面上的道德意志規範行為，而「理一心」持戒已契入「一心」真際，為理境上真如自性的自在呈現。袾宏於此以理事辯證發揮持戒義，其中不乏透露出心、戒、理、事無礙圓融的內涵，而為引導律學歸向淨土作了重要的理論鋪墊，如《中國佛教通史》的評論「由心戒一體進而戒淨一

〔註165〕袾宏：《梵網菩薩戒經義疏發隱》，《梵網經注疏》，北京：線裝書局，2016，第1頁。

〔註166〕袾宏：《梵網菩薩戒經義疏發隱》，《梵網經注疏》，北京：線裝書局，2016，第1頁。

〔註167〕袾宏：《梵網菩薩戒經義疏發隱》，《梵網經注疏》，北京：線裝書局，2016，第43頁。

〔註168〕袾宏：《梵網菩薩戒經義疏發隱》，《梵網經注疏》，北京：線裝書局，2016，第181頁。

致、念佛即持戒，足以表明雲棲袾宏的戒律之學並非中國佛教律宗所闡揚的理路取向，而是具有明顯的攝戒歸淨、攝戒歸心的圓融傾向」〔註169〕，即指此意。

再次，尤重菩薩戒。袾宏又在各種戒法中非常重視菩薩戒。前文已言，佛教修行以發菩提心為大乘的入道要門，淨土修學亦以菩提心為綱。佛教中有多種發菩提心的修學方法，如授菩薩戒、按儀軌發心等，而在中國漢傳佛教中特別注重授菩薩戒的方法，如《中國佛教通史》言「作為出家佛教徒與在家佛教徒共同修持的菩薩戒，在晚明佛教界得到了前所未有的高度重視，普遍強調把菩薩戒貫穿於佛教修行與佛法弘化活動中」〔註170〕。袾宏依智者《菩薩戒義疏》作《戒疏發隱》，而廣闡菩薩戒義。袾宏先在《戒疏發隱》中對菩薩戒與聲聞乘戒進行對比。如：

> 顧本其類也，有小乘，有大乘。而別其戒也，曰聲聞，曰菩薩。一則清修外慎，而身絕非為；一則正觀內勤，而心無愆念。一則守己便名無犯，澤匪旁兼；一則利他方表能持，道非有我。一則隨事設匡維之制，漸就良模；一則當時陳畫一之規，頓周善法。一則精嚴分齊，局為僧尼；一則剖破藩籬，統該緇素。一則依制止稱制止，遵故轍而明近功；一則即律儀超律儀，運神機而樹偉績。
>
> 體既如是，用胡不然？其滅惡也，或如朝曦泮冰，遲久而堅凝未動；或如紅爐點雪，剎那而影跡無存。其生善也，或如嬰兒學語，片言而塞吃連朝；或如大造回春，萬卉而萌芽一旦。其度生也，或如流螢燭地，光生跬步，而僅為蟻徑之資；或如杲日麗天，暉映虛空，而普作人寰之益。霄壤不足評其勝劣，日劫何所喻其高卑！〔註171〕

佛陀依世間制定戒律，目的是為了出世。出世間法戒可分類為小乘戒與大乘戒，又別稱為聲聞戒與菩薩戒。兩者在戒法內容上有很多相似之處，但由於發心的不同，而有非常大的區別。通過對比，袾宏指出，菩薩戒在不僅重身行，還重修心，不惟守己，而以利他為主，不惟隨事設制，還頓周善法，不僅限僧

〔註169〕賴永海主編：《中國佛教通史》（第12卷），南京：江蘇人民出版社，2010，第478頁。

〔註170〕賴永海主編：《中國佛教通史》（第12卷），南京：江蘇人民出版社，2010，第467頁。

〔註171〕袾宏：《梵網菩薩戒經義疏發隱》，《梵網經注疏》，北京：線裝書局，2016，第1～2頁。

尼，還普及在家弟子，雖有戒相，而不拘於戒相等，且又在滅除惡業、生起諸善、廣度眾生方面更比聲聞戒具有無比的卓越性，故兩者具有「霄壤」之別。進而，袾宏強調菩薩戒為一切戒之宗。如：

> 故知欲入如來乘，必應先受菩薩戒。緣此戒而發抒萬行，則普賢願王。緣此戒而廓徹孤明，則文殊智母。諸佛所同揚之標幟，千賢所共履之康莊。大哉菩薩戒也，其一切戒之宗歟……〔註172〕

即指出菩薩戒為入大乘佛法的必由之門，由此方可發抒無量菩提行，一切諸佛無不經由此門而證無上菩提，故菩薩戒為一切戒之宗。

二、戒與禪、教相融通

袾宏亦以戒與禪、華嚴、天台等相融通。由於袾宏戒律學具有心戒一如的特色，故在戒與禪、教的融通上亦注重在心性層面上的融通。

首先，賢戒融通。袾宏在《阿彌陀經疏鈔》中已廣泛闡發「一心」內涵，其理論來源的主要為《起信論》「一心」思想與華嚴心性學說，並融有禪宗「即心即佛」的意涵，現又將之貫徹於《發隱》中，而為戒與禪、教融通的心性理論基礎。如《戒疏發隱》開篇即言：

> 聞夫心、佛、眾生，一而已矣。生本即佛，佛本即心。心自不生，戒將焉用？〔註173〕

《華嚴經》有「心佛及眾生，是三無差別」〔註174〕之語，袾宏則言「心、佛、眾生，一而已矣」，又禪宗有「即心即佛」，袾宏於此發揮為「生本即佛，佛本即心」，由此可見袾宏據華嚴、禪宗心性學闡發心戒一如義，而為戒、禪、教融通作了心性理論上的鋪墊。

佛教傳統的觀點認為《梵網經》與《華嚴經》是相通的。梵網，原指大梵天王宮的因陀羅網，有千重千光，光光互攝，無有相礙。在《梵網經》中佛說無量世界猶如梵網之網孔，並以梵網喻指佛教的廣大法門，相攝無盡，無有相礙。如《梵網經》開章即云：

> 爾時，釋迦牟尼佛在第四禪地中摩醯首羅天王宮，與無量大梵

〔註172〕袾宏：《梵網菩薩戒經義疏發隱》，《梵網經注疏》，北京：線裝書局，2016，第2頁。
〔註173〕袾宏：《梵網菩薩戒經義疏發隱》，《梵網經注疏》，北京：線裝書局，2016，第1頁。
〔註174〕《華嚴經》，《大正藏》第9冊，第465頁。

天王不可說不可說菩薩眾，說蓮花臺藏世界盧舍那佛所說《心地法
門品》。〔註175〕

意即釋迦牟尼佛在第四禪天摩醯首羅天王宮中為無量大梵天王與大菩薩，轉
述了蓮花臺藏世界盧舍那佛所說的心地法門品。因在《華嚴經》中毗盧遮那佛
為法身佛，是蓮華臺藏世界的教主，盧舍那佛為報身佛，故一般認為《梵網經》
與《華嚴經》是相通的。袾宏亦言「蓋此經是華嚴流類，天真父子，非異非同，
幸毋以常格局之」，即把《梵網經》歸屬於華嚴類經典，並在《戒疏發隱》中
以華嚴學對《梵網經》義理進行發揮。

其次，禪戒融通。如王建光先生言「禪宗的興盛，在一定程度上影響了傳
統佛教戒律的持守，或者是淡化了戒律的作用，這一點至少給人的印象或被認
為是這樣的」〔註176〕，即意指禪律間表現出一種緊張關係。晚明時期，諸宗
融合的趨勢更加明顯，隨著狂禪狂儒的盛行，僧人戒律日益鬆懈，似乎更表明
禪律之間難以和會的事實，如曾受戒於雲棲的臨濟禪僧法藏所言「蓋以禪人忽
律而重心，戒師執相而遺體。自戒壇一閉，儀法盡亡，相顧譏訶，難於和會」
〔註177〕，即從學理上歸結禪、戒難以和會的原因。袾宏亦對禪、律關係有自
己的理解。如袾宏對晚明叢林禪、講、律現狀的描繪：

禪、講、律，古號三宗，學者所居之寺、所服之衣，亦各區別。
如吾郡，則淨慈、虎跑、鐵佛等，禪寺也；三天竺、靈隱、普福等，
講寺也；昭慶、靈芝、菩提、六通等，律寺也。衣則禪者褐色，講者
藍色，律者黑色。予初出家，猶見三色衣，今則均成黑色矣；諸禪
律寺均作講所矣。嗟乎！吾不知其所終矣！〔註178〕

意即禪、講、律三門之間愈來愈表現為界限模糊不清的現狀。儘管袾宏倡導諸
宗融合，但其並不願意看著禪與律日漸各失去其本色，而逐漸與「講」混同，
並對這種發展趨勢十分悲觀。袾宏還對那些口中空談禪語、行止上失卻戒律的
種種表現甚為不滿。如《竹窗二筆·菩薩》：

人見如來彈斥偏小，讚歎大乘，知菩薩道所當行矣；然不審其
實，而徒假其名，為害滋甚。是故未能自度先能度人者，菩薩也；

〔註175〕《梵網經》，《大正藏》第 24 冊，第 997 頁。
〔註176〕王建光：《中國律宗通史》，南京：鳳凰出版社，2008，第 352 頁。
〔註177〕法藏：《弘戒法儀》，《續藏經》第 60 冊，第 576 頁。
〔註178〕袾宏：《竹窗二筆》，《蓮池大師文集》，北京：九州出版社，2013，第 388 頁。

因是而己事不明，好為人師，則非矣！六度齊修，萬行兼備者，菩薩也；因是而專務有為，全拋心地，則非矣！無惡名怖，乃至無大眾威德怖，坦然自在者，菩薩也；因是而聞過不悛，輕世傲物，則非矣！即殺為慈，即盜為施，乃至即妄言成實語，種種權宜方便，不可以常情局者，菩薩也；因是而毒害劫奪欺誑，甚而破滅律儀，撥無因果，如古謂「飲酒食肉不礙菩提，行盜行婬無妨般若」，則非矣！此則徇名失實，不善學柳下惠，而學步於邯鄲者也。大道無成，業果先就，慎之慎之！〔註179〕

袾宏即批評這種自我標榜菩薩的行為實屬違反戒律的虛妄行徑。從文中所列舉的破壞律儀、撥無因果、徇名失實等行徑來看，當是袾宏緊密聯繫現實中禪門僧人無忌破壞戒律的各種現實表現而發的感慨，但這並不表明袾宏具有重律抑禪的傾向。如《竹窗二筆・佛印》言：

東坡詩有「遠公沽酒延陶令，佛印燒豬待子瞻」之句。予謂大解脫人不妨破格相與，然沽酒猶可，燒豬不已甚乎？假令俠客藉口子瞻，狂僧傚顰佛印，初始作俑，誰當其辜？故此事未可信。古謂詩人託物比興，不必實然，是也。脫有之，子瞻且置，佛印依律趨出院。〔註180〕

即袾宏認為，不妨在一定程度上寬容對待有證量的宗匠，但如超出一定限量，哪怕佛印之類有證量的禪師亦應被「依律趨出院」。此可在一定程度上反應出袾宏對待禪、戒的態度，即以律正禪，兼顧禪律。又如《竹窗二筆・傳燈》言：

自拈花悟旨，以至舂米傳衣，西域此方，燈燈續照。而黃梅之記曹溪曰：「向後佛法由汝大行。」乃南嶽青原燦為五宗，大盛於唐，繼美於宋，逮元尚多其人，而今則殘輝欲燼矣！所以然者，無其種故也。祖師云：「汝學心地法門，如下種子；我說法要，譬彼天澤。」然則既無其種，天澤何施？今剃髮染衣者雖徧滿域中，然皆外騖有為緣事；其近裏者，又不過守律飭躬，誦經禮懺而已。其誰發無上菩提之心，單提此事，孜孜密密，扣己而參，不捨寸陰，而必求正悟者哉？乃欲望空田之獲粟，責露柱以生花，無是理也。〔註181〕

〔註179〕　袾宏：《竹窗二筆》，《蓮池大師文集》，北京：九州出版社，2013，第411頁。
〔註180〕　袾宏：《竹窗二筆》，《蓮池大師文集》，北京：九州出版社，2013，第378頁。
〔註181〕　袾宏：《竹窗二筆》，《蓮池大師文集》，北京：九州出版社，2013，第409頁。

意即心地法門猶如種子，禪宗憑依此才得以遞相傳延，未曾斷絕，若無心法相續，儘管有僧人「守律飭躬」、「誦經禮懺」，也僅是留有佛教修行的形式而為「殘輝欲燼」。在此段議論中，袾宏將戒律與禪門心法分別喻為田地與種子，故在修行中如無心法之種子，即使恪守佛門戒律，亦是「望空田之獲粟，責露柱以生花」，而無法修證得果。由此又可看出，袾宏在禪律關係上以禪宗心地法義為本的態度。

在禪與戒的融通上，袾宏亦注重心地法義的闡發。如：

> 言本宗者，即禪宗故，此宗即是心為宗故。心者群經之祖，萬法之源。「心地」二字，攝菩薩戒無弗盡故。又此心即是《大華嚴》故。〔註182〕

即「心」總統群經、融攝萬法。在此意義上，因《梵網經》含有心地為宗的意涵，而禪宗「即是心為宗」，故為《梵網經》的「本宗」。由此，袾宏把《梵網經》歸屬於禪宗。袾宏又依判教之理進行說明。如：

> 此經名《菩薩戒》，不問偏圓淺深，一切菩薩所共學也。若單約，則文中座起次第而說，屬別教攝。若約五教，則文中受佛戒即入佛位，屬頓教攝。又一舍那化千百億，千百億即捨那本身，屬圓教攝。
> 蓋別也、頓也，而兼乎圓者也。判教者毋拘焉。〔註183〕

意即若依天台學系判教，《梵網經》可歸屬為別教；而若依華嚴學系判教，《梵網經》可歸屬為圓頓教。在華嚴判教中歸屬禪宗為頓教，而屬於圓頓教的《梵網經》怎能為禪宗的下屬，故此與袾宏之說似乎矛盾。對此，袾宏又加以融通。如：

> 清涼贊天台四教，理致圓備。而五教加「頓」，補臺之備而未備也。以達磨一宗，無可安著，聊判歸「頓」。而實「頓」有二義：一、但頓，二、圓頓。此禪宗正圓頓之頓。然何以不名為圓？良緣專重直指見性，以破漸宗。於法界緣起之義，雖具在中，而非所重，救時為急，無暇論故。如阿伽陀藥，雖有輕骨之能，療病為急，無暇論故，不可遂謂無斯能也。又此宗本曰教外別傳，則小乘、大乘，一切乘所不能收，四教、五教，一切教所不能攝。不惟出彼漸階，

〔註182〕 袾宏：《梵網菩薩戒經義疏發隱問辨》，《梵網經注疏》，北京：線裝書局，2016，第 242 頁。

〔註183〕 袾宏：《梵網菩薩戒經義疏發隱》，《梵網經注疏》，北京：線裝書局，2016，第 25～26 頁。

　　亦復不居頓格。非但超乎頓位，亦復不受圓名。賢首判頓，亦不得

　　已而姑為寄位云爾，豈可真以位分拘耶？〔註184〕

意即華嚴系判教中的「頓」有兩種義，即「但頓」與「圓頓」，而禪宗應屬於「圓頓」之頓教。華嚴判禪宗為頓教，是針對禪宗直指人心、明心見性的特徵而作的判攝，但此並不能表明禪宗法義中沒有圓義，如禪宗亦有法界緣起等意涵可為證明。雖然禪宗法義中具有圓義，但這不是華嚴教相判攝所突出的重點而略之，故禪宗亦為圓頓之教。在此意義上，袾宏以「心地為宗」的《梵網經》與「是心為宗」的禪宗同具圓頓，完成了戒與禪宗融通的論說。

　　再次，臺戒融通。袾宏作《戒疏發隱》本就是受天台智者的重要影響。如：

　　七佛而來譯主，字字傳音。惜乎雖具全經，未彰妙疏。緬惟智

　　者，始創微言。洎我愚夫，重披隱義。曠劫波靈臺之秘典，何幸躬

　　逢。數聖人道岸之芳塵，深慚踵接。惟冀流通授受，拂古鏡以維新。

　　遞互承繩，續先燈而廣照。各各悟惟心之佛，而恒以戒攝心。人人

　　了是佛之生，而竟以生成佛。若僧若俗，是人是神，不簡惡道幽途，

　　無論異形殊類。但知聞法，齊登梵網法門。凡厥有心，盡入舍那心

　　地云爾。〔註185〕

即袾宏指出，其所著《戒疏發隱》即是對天台智者《菩薩戒義疏》的發微顯隱，並希望此舉能承續智者等先賢之「先燈」，以照今時之眾生「齊登梵網法門」。由此可見，袾宏對天台智者戒學思想的承接。

　　袾宏亦在心性層面上融通臺、戒。天台學本就與《起信論》有著內在關聯，如潘桂明先生言「智顗止觀學說的核心命題『一念無明法性心』，無論在思維方式、理論結構、思想內容方面，都與《起信論》的『一心二門』相當」〔註186〕，即強調《起信論》在心性理論上對天台的影響。智者所言之一念心又名「一念無明法性心」，即以一念心為無明與法性的統一。三千諸法有染有淨，其中染法與無明相聯繫，淨法與法性相聯繫，而有染淨三千諸法統一於當前的一念之心。對無明與法性並存的一念心，智者又通過止觀學說設立了無明與法

〔註184〕 袾宏：《梵網菩薩戒經義疏發隱問辨》，《梵網經注疏》，北京：線裝書局，2016，第 242 頁。

〔註185〕 袾宏：《梵網菩薩戒經義疏發隱》，《梵網經注疏》，北京：線裝書局，2016，第 2 頁。

〔註186〕 潘桂明：《中國佛教思想史稿》（第二卷上），南京：江蘇人民出版社，2009，第 98 頁。

性能夠相即而轉化的可能性。故如潘桂明先生言「慧能聲稱『自心佛性』、『自心自性真佛』，要求人們『識心見性』、『明心見性』，或即受智顗『一念無明法性心』啟發而作。無明與法性統一於一念之心，則自心和佛原本一體不二，這在思想方法上是一致的」〔註187〕，即揭示出天台性具說與《華嚴經》「心佛及眾生，是三無差別」、禪宗「即心即佛」在一定程度上具有相當的內涵。前文已言，袾宏據華嚴、禪宗心性學闡發心戒一如義，現又在此意義上以戒與天台相融通。如袾宏在《菩薩戒問辨》中言：

> 言兼宗者，達心之士，不但瓶環釵釧，色色皆金。亦復草木瓦礫，無非金者。《阿含》小教、外道偏門，善巧用之，悉成圓義。何況臺教，依而就之，誰謂不可？以我心宗，發彼《義疏》，臺之為教，不出心故。如必硬豎剎竿，各不相下，喻如同胞兄弟，而互相害，大忤逆故。〔註188〕

即言天台學本在心性上具有圓融的義理，菩薩戒學亦歸屬於心宗，故兩者實「如同胞兄弟」。由此，袾宏以戒歸屬禪宗，又在天台性具說與禪宗「即心即佛」說相統一的程度上融通臺、戒。

三、引戒歸淨

如《疏鈔》言「是以一音始唱，千佛同賡。三學高僧，九流名德，若幽若顯，若聖若凡，如萬水無不朝東，似群星悉皆拱北。方之快捷，號曰普門，豈虛語哉！決志求生，無容擬議者矣」〔註189〕，袾宏即指出淨土學具有無比的卓越性，而應成為三學、九流、若聖、若凡等「無容擬議」的共同旨趣。現於《戒疏發隱》中，袾宏又表達了以淨土為歸的旨意。

首先，戒「以孝為宗」。《梵網經》中本就有關孝的內涵。如：

> 爾時，釋迦牟尼佛，初坐菩提樹下，成無上覺，初結菩薩波羅提木叉，孝順父母、師、僧、三寶。孝順，至道之法。孝名為戒，亦名製止。〔註190〕

〔註187〕 潘桂明：《智顗評傳》，南京：南京大學出版社，2006，第268～269頁。

〔註188〕 袾宏：《梵網菩薩戒經義疏發隱問辨》，《梵網經注疏》，北京：線裝書局，2016，第242頁。

〔註189〕 袾宏：《佛說阿彌陀經疏鈔》，《蓮池大師文集》，北京：九州出版社，2013，第41頁。

〔註190〕 《梵網經》，《大正藏》第24冊，第1004頁。

意即釋迦佛悟道證得無上正覺，初轉法輪便結集開演大乘菩薩戒，宣講孝順之道，即孝順父母、孝順師長、孝順同修、孝順佛法僧等，以孝順為成就無上佛果的要道之門。經已直言，孝即為戒，又可解為制止諸惡。袾宏在《戒疏發隱》對此加以發揮。如：

> 而戒雖萬行，以孝為宗，故曰：「孝順父母、師僧、三寶」。
>
> 言帝釋等者，天心、佛心皆欲人孝順而已。善事父母，謂奉養無方，服勤有道，孝之始也，帝釋臨焉。「又能行」者，凡是孝道，無不舉行，孝之中也，梵王臨焉。「又能盡」者，現生父母，前生父母，歷生父母，無不酬報，孝之終也，釋迦臨焉。〔註191〕

戒雖有千萬學行，但以孝為宗旨。孝的實踐上，對父母「服勤有道」是行孝道之始，而由現勝父母推廣之於前生父母、歷生父母等，皆能酬報，是行孝道之終。

其次，以孝釋佛。袾宏又據孝義闡發佛教義理。對於「師、僧、三寶」，袾宏言：

> 師僧、三寶，亦名父母。法身繇和尚教誨之力而生，即法身父母也。慧命繇三寶薰修之力而得，即慧命父母也。〔註192〕

即將父母之喻意貫穿於佛教的師、僧、三寶、法身、慧命等範疇的詮釋中。又對「孝順，至道之法」〔註193〕，袾宏有言：

> 戒之為義，固在孝順。而此孝順，人將謂是庸行之常。不知孝順之法，乃至道之法也。至道者，至極之道，即無上正覺是也。此道清淨廣大，猶如虛空，體絕過非，用無違礙，順之至也。孝順之心，正合此道，故云至道。又父母者本覺義，師僧者先覺義，佛者滿覺義，法者顯覺義，僧者合覺義。於此隨順，不背不逆，豈非如來所證無上覺正之妙道耶？〔註194〕

意即父母為本覺，師僧為先覺，佛為滿覺，法為顯覺等，如能於諸隨順，不背

〔註191〕　袾宏：《梵網菩薩戒經義疏發隱》，《梵網經注疏》，北京：線裝書局，2016，第 62 頁。

〔註192〕　袾宏：《梵網菩薩戒經義疏發隱》，《梵網經注疏》，北京：線裝書局，2016，第 63 頁。

〔註193〕　《梵網經》，《大正藏》第 24 冊，第 1004 頁。

〔註194〕　袾宏：《梵網菩薩戒經義疏發隱》，《梵網經注疏》，北京：線裝書局，2016，第 63 頁。

不逆，即為符合佛教無上正覺之道。前是以父母之喻意貫穿詮釋師、僧、三寶，而今又以隨順解孝，貫孝於佛教之「覺」，而將孝提升為「至道之法」。

再次，以孝釋戒。袾宏又於諸戒品中突出孝的意涵。如：

> 上「戒」字，泛指戒體。下「制止」，則指所列戒品，如十重、四十八輕，是也。只一「孝」字，可罄戒義。故下制戒中，十重第一、第二、第三、第四，以至第九、第十，皆曰「孝順心」。輕垢第一，即曰「孝順心」，而十三、十七、二十九、三十五、四十八亦皆曰「孝順心」。至於餘戒，多舉父母為言。則是貫徹乎十重之始終，聯絡乎四十八輕之首尾，一孝立而諸戒盡矣。〔註195〕

即將「孝順心」標配於十重戒與四十八輕戒中。袾宏在《戒疏發隱》中將每一戒品均標注出戒心所出，現將其中有關孝順心的品目列表如下：

表一（十重戒）

戒　品	所出戒心	《梵網經注疏》
第一殺戒	菩薩心地法門戒心中，慈心、悲心及孝順心所出也。	第 77 頁
第二盜戒	菩薩心地法門戒心中，慈心、悲心、益心及孝順心出也。	第 79 頁
第三淫戒	菩薩心地法門戒心中，定心、護心、慈心、悲心及孝順心所出也。	第 81 頁
第九瞋心不受悔戒	菩薩心地法門戒心中，忍心、喜心、慈心、悲心及孝順心所出也。	第 95 頁
第十謗三寶戒	菩薩心地法門戒心中，護心、信心、念心及孝順心所出也。	第 98 頁

表二（四十八輕戒）

戒　品	所出戒心	《梵網經注疏》
第一不敬師友戒	菩薩心地法門戒心中，信心、念心及孝順心、恭敬心所出也。	第 104 頁
第九不看病戒	菩薩心地法門戒心中，慈心、悲心及孝順心所出也。	第 117 頁

〔註195〕 袾宏：《梵網菩薩戒經義疏發隱》，《梵網經注疏》，北京：線裝書局，2016，第 64 頁。

第十三謗毀戒	菩薩心地法門戒心中，護心、喜心、慈心、悲心及孝順心所出也。	第 122 頁
第十七恃勢乞求戒	菩薩心地法門戒心中，慈心及孝順心、無求心所出也。	第 127 頁
第二十不行放救戒	菩薩心地法門戒心中，慈心、悲心、護心及孝順心所出也。	第 133 頁
第二十七受別請戒	菩薩心地法門戒心中，慈心、施心、益心、同心及孝順心、平等心所出也。	第 145 頁
第二十九邪命自活戒	菩薩心地法門戒心中，慈心及孝順心、清淨心所出也。	第 148 頁
第三十一不行救贖戒	菩薩心地法門戒心中，護心、慈心、悲心、信心及孝順心所出也。	第 151 頁
第四十八破法戒	菩薩心地法門戒心中，慈心、悲心及孝順心所出也。	第 189 頁

對於其餘諸戒品，在所標注的各種戒心中雖沒有孝順心，但祩宏強調此為「多舉父母為言」，而突出孝的內涵。由此，祩宏表達了「一孝立而諸戒盡矣」的意旨。

最後，戒淨相融，引戒歸淨。在以孝攝諸戒的基礎上，祩宏又以戒攝佛教修行的一切法門，如「復次，孝順非特名戒，名製止，亦名三藏諸教。一切法門，攝無不盡」〔註196〕。有人特舉淨土一門對祩宏「孝順貫一切法」的觀點提出疑問。如：

問：法門無量，未易悉數。只如淨土往生，一法門耳。此經之中，言所不及。云何孝順貫一切法？

答：十六《觀經》云：「欲生彼國，當修三福：一者孝養父母，奉事師長，慈心不殺，修十善業。二者受持三歸，具足眾戒，不犯威儀。」乃至三者發菩提心等。夫養父母、事師長、受三歸，非孝順父母、師僧、三寶乎？曰不殺、曰十善、曰眾戒、曰威儀，而戒無弗備矣。是知戒不離孝，諸經互出。以孝為因，乃得往生。則此經實該淨土法門，但人自不察耳。是故念佛修淨土者，不順父母，不名念佛。父母生育，等佛恩故。不順師長，不名念佛。師長教誨，

〔註196〕祩宏：《梵網菩薩戒經義疏發隱》，《梵網經注疏》，北京：線裝書局，2016，第 64 頁。

同佛化故。不順三寶，不名念佛。所寶雖三，統一佛故。

　　盡理而言，順淨覺心，而不逆以濁染，是孝名念佛。順慈惠心，而不逆以慳貪，是孝名布施。順和柔心，而不逆以瞋恚，是孝名忍辱。順堅剛心，而不逆以懈怠，是孝名精進。順寂靜心，而不逆以散亂，是孝名禪定。順靈知心，而不逆以愚癡，是孝名智慧。類而推之，一切不逆，則萬法俱成矣。大哉孝也，豈獨名戒而已哉！〔註197〕

祩宏分三個層面進行回答。第一，《觀經》所言往生淨土的「三福」因實即為孝。由於「三福」因中的「養父母、事師長、受三歸」即為孝順父母、師僧、三寶等；「三福」因中餘外的「曰不殺、曰十善、曰眾戒、曰威儀」等，即含有眾戒（包括菩薩戒）皆備的要求，而諸戒皆具有孝的內涵，故「三福」因皆不離孝。在此意義上，祩宏言「以孝為因，乃得往生」，而得出「此經（梵網經）實該淨土法門」的結論。第二，以淨土的念佛行與《梵網經》「孝順父母、師、三寶」相融通。如祩宏所言「不順父母，不名念佛」、「不順師長，不名念佛」、「不順三寶，不名念佛」，而該孝順父母、師、三寶等於念佛行中。第三，從性理上言，承孝為順，而順應自性本具清淨的靈覺，即是念佛真義。推之於六度，則順應自性慈惠心是為布施，順應自性和柔心是為忍辱，順應自性堅剛心是為精進，順應自性寂靜心是為禪定，順應自性靈知心是為智慧。再類推之於萬法，即為「孝順貫一切法」之義。由此，祩宏以孝貫攝佛教修行的一切法門。

　　在此基礎上，祩宏即言出世間孝方為大孝。如《竹窗二筆・出世間大孝》言：

　　世間之孝三，出世間之孝一。世間之孝，一者承歡侍彩，而甘旨以養其親。二者登科入仕，而爵祿以榮其親。三者修德勵行，而成聖成賢以顯其親。是三則世間之所謂孝也。出世間之孝，則勸其親齋戒奉道，一心念佛，求願往生，永別四生，長辭六趣，蓮胎託質，親覲彌陀，得不退轉，人子報親，於是為大。予昔甫知入道，而二親云亡，作自傷不孝文以伸悲恨。今見在家出家二眾中有具慶者，於是倍增感慨，而涕泗交零，稽首頓首以勸。〔註198〕

〔註197〕 祩宏：《梵網菩薩戒經義疏發隱》，《梵網經注疏》，北京：線裝書局，2016，第 64 頁。

〔註198〕 祩宏：《竹窗三筆》，《蓮池大師文集》，北京：九州出版社，2013，第 456～457 頁。

意即儘管世間之孝可以使父母得到安養、榮耀、顯赫等，但勸雙親以齋戒奉道，念佛往生等才能使父母最終出離輪迴，永臻樂境，故相對世間短暫、有漏的安樂而言，出世間孝才為大孝。又袾宏更指出「勸以念佛法門，俾得生淨土，人孝之人孝也」〔註199〕，即於出世間孝中又將勸之念佛往生淨土為大孝之大孝。

　　綜上，袾宏通過孝義的闡發，以念佛往生作為「大孝之大孝」，完成了引戒入淨的論說。

第五節　融會相淨

　　玄奘將印度佛教的瑜伽行派尊奉的經典譯為漢文，在中土形成了「法相唯識宗」，如楊維中先生言「一般以為，隋唐佛教所建立的八大宗派中，法相唯識宗是最為忠實於印度佛教原貌的宗派之一」，便指出法相宗義理具有保持印度佛教原貌的特色。法相宗與其他宗派的相關論諍也由此而發生。如歐陽竟無先生曾在《唯識抉擇談》中言：

> 一者、自禪宗入中國後，盲修之徒以為佛法本屬直指本心，不立文字，見性即可成佛，何必拘拘名言？殊不知禪家絕高境界係在利根上智道理湊拍之時。〔註200〕

又對天台、華嚴言：

> 三者、自天台、賢首等宗興盛而後，佛法之光愈晦。諸創教者本未入聖位（如智者即自謂係五品位。）所見自有不及西土大士之處。而奉行者以為世尊再世，畛域自封，得少為足，佛法之不明宜矣。〔註201〕

即指出禪宗獨特的修證方法未必適宜於中、下根眾生，天台、華嚴的興盛卻使得「佛法之光愈晦」，故為除此等五蔽，而應「非先入唯識、法相之門不可」〔註202〕。歐陽先生的說法自有其道理，至少揭示了唯識、法相之學在佛教中

〔註199〕袾宏：《竹窗二筆》，《蓮池大師文集》，北京：九州出版社，2013，第401頁。
〔註200〕歐陽竟無：《唯識抉擇談》，《歐陽竟無佛學文選》，武漢：武漢大學出版社，2009，第36頁。
〔註201〕歐陽竟無：《唯識抉擇談》，《歐陽竟無佛學文選》，武漢：武漢大學出版社，2009，第37頁。
〔註202〕歐陽竟無：《唯識抉擇談》，《歐陽竟無佛學文選》，武漢：武漢大學出版社，2009，第37頁。

有著不可替代的價值。袾宏在晚明文化融合的大趨勢下力倡諸宗融通和合，那麼其又如何看待法相與淨土的關係呢？

一、法相祖師與彌陀淨土

自玄奘以來，法相祖師皆對彌勒有著無比尊崇的信仰，如《大唐故三藏法師玄奘行狀》「法師從少以來，常願生彌勒佛所。及遊西方，又聞無著菩薩兄弟亦願生覩史多天宮，奉事彌勒，並得如願，俱有證驗，益增克勵。自至玉花，每因翻譯及禮懺之際，恒發願上生覩史多天，見彌勒佛」〔註203〕，便記有玄奘法師深受無著兄弟深切影響，而發願上生彌勒淨土的典故，而從窺基法師的許多資料中亦可推斷出其對彌勒的無比崇信，故如楊維中先生言「在某種程度上說，彌勒信仰可以看作是唯識宗信仰的一大特色」〔註204〕。儘管法相祖師發願往生彌勒淨土，但其亦重視彌陀淨土的信仰，這可從法相祖師們關於彌陀類經典的譯釋中反映出來。

袾宏在《疏鈔》中特別指出法相祖師相關《阿彌陀經》的譯釋著述。袾宏先言玄奘對本經的翻譯。如《疏鈔》：

【疏】二名稱讚淨土佛攝受經，唐三藏法師玄奘譯。二經聯比，小異大同。時所宗尚，皆弘秦本。

【鈔】玄奘法師者，唐洛州緱氏人，姓陳氏。少罹患難，隨兄長睫法師，出家於淨住寺。年十一，誦《維摩》、《法華》。卓然自立，不偶時流。年二十一，講《心論》，不窺文相，湧注不窮，時號神人。貞觀三年，往西域取經，備經險難，歷百五十國，遂至舍衛。取經六百餘部，貞觀十九年還京，於玉華臺翻譯經論，總一千三百三十卷。既臥疾，見大白蓮華，及佛相，右脅累足而逝。兩月，色貌如生。先是西行之日，撫靈巖寺松而作誓言：「吾西去，汝西長。吾東歸，汝東向。」師去，松西長至於數丈，一日忽東回。門弟子喜曰：「師歸矣！」已而果然，時號「摩頂松」云。按師誓言自要，不爽如是。真語實語，亦什師舌根不壞，諸佛舌相廣長意也。所譯此經，焉可不信？聯比者，先後重譯也。小異大同者，梵音稍別，及語有繁簡，如恒河、殑伽，六方、十方之類，而大意一無相乖也。皆弘

〔註203〕《大唐故三藏法師玄奘行狀》，《大正藏》第50冊，第219頁。
〔註204〕楊維中：《中國唯識宗通史》，南京：鳳凰出版社，第2008，第636頁。

者，《法華》三譯，秦本盛行。此經二譯，亦復如是。〔註205〕

即玄奘譯本名為《稱讚淨土佛攝受經》，而與鳩摩羅什譯本《佛說阿彌陀經》相比較，兩譯本基本義理大體相同，僅在梵音、繁簡上稍有差異。現從玄奘重新翻譯的情況推斷，應對本經十分重視。袾宏又言及其他法相師相關《阿彌陀經》的論釋。如：

> 【疏】次明釋此經者，論則有天親菩薩《無量壽經論》，解則有慈恩《通贊》、海東《疏》、孤山《疏》，乃至大佑《略解》等。

> 【鈔】天親菩薩者，常入日光定，升兜率天宮內院，親觀慈氏。造《無量壽經優婆提舍》。「優婆提舍」者，此云「分別義」。慈恩法師者，諱窺基，姓尉遲氏，敬德猶子也。奘師度之出家，學通大小，造疏計可百卷。釋《彌勒下生經》，筆鋒得舍利二七粒。復示西方要義，有《彌陀經通贊》一卷。〔註206〕

即印度的天親祖師著有《無量壽經論》，又名《往生論》，窺基則著有《彌陀經通贊》等。袾宏沒有提及的還有窺基的《阿彌陀經疏》、《觀無量壽經疏》等，此皆可表明法相宗亦十分重視彌陀信仰。

儘管如此，但在法相宗教義中彌陀淨土與彌勒淨土的地位並不相同。如窺基在《大乘法苑義林章》中有相關彌陀淨土的談論，即言彌陀淨土有兩種說法，如：

> 一云準攝大乘等，西方乃是他受用土，《觀經》自言阿鞞拔致不退菩薩方得生故，非以少善根因緣而得生故；無著天親《淨土論》言女人根缺二乘種等皆不生故。〔註207〕

又：

> 二云西方通於報、化二土。〔註208〕

對此兩種說法窺基並沒定論，而在《彌勒上生兜率天經贊》中窺基又言：

> 然此等土必無二乘女人黃門惡趣等生，設有皆是佛及菩薩之所作化，故《無量壽經論》言「女人及根缺二乘種不生」，《佛地論》

〔註205〕袾宏：《佛說阿彌陀經疏鈔》，《蓮池大師文集》，北京：九州出版社，2013，第35～36頁。

〔註206〕袾宏：《佛說阿彌陀經疏鈔》，《蓮池大師文集》，北京：九州出版社，2013，第36頁。

〔註207〕窺基：《大乘法苑義林章》，《大正藏》第45頁，第371頁。

〔註208〕窺基：《大乘法苑義林章》，《大正藏》第45頁，第371頁。

云「設有鸚鵡等莊嚴道場，皆佛菩薩為令他方菩薩眾生喜心所以化

作」，《鼓音王經》云「阿彌陀佛父名月上，母名殊勝妙顏，子名月

明，奉事弟子名無垢稱，魔王名無勝，調達名寂」。既無女人，母非

實女，佛等所化，如命命等，故是報土亦不相違。〔註209〕

即依《無量壽經論》、《佛地論》、《鼓音王經》指出，佛的報土中沒有二乘與女
人等，若有二乘及女人等亦皆是佛與菩薩的化現，故判阿彌陀佛淨土為報土。
如楊維中先生言「窺基在總體上繼承了玄奘對彌陀信仰的看法，但態度也有一
些變化」〔註210〕，故窺基的態度大體上可代表法相宗對彌陀淨土的立場。

　　袾宏在《疏鈔》中已言「今此極樂是同居土，而亦通前三土」，即判彌陀
淨土為同居土，並通常寂光土、實報莊嚴土、方便有餘土等，而與法相祖師的
判屬不同。由不同的經典原理當會得出不同的判屬論斷，窺基對淨土的闡解自
是依其所宗的法相學為根據的，如楊維中先生評斷窺基是「引用了《般若經》
和唯識學派的經典來說明『四土』與修行者的關係」〔註211〕的，而與袾宏的
判屬依據相區別。但袾宏並未與後來的法相師們在西方淨土判屬的問題上進
行爭論，而是意識到此不應僅是一個具體或問題的爭論，而應歸結於法性與法
相之辯的探討中來。

二、袾宏「一心」與阿賴耶識

　　如袾宏所言「盡萬法不出一心之體」，即以「一心」統攝萬法，而其對法
相與淨土的融會，亦是在此基礎上展開的，故探究袾宏「一心」與阿賴耶識的
聯繫，將是理解其相淨融會思想的關鍵。

　　從前文對袾宏「一心」思想內涵的分析已知，其主要依據《起信論》與華
嚴心性學而闡發「一心」說。在《起信論》中就有關於阿賴耶識的描述：

心生滅者，依如來藏故有生滅心，所謂不生不滅與生滅和合，

非一非異，名為阿梨耶識。此識有二種義，能攝一切法、生一切法。

〔註212〕

《起信論》的核心理論是「一心二門」說。現就生滅門而言，依於真如如來藏
心而有生滅心，而此生滅心為不生不滅與生滅的和合，即為阿賴耶識。其中不

〔註209〕窺基：《彌勒上生兜率天經贊》，《大正藏》第38頁，第274頁。
〔註210〕楊維中：《中國唯識學通史》，南京：鳳凰出版社，2008，第639頁。
〔註211〕楊維中：《中國唯識學通史》，南京：鳳凰出版社，2008，第639頁。
〔註212〕馬鳴：《大乘起信論》，《大正藏》第32冊，第576頁。

生不滅的為真如，生滅的為妄念心識。對於「和合」，如印順法師的解釋「和合，可以解說為打成一片。生滅與不生不滅打成一片，即非異義。雖然打成一片，不生不滅還是不生不滅，並不成為生滅；生滅還是生滅，並不成為不生不滅，即非一義。不生滅與生滅，在矛盾中有它的統一，在統一中而有矛盾」〔註213〕，故《起信論》的規定使得阿賴耶識既有生滅的與不生不滅的差別，又不得即此而判為生滅或為不生不滅之識體，而為「不生不滅與生滅的綜合」〔註214〕。就「依如來藏故有生滅心」而言，阿賴耶識的自體實為真如如來藏心，此為其真淨分；阿賴耶識又有生滅的一面，此為其妄染分。由於阿賴耶識具有真淨分，而有清淨還滅；又由於阿賴耶識具有妄染分，而有生死流轉。此即為《起信論》相關阿賴耶識說的大體。

　　華嚴學在心性上對唯識學亦有所吸納，如楊維中先生言「追根究底而言，華嚴哲學所言之『自性清淨圓明體』並非空穴來風。而是有所依託的。大致而言有三個來源：一是《華嚴經》；二是《起信論》；三是唯識學。這是按照影響程度由淺至深而排列的，依其教判則須返觀」，即指出華嚴學在心性思想上與唯識學有著一定關聯。華嚴學以眾生同具真心與妄心，如楊先生指出華嚴學「對於真心本體與妄心的關係」依澄觀提供了兩種不同的解釋，其一種「『本識』的提法似借用唯識學名相。而在玄奘所傳唯識學中，本識即是根本識，也就是第八識。唯識宗並不應允『本識』仍需以如來藏為所依，因此，這一解釋顯然是採擇自古唯識學和《大乘起信論》而成，這種模式可以稱之為『依真起妄』，而另一種「顯然是沿用如來藏系經典的說法，這一模式可以稱之為『真妄交徹』」，且澄觀的這兩種解釋皆「符合法藏的原義，是華嚴宗的理論傳統」〔註215〕。

　　而從袾宏「一心」內涵來看其對華嚴心性學的吸納，如「而妄從真起，波逐水生。即念即空，居然本體。非於念外，別得菩提。故云『萬法虛偽，唯是一心。了悟自心，觸目菩提』矣」〔註216〕，明顯是承襲了澄觀「依真起妄」的模式，而這亦是華嚴學深受《起信論》影響的一種模式；而「無礙者，心、境、理、事，本自交徹。境及事者，是名隨相。心者唯識，理者歸性。俱交徹

〔註213〕印順：《大乘起信論講記》，北京：中華書局，2010，第59頁。

〔註214〕印順：《大乘起信論講記》，北京：中華書局，2010，第59頁。

〔註215〕楊維中：《中國唯識學通史》，南京：鳳凰出版社，2008，第859頁。

〔註216〕袾宏：《佛說阿彌陀經疏鈔》，《蓮池大師文集》，北京：九州出版社，2013，第18頁。

故」〔註217〕，以心境理事交徹無礙，又是承襲了澄觀「真妄交徹」的模式。我們可在此理論背景下探討袾宏「一心」與阿賴耶識的關係。如：

【疏】又此一心，當知心王、心所，無不一故。

【鈔】王、所，解見前文。此之八者，及五十一，紛然不齊，雜然競起。而言無不一者，良由王、所雖多，溯流窮源，不出一心。今念佛人，初以耳識聞彼佛名，次以意識專注憶念。以專念故，總攝六根，眼、鼻、舌、身。如是六識，皆悉不行。念之不已，念極而忘，所謂恒審思量者，其思寂焉。忘之不已，忘極而化，所謂真妄和合者，其妄消焉。則七識、八識亦悉不行，主既不存，從者焉附，其五十一又何論也。當爾之時，巨浪微波，咸成止水。濃雲薄霧，盡作澄空。唯是一心，更無餘法，故云無不一也。〔註218〕

袾宏在這段文字裏把「持名念佛，一心不亂」與法相唯識學之「轉識成智」相會通。袾宏指出，念佛人口中稱念佛名，耳中聞聲，以意識專注於憶念，而總攝前六識；繼而「念之不已，念極而忘」，則七識的恒審思量作用不能起現；再進一步「忘之不已，忘極而化」，阿賴耶識也因「妄消」而「不行」。心王不行，作為附從的五十一心所則更無當論。當此之際，唯有「一心」真際現前。如袾宏所言「唯是一心，更無餘法，故云無不一也」，而以八識與五十一心所皆為「一心」真際的顯現。在袾宏的語境裏，「真妄和合」的阿賴耶識唯依「一心」真際而現起，此說是契合於《起信論》的。從其文意可知，儘管袾宏在《疏鈔》中多次言及法相唯識宗與阿賴耶識等概念，甚至多次引慈恩（窺基）之語為《疏鈔》作據，但其所言阿賴耶識並非來源於玄奘、窺基等法相論師的概念系統，而是源於以《起信論》為核心的唯識古學系統。

三、性相融通

中國佛教傳統中早就有「性宗」與「相宗」的區分，且「二者的界限數華嚴宗講得較早且最明確」〔註219〕。華嚴學在澄觀時便已談及法性宗與法相宗，如《華嚴經隨疏演義鈔》「謂約初門，則法相宗為了，法性宗非了；若約後門，

〔註217〕 袾宏：《佛說阿彌陀經疏鈔》，《蓮池大師文集》，北京：九州出版社，2013，第 30 頁。

〔註218〕 袾宏：《佛說阿彌陀經疏鈔》，《蓮池大師文集》，北京：九州出版社，2013，第 131 頁。

〔註219〕 楊維中：《中國唯識學通史》，南京：鳳凰出版社，2008，第 855 頁。

則法性宗為了，法相宗非了。既皆二義了，二義不了，於理則齊。今觀賢首之意，多明法性」〔註220〕，即言法性宗、法相宗各有了義與不了義，且歸屬華嚴為法性系宗派。宗密亦談及此，如《圓覺經大疏釋義鈔》「然大小乘法相所詮法義，於根源則略，枝流則廣。如說染法，《俱舍》於起業相及業系苦果、三界、六道、依正之相甚廣。《唯識》說六識中二執、二障亦甚廣，第八識、三細乃至所依根本則略；其本始二覺、三大及真如門乃至一真心源之義，渾不分析行相。若《起信》則於此等開章廣辨，其六塵障執之義，皆略而說之；其起業受果，但列之而已，都不解釋。故知法性宗所說，本廣而末略。餘皆例知。由此應成四句：一法性終教，本廣末略；二大小乘法相，末廣本略；三頓教中非本非末；四圓教中全本全末」〔註221〕，即指出法性宗與法相宗義理在本末詮釋上的差別。又如永明延壽言「宗密禪師釋云：『大乘經教，統唯三宗，一法相宗，二破相宗，三法性宗』」〔註222〕，即沿承宗密的說法，以法相、破相、法性三宗詮教。其中，法相宗即是玄奘所創建的法相唯識宗；破相宗是依《中論》、《百論》、《十二門論》而立宗的三論宗，如董群先生言「三論宗破法相而顯平等無相真如法性」〔註223〕；法性宗是指以真如法性不變，而隨緣萬法為旨的宗派，如永明言「法性唯談理性」〔註224〕，當包括天台、華嚴二宗在內。

　　袾宏在判教時亦談及法相宗與法性宗。前文已述，袾宏依華嚴五教判教。其中對於大乘始教，袾宏即言：

　　　　二、大乘始教，由第二時但明於空，第三時定說三乘，不許定
　　　性、闡提成佛，未盡大乘至極之說，故名為始。有成佛，有不成佛，
　　　復名分教。所說則廣談法相，少及法性。其所云性，亦是相數，以
　　　依生滅八識，建立生死及涅槃因諸義類故。〔註225〕

佛陀二轉法輪時偏重於講「空」，三轉法輪「定說三乘」法，於中並未許可定性闡提人得成佛果，故仍為未盡大乘至極之說，稱為大乘始教。此宗說法內容多論及法相，如依「生滅」（意即偏重有漏雜染的）阿賴耶識建立生死、涅槃

〔註220〕澄觀：《大方廣華嚴經隨疏演義鈔》，《大正藏》第36冊，第53頁。
〔註221〕宗密：《圓覺經大疏釋義鈔》，《續藏經》第9冊，第517頁。
〔註222〕永明延壽：《宗鏡錄》，《大正藏》第48冊，第440頁。
〔註223〕董群：《中國三論宗通史》，南京：鳳凰出版社，2008，導論第1頁。
〔註224〕永明延壽：《宗鏡錄》，《大正藏》第48冊，第441頁。
〔註225〕袾宏：《佛說阿彌陀經疏鈔》，《蓮池大師文集》，北京：九州出版社，2013，
　　　　第21頁。

等法義，而少論及真如法性。袾宏於此即意指玄奘法相唯識學所宗的教理。

對於大乘終教，袾宏言：

> 三、大乘終教，由出中道妙有，定性、闡提皆當作佛，方盡大乘至極之說，故名為終。稱實理故，復名實教。所說則多談法性，少及法相。其所云相，亦會歸性，以依如來藏八識，隨緣成立諸義類故。〔註226〕

即大乘終教主要法義為中道妙有，依此一切眾生皆有佛性，而為大乘至極之說。此教說講真如、法性、如來藏等內容，儘管也談及法相，但皆會相歸性，如文中言「依如來藏八識，隨緣成立諸義類」，即以八識通如來藏，真妄和合，偏重於真性。

關於頓教、圓教，袾宏又言：

> 四、頓教，總不說法相，唯說真性，一念不生，即名為佛，無漸次故。

> 五、圓教，統該前四，圓滿具足。所說唯是無盡法界，性海圓融，緣起無礙，相即相入，帝網重重，主伴交參，無盡無盡故。〔註227〕

袾宏於此將禪宗、天台、華嚴等皆歸為法性宗。袾宏關於法性、法相的論述，本是秉承華嚴判教而立，故與澄觀、宗密以華嚴五教判歸法相宗為相始教、法性宗綜括終、頓、圓的做法是一致的。

性相之辯，古已有之，如宗密暢談性、相，即主會通。如宗密言：

> 故次云，論逐經通也。謂非唯佛在時有差別之機，佛涅槃後，乃至如今，亦如此故。菩薩造論，亦隨經宗旨，通釋佛意。造宗論，各符一類經，各應一類機。造釋論，各釋一經，亦隨何經宗，各顯其旨。且如天親菩薩造小乘論，即順阿含等經，染淨定別。造攝論等，即相數確然。注百論，釋金剛，則明空蕩相。造佛性等論，則說眾生是法身如來藏。造華嚴十地論，則六相圓融。故知各隨經宗，何有執定之滯。〔註228〕

即言佛教本為一乘圓滿之教，因眾生差別之機，佛陀應機說法，菩薩隨經釋有

〔註226〕 袾宏：《佛說阿彌陀經疏鈔》，《蓮池大師文集》，北京：九州出版社，2013，第21頁。
〔註227〕 袾宏：《佛說阿彌陀經疏鈔》，《蓮池大師文集》，北京：九州出版社，2013，第21頁。
〔註228〕 宗密：《圓覺經大疏釋義鈔》，《續藏經》第9冊，第588頁。

—180—

各種論著，其中有「相數確然」的法相義理，亦有「說眾生是法身如來藏」的法性義理，故「論逐經通」，而不應定執各種義理差別。宗密在此表達了一種會通圓融的觀點，並在《圓覺經大疏釋義鈔》中廣談法相、破相、法性三宗同異，凸顯「就機則三，約法則一」〔註229〕的會通主旨。自宗密以來，亦多有主性相融合者，且「明代此風尤盛」〔註230〕，袾宏即為其一。

　　袾宏在《竹窗三筆・性相》中表達了性相會通的觀點。如：

　　　　相傳佛滅後，性相二宗學者各執所見，至分河飲水，其爭如是，孰是而孰非歟？曰：但執之則皆非，不執則皆是。性者何？相之性也。相者何？性之相也。非判然二也。譬之一身然：身為主，而有耳目口鼻、臟腑百骸皆身也。是身者，耳目等之身。耳目等者，身之耳目等也。譬之一室然：室為主，而有梁棟椽柱、垣壁戶牖等皆室也。是室者，梁棟等之室。梁棟等者，是室之梁棟等也。夫豈判然為二者哉。不惟不當爭，而亦無可爭也。或謂永嘉云：「入海算沙徒自困。」又曰「摘葉尋枝我不能。」似乎是性而非相矣。曰：永嘉無所是非也。性為本而相為末，故云但得本不愁末，未嘗言末為可廢也。是故偏言性不可，而偏言相尤不可。偏言性者，急本而緩末，猶為不可中之可。務枝葉而失根原，不可中之不可者也。〔註231〕

意即性相二宗各執其是而有紛爭，而以一種融通的觀點看待性相，才能避免顧此失彼的過失。性為相之性，相為性之相，兩者互依而有；性為根本，相為枝末，不應判然為二。兩者猶如一身與耳目口鼻、臟腑百骸，又如一室與梁棟椽柱、垣壁戶牖等，表現為本末的辯證統一關係。兩者之間互依而有「非判然二也」，具有統一性，可謂為「非異」；然又「性為本而相為末」，是為非一，故袾宏此說又可謂是中觀思維「非一非異」的中國式表述。儘管本與末具有統一性，但本與末不可互同，如袾宏言「偏言性者，急本而緩末，猶為不可中之可。務枝葉而失根原，不可中之不可者也」，顯然袾宏於性相二者是更注重於本（性）的。

　　袾宏以性為本、相為末的說法是承襲華嚴學而來。前文已言，華嚴理事無礙體現的即是體用互融與本末圓融原理。本末圓融被法藏、澄觀、宗密等作為

〔註229〕宗密：《圓覺經大疏》，《續藏經》第9冊，第243頁。
〔註230〕張學智：《明代哲學史》，北京：北京大學出版社，2003，第641頁。
〔註231〕袾宏：《竹窗三筆》，《蓮池大師文集》，北京：九州出版社，2013，第465頁。

一種思辨方法加以發揮、廣泛運用，而和會性宗與相宗，成為袾宏性相辯證理論的重要來源。這種以本末辯證會通性相的說法，看似圓融周到，卻有著內在的不圓滿，即其以性為本、相為末的設定就已經預定了此理論的後續展開邏輯。從學理上分析，法性宗與法相宗本是各有各自的依據與理路而展開理論的，兩者之間有著明顯的差別。楊維中先生在《中國唯識宗通史》中便將法性宗與法相宗之間的理論差別歸結為唯識古學與玄奘唯識學的差別，如其言「玄奘唯識學的真正秘密在於持眾生之『心體』與佛教之『理體』（實相、性空、真如、法性等等）兩分的立場，成佛的奧妙在於轉變『所依』，而轉變之後的所得，既不能稱為『心』，也不能稱為『識』，而只能稱為『智』。而唯識古學的基本理路是持『心體』與『理體』合一說，攝論、地論學派以及《大乘起信論》都是如此」〔註232〕，即指出兩者之間具有「心體」與「理體」具有兩分或合一的根本區分。至於袾宏的本末統一說能否在心性理論的高度上圓融此根本分差，他本人沒有談及，我們也不可得知。

四、相淨之融

從中國佛教史上看，法相宗與彌陀淨土並無有太多的理論交涉，而袾宏作為主弘淨土的巨匠，其倡言性相融通，當是另有企圖，如張學智先生言「他（袾宏）的性相融合論實際上為他的淨土法門服務的」，即要在性相融合的義境下融會法相與淨土二學。

袾宏的相淨融會理論主要是在對《阿彌陀經》教體的詮釋中表現出來的。經為能詮，所詮體性即為教體。佛陀說法必有教體，如《大明三藏法數》「教體淺深者，謂如來說教，必有其體。若演華嚴之教，則以海印三昧，及事事無礙為體。今通論一大藏教，從淺至深，略而明之，有十體也。」〔註233〕，即各宗所依據的經典不同而所布教的教體亦不同，並以澄觀所歸納的十門教體為通用教體。又如袾宏所言「十門展轉，詳見《華嚴玄談》，圭峰復於中約而束之，遂為四門」〔註234〕，指出宗密又將澄觀歸結的十門教體簡約為四門，即「隨相門」、「唯識門」、「歸性門」、「無礙門」等〔註235〕，而於此又表明其

〔註232〕楊維中：《中國唯識宗通史》，南京：鳳凰出版社，第2008，第856頁。
〔註233〕《大明三藏法數》，《大正藏》第182冊，第608頁。
〔註234〕袾宏：《佛說阿彌陀經疏鈔》，《蓮池大師文集》，北京：九州出版社，2013，第29頁。
〔註235〕詳見《圓覺經大疏》。

所依「隨相」、「唯識」、「歸性」、「無礙」的詮釋正是承襲宗密而來。華嚴學已在很大程度上汲取了唯識學的內容，如方立天先生言「而法藏受到《大乘起信論》和法相唯識宗的影響，不僅把心識視為解脫的樞紐，而且強調心的變現萬物的作用。他還吸取了法相唯識宗的五重唯識觀，再加上四法界觀，在《華嚴經探玄記》卷 13 解釋『三界虛妄，但是一心作』時，提出了十重唯識觀，想成了典型的唯心主義的緣起論和認識論」〔註236〕，即指出法藏已將法相唯識學融入於華嚴理論，而此對澄觀、宗密深有影響。又如楊維中先生指出「唐代以來，人們都習慣於將玄奘所建立的佛教宗派稱之為『法相唯識宗』。由於這一緣故，人們常常以『法相』和『唯識』來總結印度瑜伽行派的教義和修持方法」〔註237〕，而宗密將澄觀的十門教體簡約為隨相、唯識等四門，已具有「相」與「識」的思維分析特徵，為其思想中已融入法相唯識學的一種表現。袾宏亦依此而詮釋《阿彌陀經》的教體。

首先，袾宏以「隨相」詮釋教體。如《疏鈔》：

良以文隨於義，義隨於文，文義相資，乃成教體。故今此經，從「如是我聞」，至「作禮而退」，是聲名句文體。而其中所說依正二報、信願往生等，是所詮義也。以是二者，交相隨故，而為教體。〔註238〕

意即佛陀以語音說法，後有整理成文，依文顯義，文義相資，而為教體。依此則《阿彌陀經》全文是文體，信願往生等內容為所詮法義，即為教體。又：

【疏】又若據法所顯義，則無非佛事，如香飯、光明等，當知法法皆為教體。

【鈔】法能顯義，則法法自彰，不俟文字。如《華嚴》云臺寶網、毛孔光明，皆能說法。《淨名》云：「有佛世界，以香飯而作佛事。有佛世界，以光明而作佛事。」乃至一色一香，一舉一動，無有一法而非佛事等。今此經者，水鳥、樹林，咸宣妙法。則隨舉一法，皆成教體。〔註239〕

即因法能顯義，萬法皆可為教體，故《阿彌陀經》所言極樂世界一樹一鳥等，

〔註236〕方立天：《隋唐佛教》，北京：中國人民大學出版社，2006，第 169～170 頁。

〔註237〕楊維中：《中國唯識宗通史》，南京：鳳凰出版社，第 2008，第 671 頁。

〔註238〕袾宏：《佛說阿彌陀經疏鈔》，《蓮池大師文集》，北京：九州出版社，2013，第 29 頁。

〔註239〕袾宏：《佛說阿彌陀經疏鈔》，《蓮池大師文集》，北京：九州出版社，2013，第 29 頁。

隨類一法，皆能彰法義，而皆成教體。

其次，袾宏以「唯識」詮釋教體。唯識學以「法相」對世出世間一切等「法」進行歸類、概括，而與其核心教義「唯識無境」緊密聯繫在一起。華嚴宗密深知其理，曾於「隨相門」後立「唯識門」以詮釋教體。對「唯識門」，如宗密所言：

> 二唯識門，謂總收前五並不離心，《唯識》等云一切所有唯識現
> 故，然通就諸教，本影相對，以成四句。〔註240〕

即宗密依《成唯識論》、《華嚴經》、《解深密經》等經論「一切所有唯識現」的義理，而以唯識門通釋諸宗，設立四句判別標準，即「唯本無影」、「亦本亦影」、「唯影無本」、「非本非影」。現袾宏亦依此而釋。如《疏鈔》：

> 【疏】唯識者，此文此義，皆識所變，而有「本影」四句。
>
> 【鈔】四句者：一、唯本無影，即小乘教。不知教法皆唯識現，謂如來實有說法故。二、亦本亦影，即始教。以佛自宣說，若文若義，皆從妙觀察智淨識所現，名本質教。聞者識上所變文義，名影像教。諸佛、眾生互為增上故。三、唯影無本，即終教。以離眾生心，更無有佛。唯大悲大智為增上緣，令彼根熟眾生，心中現佛說法，是故佛教全是眾生心中影像。四、非本非影，即頓教。非唯心外無佛，眾生心中影像亦空。以性本絕言，即不教之教。所謂：「尊者無說，我乃無聞。說聽皆無，唯識而已。」是以識為教體也。今此經者，且約終、頓二教，則眾生心樂出離，自於心中見佛，為說極樂依正、信願往生。而實無說無聽，故識為教體。〔註241〕

即歸小乘教為「唯本無影」、大乘始教為「亦本亦影」，大乘終教為「唯影無本」，頓教為「非本非影」。因袾宏歸屬《阿彌陀經》為終頓之教，故依「唯影無本」、「非本非影」而詮釋。就「唯影無本」而言，即依眾生本具清淨心而有極樂淨土、阿彌陀佛等的顯現，故《阿彌陀經》依眾生本具清淨心而講授信願往生等法；而就「非本非影」，不僅無心外在之佛，心中影像亦空，故《阿彌陀經》說而無有所說，聞亦無所聞，此即是勝義唯識的義理。

再次，袾宏以「歸性」詮釋教體。宗密就「歸性門」言：

〔註240〕宗密：《圓覺經大疏》，《續藏經》第 9 冊，第 333 頁。
〔註241〕袾宏：《佛說阿彌陀經疏鈔》，《蓮池大師文集》，北京：九州出版社，2013，第 30 頁。

　　初謂此識無體，唯是真如，故《論》云「是故一切法從本已來
離言說相、離名字相、離心緣相，乃至唯是一心，故名真如」，即前
之心境，同入一實諸聖教。從真流故，不異於真故，《攝論》中名為
「真如所流十二分教」，《唯識》釋勝流真如云：「謂此真如所流教法
於餘教法最為勝」，故是知，如來言說皆順於如。〔註242〕

即在「唯識門」中「識」為認識的主體與萬物變化的依據，而若追究「識」的
本源，則此「識」亦無有自體，唯有真如，如《起信論》、《攝大乘論》、《成唯
識論》等論皆以真如為本原，故知如來所有的教法皆以隨順真如為旨歸。又如
印順在《大乘起信論講記》中對《楞伽》、《解深密經》、《寶性論釋》、《攝大乘
論釋》、《成唯識論》等經論的總結「如來藏與藏識，這二者實有著密切的關係，
依如來藏而有生滅心的阿賴耶識，可說是大乘經的共義」〔註243〕，即推究
「識」的本原為如來藏，此與宗密設立「歸性門」為同一意味。依此即可理解
袾宏對「歸性」的詮釋。如《疏鈔》：

　　【疏】歸性者，前以所變之萬境，攝歸能變之八識。今以所現
之八識，復攝歸能現之一心，則性為教體。

　　【鈔】一心者，即真如自體也。從此真如，流出教法，故會相
歸性。則所謂重頌如、授記如，十二分教，一切皆如。以上輾轉推
尋真實之理，極至於此。譬之物不離夢，夢不離人。《圓覺疏》云：
「生法本無，一切唯識。識如幻夢，但是一心。」則以自心為教體
也。今此經者，依正、信願等法、若文若義，究極皆歸一心真如。故
古德云：「諸大乘經，皆以一實相印，為經教體。」此經「一心不亂」，
即是實相，即是真如。則合前二種，會歸一心，而為教體。〔註244〕

即由前「唯識」而將宇宙一切現象攝歸為八種識，現又會相歸性，而將八種識
攝歸「一心」，而以「一心」（性）為教體。在此意義上，則《阿彌陀經》所講
授的依報莊嚴、正報莊嚴、信願往生、「一心不亂」等法皆歸於「一心」真如。
袾宏所言與宗密為同一意涵，且引宗密《圓覺經大疏》為據，而可見袾宏對宗
密的承襲。

〔註242〕宗密：《圓覺經大疏》，《續藏經》第 9 冊，第 333 頁。
〔註243〕印順：《大乘起信論講記》，北京：中華書局，2010，第 58 頁。
〔註244〕袾宏：《佛說阿彌陀經疏鈔》，《蓮池大師文集》，北京：九州出版社，2013，
　　　　第 30 頁。

最後，袾宏以「無礙」詮釋教體。對「無礙門」，宗密言：

四無礙門。謂前三門心境理事同一緣起，混融無礙，交徹相攝，以為教體。以一心法有真如、生滅二門，故二皆各攝一切法故。〔註245〕

《起信論》以「一心二門」統攝一切染、淨法，而為華嚴學無礙圓融學說的直接理論來源。此處，宗密以心境理事的混融無礙、交徹相攝為教體，而統攝前面諸門，正是《起信論》「一心二門」的運用與發揮。袾宏亦依承宗密而言「無礙」。如：

【疏】無礙者，心、境、理、事，本自交徹。境及事者，是名隨相。心者唯識，理者歸性。俱交徹故。

【鈔】交徹者，以一心原有真如、生滅二門。真如即是生滅，故理不礙事、境、心。生滅即是真如，故事、境、心不礙理。今此經者，心即是土，則一念無為，而不妨池樓鳥樹，昭佈森列；眾生信樂，隨願往生。土即是心，則七寶莊嚴，而不妨全體空寂，不立一塵，實無眾生生彼國者。則心、境、理、事，互相融攝，而為教體也。〔註246〕

在對「無礙」的詮釋上，袾宏與宗密並無二致，並貫穿以性相辯證。袾宏歸屬境、事為「相」，心為「識」，理為「性」，相互交徹無礙。從「心境理事，本自交徹」來看，《阿彌陀經》所講授的依念佛一念入於無為法界，即往生西方淨土而現見極樂世界的萬德莊嚴，在此意義上為「心即是土」；西方淨土萬德莊嚴，而本自空寂，不離於眾生之「一心」，在此意義上為「土即是心」。此心境理事的互相融攝，又可言是性相的無礙圓融，即為《阿彌陀經》的所詮體性。

袾宏以相、識、性、無礙等四個層面進行教體判釋，此四個層面逐步深入，以萬境攝歸八識，八識攝歸「一心」，心境理事互相融攝，而勾畫出了一幅宇宙化生圖景。袾宏又納性相之辯於其中，會相歸性，性相無礙，其運用的正是《起信論》攝性、相歸於「一心」的理論銳器。對《阿彌陀經》，袾宏又言「十門分別，詳具《華嚴玄談》。若約之為五，不出有、空、法相、法性、圓融。今此經者，宗乎法性。以淨土依正信願等，皆歸一心。一心不亂，即

〔註245〕 宗密：《圓覺經大疏》，《續藏經》第9冊，第333頁。
〔註246〕 袾宏：《佛說阿彌陀經疏鈔》，《蓮池大師文集》，北京：九州出版社，2013，第30頁。

法性故」〔註247〕，即歸屬淨土學於法性宗，而於會相歸性、性相圓融的大原則之下以「一心」統攝法相與淨土。亦可以說，袾宏的相淨融會，實是把法相學納入法性學的判釋系統中，而體現以「一心」統攝性、相的內涵。

第六節　顯密圓融

　　佛教裏有顯、密教法的分別。雖然「陀羅尼密教是二世紀後半葉的東漢末年最早傳入中國的」〔註248〕，而於八世紀初善無畏、金剛智來中土弘法，至此方形成中國漢傳佛教的密宗教派。如馮寶瑛先生言「顯密教法雖異，要須互相輔助。顯教諸經，往往參加陀羅尼以促學人行持之效，東土僧伽每以大悲等咒為常課，即承此旨也。密教雖直提佛德，然於顯教若無相當研究，或致知見不正，誤入歧途，佛法翻成魔道。學者不可不知也」〔註249〕，即指出顯密教法的互融可以促進學人的修學效果，而此亦是能夠促進佛教密乘與顯教各學派、宗派在義理研究與修學實踐上互相影響的重要緣由之一。

　　顯密互融有一個重要表現，就是漢傳密教與淨土信仰的相互影響。由早期傳入的漢傳密教典籍中可反映出密教思想與彌陀淨土思想之間有著某種緊密的聯繫，如三國時支謙所譯的《佛說無量門微密持經》中便提及阿彌陀佛。對於漢傳密教與淨土信仰的相互影響，嚴耀中先生在《漢傳密教》中有一段精彩描述，如「淨土宗與漢傳密教在佛理上有著廣泛的共同基礎，概括的說，它們都信奉『借他力』與『易行道』。淨土宗認為，進入佛國須依靠阿彌陀佛或彌勒佛，而密教則認為成佛必須仗恃大日如來的甚深法力。淨土宗把稱名念佛和積功德視為修佛的主要手段，密教修行的三密雖然複雜些，但與其他宗的累世修行相比，總是簡單的多。更重要的是，由於二者在修行思維上的近似使得二者修行的目的：密宗的肉身成佛與淨土宗的往生佛國能夠銜接起來，成為不同層次上的共同追求」〔註250〕，可謂概括出了漢傳密教與淨土能夠相互促進發展的內在原因。在漢傳密教與淨土的相互影響中，淨宗學人也日益將密教的內容融入於淨土修學中，如唐代的法照即將《阿彌陀佛說咒》編入《學行儀》中，

〔註247〕　袾宏：《佛說阿彌陀經疏鈔》，《蓮池大師文集》，北京：九州出版社，2013，第 31 頁。

〔註248〕　呂建福：《中國密教史》，北京：中國社會科學出版社，1995，第 100 頁。

〔註249〕　馮寶瑛：《佛法要論》（上），北京：宗教文化出版社，2008，第 254 頁。

〔註250〕　嚴耀中：《漢傳密教》，上海：學林出版社，1999，第 130 頁。

現為淨宗功課的必修內容之一。

明代時期，在密教與淨土融合發展趨勢下袾宏思想中亦有顯密圓融的內容。袾宏淨土學與密教的圓融具體表現在兩個方面：一、在《疏鈔》中以淨土修行與密教的內容相融通；二、在被視為密教儀軌的《瑜伽集要施食儀軌》中融入了顯教教理。下面將具體展開論述。

一、《疏鈔》中的顯密圓通

《阿彌陀經》作為淨土宗經典之一，普遍被認為一部顯教經典，而在《疏鈔》中袾宏即表達了一種顯密圓通的觀點。如袾宏言：

> 【疏】稱理，則自性融通隱顯，是華梵翻譯義。
>
> 【鈔】即梵可以成華，則顯非密外。方華未嘗不梵，則密在顯
>
> 邊。當暗中有明，當明中有暗。互相掩映，涉入重重。妙體融通，
>
> 不一不異。〔註251〕

佛經本為古印度梵文典籍，須由通梵、漢雙語的譯師譯成漢文。袾宏在此借題發揮，以梵指密、華指顯，而言梵華互通即顯密融通、不一不異。與顯教相比，密教的教法內容有著其獨特之處。呂建福先生在《中國密教史》中歸納出密教五點秘密特徵：第一、以修行的基本方法——即所謂的三密為秘密；第二、以教說為秘密，即該派認為它所遵循的是佛的秘密深奧的根本義，而非淺顯、隨機之權宜之說，故有「如來秘藏」、「如來密要」、「秘密法門」及「秘密教」、「顯示教」之稱；第三、以宗教的操作實踐方式為秘密，即該派所舉行的儀軌、儀式活動均秘密地進行；第四、以師徒傳承為秘密；第五、以經典為秘密，即該派之經典以密授方式進行，除公開的經軌之外，還有面授的口訣。〔註252〕在《疏鈔》中，袾宏主要從持念方法、經咒相聯兩個方面與密教相聯繫，而闡釋了淨土修學中顯密圓通的見解。

首先，袾宏以事持念佛與理持念佛統攝顯密各種持念方法。袾宏在《疏鈔》中列舉了各種持名念佛的方法。如：

> 單言「持」，則攝「執」，總之為專念不忘意也。又持復有數種：
>
> 一者明持，謂出聲稱念；二者默持，謂無聲密念；三者半明半默持，

〔註251〕袾宏：《佛說阿彌陀經疏鈔》，《蓮池大師文集》，北京：九州出版社，2013，第47頁。

〔註252〕呂建福：《中國密教史》，北京：中國社會科學出版社，1995，第5～6頁。

　　謂微動唇舌念，咒家名「金剛持」是也。又或記數持，或不記數持，
　　俱如密教中說，隨便皆可。而各分事理：憶念無間，是謂事持；體
　　究無間，是謂理持。

袾宏列舉的各種持念方法有明持、默持、半明半默持、記數持、不記數持等。
其中，半明半默持即為陀羅尼法門中的金剛持誦法。如唐代密教宗師不空所著
的《大悲心陀羅尼修行念誦略儀》中言：

　　二手持珠當心，誦真言一遍，與末後字聲移移一珠，不緩不急
　　不高不下，稱呼真言字令一一分明。或作金剛誦，舌端微動脣齒
　　合，離諸散亂，一心專注本尊勿緣異相。或千或百常定其數，念誦
　　終畢，捧珠頂禮，志誠發願，安珠本處，復結本尊心密印念誦。散
　　印如前。〔註253〕

即表明在密教修行儀軌中即有金剛誦念一法。自唐以來，顯教與密教就有相互
融通的發展趨勢，如在明以前出現的《顯密圓通成佛心要集》中就記有關於準
提法修習的各種持誦方法。相關內容如下：

　　又正持誦時，《准俱胝陀羅尼經》、《金剛頂經》、《五字陀羅尼頌》
　　等數本經教中說，隨根所樂亦有多種。一瑜伽持，但想心月中布字，
　　謂想自心如一月輪，湛然清淨內外分明，以梵書𡀔（oṃ）唵字安心
　　月中，以弋（ca）折同（le）隸恆（cu）主同（le）隸箐（cuṃ）準只
　　（de）提送（svā）娑婆扣（hā）訶字從前右旋，次第周布輪緣（去
　　聲呼之），終而復始。二出入息持，謂出入息中想於真言梵字，息出
　　字出，息入字入，字字朗然，如貫明珠，不得間斷（或息出時，想
　　自心月輪中九聖梵字，字字連環，皆有五色光明。從自口中，流入
　　準提菩薩口中，右旋安布準提菩薩心月輪內。若息入時，想準提菩
　　薩心月輪中字，亦字字連環皆有五色光明，從準提菩薩口出，流入
　　自口中，右旋安布心月輪內。如是終而復始，想之甚妙）三金剛持，
　　脣齒不動，舌不至齶，但口中微動。四微聲持，但令自耳聞之，不
　　緩不急字字須得分明稱之。五高聲持，令他聞之滅罪。復有二種持
　　誦。一無數持誦，謂不持珠定數，常無間斷持之。二有數持誦，謂
　　指數珠每日須得限定，其數不須闕少。〔註254〕

〔註253〕 不空：《大悲心陀羅尼修行念誦略儀》，《大正藏》第 20 冊，第 129 頁。
〔註254〕 道㲀：《顯密圓通成佛心要集》，《大正藏》第 46 冊，第 955 頁。

即舉有瑜伽持、出入息持、金剛持、微聲持、高聲持、無數持誦、有數持誦等七種持誦方法，而可將袾宏所列五種念持包括於內。

對這五種持念方法，袾宏並無揀擇，而是「隨便皆可，而各分事理」，即隨任一法而分別為事持與理持兩種。對於事持與理持念佛的具體內容，此不再贅述。袾宏又特別強調事持與理持的顯密圓通意義。如：

【疏】又此事理二持，即顯密二意。

【鈔】四字名號，全皆梵語。但念不忘，與持咒同，是名曰密。
且念且參，觀心究理，是名曰顯。為門少異，歸元則同。顯密圓通，
事理無礙。〔註 255〕

就事持而言，阿彌陀佛四字名號為梵語的音譯，如能念持不忘，即與持咒相同，在此意義上可言為密；就理持而言，能於持念名號中參究自心，探求「一心」真際本原，此又可言為顯。故袾宏指出，事持念佛與理持念佛無礙圓融正是顯密圓通。

其次，袾宏對持名念佛與持咒相融通。因佛典中稱讚《拔一切業障根本得生淨土陀羅尼》（又名《往生咒》）對往生淨土有殊勝的功德，如「若有善男子善女人，能誦此呪者，阿彌陀佛常住其頂日夜擁護，無令怨家而得其便，現世常得安隱，臨命終時任運往生」〔註 256〕，而被淨宗學人作為誦念內容。袾宏亦將之附於《阿彌陀經》後並加以詮釋，如「以咒附經，經得咒而彌顯。以經先咒，咒得經而愈靈。交相為用，應結釋也」〔註 257〕，即指出《阿彌陀經》與《往生咒》交相為用，而彰顯出《往生咒》對往生淨土的妙用。因持誦陀羅尼本為密教修習的內容，故袾宏特指出經咒相聯的顯密圓通意義。如：

【疏】經咒相聯，正顯密圓通義。

【鈔】詳陳彼國，依正莊嚴，信、行願門，如經所明，是之謂顯。
遵佛祕敕，但持此咒。即得往生，是之謂密。顯者，顯此密也。密者，
密此顯也。兼持則雙美畢具，單舉亦交攝不遺，故曰圓通。〔註 258〕

〔註 255〕 袾宏：《佛說阿彌陀經疏鈔》，《蓮池大師文集》，北京：九州出版社，2013，第 133 頁。

〔註 256〕 求那跋陀羅：《拔一切業障根本得生淨土神咒》，《大正藏》第 12 冊，第 351 頁。

〔註 257〕 袾宏：《佛說阿彌陀經疏鈔》，《蓮池大師文集》，北京：九州出版社，2013，第 174 頁。

〔註 258〕 袾宏：《佛說阿彌陀經疏鈔》，《蓮池大師文集》，北京：九州出版社，2013，第 176 頁。

即《阿彌陀經》講授了極樂淨土的種種依正莊嚴以及信願往生等內容，可稱之為「顯」，但依佛之秘敕以持誦《往生咒》而得以往生西方淨土，又可為「密」，兩者互融互攝，相得益彰，即是顯密圓通。

持名念佛是《阿彌陀經》講授的念佛方法，其易行性、殊勝性已如前文所言。袾宏特將持名念佛與持咒相融通。如《竹窗二筆·般若咒》：

> 般若心經曰：「般若波羅蜜多，是大神咒，是大明咒，是無上咒，是無等等咒。」蓋指般若為咒，非指「揭諦揭諦」四句也。今人但知咒屬密部，而般若心經顯部也，是顯部亦咒也，此持咒家所忽焉而不察者也。又「阿彌陀佛」四字，悉皆梵語，使前人不加注釋，與大明、準提密部何別？今人但知大明、準提為咒，而彌陀佛名也。是佛名亦咒也，此持咒家所忽焉而不察者也。〔註259〕

意即《心經》所言「大神咒」即是以般若為咒，而《心經》本屬顯部經典，故顯部經典亦可為咒；以此推及《阿彌陀經》，則「阿彌陀佛」四字洪名，本為梵文音譯，而與密部之咒不應有別，所以持念阿彌陀佛名號即是持咒。

雖然袾宏以持名念佛即為持咒，但更認為持名念佛比持咒具有更殊勝的功德。如：

> 【疏】雖云交攝，而專持名號，猶勝持咒，亦勝餘咒，亦勝一切諸餘功德。
>
> 【鈔】偏贊持名也。一、勝本咒者。以咒云：「誦三十萬遍，則見阿彌陀佛。」而持名，則一日一心，即佛現前故。又咒云：「晝夜六時，各誦三七遍，能滅五逆等罪。」而持名，則至心念佛一聲，即滅八十億劫生死重罪故。二、勝餘咒者。專持名號，即大神咒、大明咒、無上咒、無等等咒。以十念便得往生，一生便得不退。威靈不測，斯名大神。餘可例知故。問：《準提》功德，至廣至大。如何但持佛名，而能勝彼。答：準提，因地菩薩。彌陀，果位如來。持《準提》既有神功，念彌陀寧無妙應？是故經云：「持六十二億恒河沙菩薩名號，不如一稱觀世音菩薩，其福正等。」又云：「持無量無數觀世音菩薩名號，不如一稱地藏菩薩，其福正等。」況如來乎？二、亦勝諸餘功德者。六度萬行，法門無量。而專持名號，則種種功德，攝無不盡，以不出一心故。如前文中廣說。願淨業弟子，專

〔註259〕袾宏：《竹窗二筆》，《蓮池大師文集》，北京：九州出版社，2013，第367頁。

其信，不二其心。如經云：「設有一法，過於涅槃，亦所不願。」禪宗知識，有教人但持話頭，一切不作。故知原業餘門者，尚當改修念佛。何況原念佛人，乃變其所守，而復他尚，心懷二路，志不歸一，云何三昧而得成就？直至無常，空無所獲，周思己過，反起謗言。嗚呼謬哉！〔註260〕

袾宏在此至少表達了三層意思。第一，持名念佛比《往生咒》更加殊勝。如依《拔一切業障根本得生淨土陀羅尼》誦咒三十萬遍才能現見阿彌陀佛，而依《阿彌陀經》「若有善男子、善女人，聞說阿彌陀佛，執持名號，若一日、若二日、若三日、若四日、若五日、若六日、若七日，一心不亂。其人臨命終時，阿彌陀佛與諸聖眾現在其前」〔註261〕，即持名念佛「一心不亂」，即可臨終時現見彌陀，故持名念佛比《往生咒》更殊勝。又依《拔一切業障根本得生淨土陀羅尼》「日夜六時各誦三七遍，即滅四重、五逆、十惡、謗方等罪，悉得滅除」〔註262〕，而依《佛說觀無量壽經》「稱佛名故，於念念中，除八十億劫生死之罪」〔註263〕，故在滅罪方面持名念佛比持《往生咒》更殊勝。第二，持名念佛勝過其餘諸咒。袾宏借用《心經》類推持名念佛為「大神咒，大明咒，無上咒，無等等咒」，而有「十念便得往生，一生便得不退」的威神之功德，非其餘諸咒能夠比擬。密教中流行有準提法，袾宏特以之與持名念佛相比較，而以「準提因地菩薩，彌陀果位如來」為由判持名念佛更為殊勝。第三，持名念佛勝過其餘諸行。佛教有六度萬行、無量法門，如《疏鈔》所言「以持名即是持此一心，心該百行，四諦六度，乃至八萬四千恒沙微塵一切行門，攝無不盡」，而今專持阿彌陀佛名念號便可證入「一心」，故袾宏以持名念佛勝過其餘諸行。袾宏於此，自是以淨土的立場看待持誦陀羅尼與其餘諸門行法，若僅就持名念佛的易行性、快捷性、不退轉性等而言，確有其道理，但佛陀本是應機布教，至於那個法門更殊勝的問題，對此還須專門探討。

最後，袾宏以「一心」統攝顯密。袾宏先在「一心」的層面上對《拔一切業障根本得生淨土陀羅尼》進行概括。如：

〔註260〕 袾宏：《佛說阿彌陀經疏鈔》，《蓮池大師文集》，北京：九州出版社，2013，
　　　　　第 176～177 頁。
〔註261〕 鳩摩羅什譯：《佛說阿彌陀經》，《大正藏》第 12 冊，第 347 頁。
〔註262〕 作者不詳：《阿彌陀經不思議神力傳》，《大正藏》第 12 冊，第 352 頁。
〔註263〕 畺良耶舍：《佛說觀無量壽經》，《大正藏》第 12 冊，第 365 頁。

　　【疏】稱理，則自性空，是拔業障義。自性有，是「陀羅尼」
　　義。自性不有不空，是「生淨土」義。

　　【鈔】覓心了不可得，一切業障，誰為根本？即心無所不具，
　　一切功德，何弗總持？當總持而不立纖塵，有是即空之有。無根本
　　而出生萬法，空是即有之空。即有則不空，即空則不有。不空不有，
　　惟是一心。不越一心。是名淨土。〔註264〕

袾宏指出，了悟一切業障皆由心的虛妄性而生，是為「拔業障」義；而「一心」
具足一切功德，即為「陀羅尼」義；有而不立一塵，空而具足萬法，惟是「一
心」，即為「生淨土」義。又對《阿彌陀經》，如袾宏言「今此經者，依正信願
等法，若文、若義，究極皆歸一心真如」，而將《阿彌陀經》法義歸攝於「一
心」。由此，袾宏以「一心」統攝《阿彌陀經》與《拔一切業障根本得生淨土
陀羅尼》。在袾宏語境裏，本就是以《阿彌陀經》指意於顯教、《拔一切業障根
本得生淨土陀羅尼》指意於密教的，故袾宏之「一心」統攝《阿彌陀經》與《拔
一切業障根本得生淨土陀羅尼》，即體現出其以「一心」統攝顯教與密教的意
旨。

二、《瑜伽集要施食儀軌》與顯教義理的融通

　　湯用彤先生有言「因密宗特重儀式，故其經典除咒語外，恒有儀軌。中詳
陳儀式之規則，毫不可亂」〔註265〕，即指出密宗以各種繁多、精嚴的儀軌為
其特色。密宗法儀中有施食法在明代時流行甚廣，現據袾宏在《竹窗三筆》中
言「焰口施食，啟教於阿難，蓋瑜伽部攝也。瑜伽大興於唐之金剛智、廣大不
空二師，能役使鬼神，移易山海，威神之力不可思議。數傳之後，無能嗣之者，
所存但施食一法而已」〔註266〕，可知其時所推行的施食法主要是源於漢傳密
教的。但元、明時期，藏傳佛教已向漢地傳播，藏傳密教的內容亦向漢傳佛教
中滲透。如呂建福先生指出，當時之施食法已「引入了藏傳的施食法」，而「並
不是不空施食法的不折不扣的沿襲」，且據呂建福先生考證「明代有天機根據
《瑜伽集要施食科儀》，編成《修習瑜伽集要施食壇儀》。後袾宏重訂校注，為
《修證瑜伽集要施食壇儀》，其中注引《咒印可知》，此《咒印可知》當屬藏文

〔註264〕袾宏：《佛說阿彌陀經疏鈔》，《蓮池大師文集》，北京：九州出版社，2013，
　　　　第177頁。
〔註265〕湯用彤：《隋唐佛教史稿》，武漢：武漢大學出版社，2008，第183頁。
〔註266〕袾宏：《竹窗三筆》，《蓮池大師文集》，北京：九州出版社，2013，第443頁。

著作，內用藏文大藏經的梵文字體，又引用藏文大藏經中的經典。今存者即萬曆三十四年（1606）重訂本。袾宏還將此本加以注釋，即今之《修設瑜伽集要施食壇儀補注》」〔註267〕，而可推知，袾宏《修設瑜伽集要施食壇儀》及其《補注》還是在一定程度上受有藏密的影響。通觀《修設瑜伽集要施食壇儀》及其《補注》，其中與顯教融通的內容主要表現在以《起信論》與華嚴等顯教義理對之相關密義的詮釋上。下面將具體闡述。

　　首先，《施食壇儀》的「一心」緣起詮釋。如湯用彤先生言「密教之傳實起於自唐玄宗時。雖密咒翻譯自漢以來即有之，然至此始有完全之密教傳入。因咒為佛經所常有，而密教則外重儀軌，內附教理，自成一系統派也」〔註268〕，即指出漢傳密教主要是指今天所言之唐密，在儀軌、教理上富有特色而自成一派。自善無畏依《大日經》等傳大日宗，金剛智依《金剛頂經》等傳金剛頂宗，如湯用彤先生言「密宗之大弘，要在不空」〔註269〕，後由不空融合一爐，而有大教風行，被稱為真言宗，此即唐密的形成大概。對於其中教理，如《中國佛教通史》「傳統上認為，密教的主要思想是由六大、四曼、三密這三大部分構建起來的，其中六大屬於體大，四曼屬於相大，三密屬於用大，一切眾生本來具足這三大功德」〔註270〕，即密教教理主要包括六大緣起、四種曼陀羅、三密相應等內容。其中，密教以六大緣起描述了一幅宇宙產生與存在的圖景，如方立天先生言「六大，也稱『六界』，是構成世界一切事物現象的基本元素。六大早就在《阿含經》中已有論及，《中阿含經度經》說：『云何六界法？……謂地、水、火、風、空、識界。』後來『大日如來』經典又提出『六大無礙瑜伽』的命題。『瑜伽』，相應的意思。宣傳六大是自他無礙、彼此相應的。密教據此提出六大緣起論」〔註271〕，即概括了六大緣起論的理論依據與基本要點。但袾宏在《施食壇儀》及《補注》中並未提及六大緣起，而是以「一心」理論進行詮釋。如：

　　　　夫吾人法性，量充沙界，體含萬有，湛若澄清之海，香騰薝蔔
　　　　之林，明逾日月，德等太虛，舒之能徧於法界，卷之可納於微塵，

〔註267〕呂建福：《中國密教史》，北京：中國社會科學出版社，1995，第557～558頁。
〔註268〕湯用彤：《隋唐佛教史稿》，武漢：武漢大學出版社，2008，第183頁。
〔註269〕湯用彤：《隋唐佛教史稿》，武漢：武漢大學出版社，2008，第184頁。
〔註270〕賴永海主編：《中國佛教通史》（第7卷），南京：江蘇人民出版社，2010，第631頁。
〔註271〕方立天：《佛教哲學》，北京：人民大學出版社，2006，第186頁。

為萬象之根源，作天地之玄祖。歷千劫而不古，卓然而獨存者，其
唯自性歟。或於一塵之內而現全身，五眼莫能覩其形。或於六根之
門而耀威光，四辯莫能談其狀。聞之則穿過髑髏，頓枯識海。觸之
則衝破頂顙。豁開正眼者，其唯心香歟。故知此香，人人本具，個
個不無。但自一念回光，身心一如，有何欠虧。信者垂手而得，然
之普天遍聞，不待僧祇薰修，清氣本自天然。十方佛土，唯此為最。
三藏教海，誰不摧尊。法華云：唯此一事實，餘二則非真。方是此
一辦香之意。〔註272〕

此為袾宏對「吾人之法性」的描述，即言其體有湛清、明德、舒卷、不古等性，
具「體含萬有」、「為萬象之根源」等用，而與《疏鈔》「靈明洞徹，湛寂常恒，
非濁非清，無背無向，大哉真體。不可得而思議者，其唯自性歟」之義有著相
當的意味。可以看出，袾宏在《施食壇儀》中依舊以「一心」真際為萬法的究
竟本原，而此與《疏鈔》中以《起信論》與華嚴義學對「一心」的詮釋正是一
味貫通的。對於世界萬物的起源，袾宏又言：

在內教約理說，即第八識。王所未分，心境未彰，故云一炁也。
謂依如來藏有生滅心，不生滅與生滅和合，非一非異，而成阿賴耶
識。內有此識，外有空界，所謂晦昧為空者。故知一炁是彼識體，
不了本空，轉成能見能現，於是遂有根身器界之分，陰陽化育之象。
故楞嚴云：內之根身，外暨山河虛空大地，咸是妙明真心中物。如
是，則一心是根源，萬物為枝末矣。故肇法師云：天地與我同根，
萬物與我同體。〔註273〕

即袾宏依《起信論》「心生滅門」指出，由「彼識體」不守自性而轉現有「根
身器界之分，陰陽化育之象」。在此，袾宏描繪出一幅以「一心是根源，萬物
為枝末」的宇宙存在圖景。袾宏此說顯然是依《起信論》真如緣起的模式而釋，
但至於真如緣起與六大緣起之間的理論聯繫與差別而於此能否恰當言通，仍
是一個有待深入探討的話題。

其次，以華嚴四法界說與密教法界說相融通。密教也有自己的法界說，如
孟曉路先生的歸納「法界中一切存在依粗細顯微以第八識為參照可分五級；與
此五級一一對應，佛之淨土分為五重；眾生之三界與後三級人體對應；五種曼

〔註272〕袾宏：《修設瑜伽集要施食壇儀》，《續藏經》第 59 冊，第 272 頁。
〔註273〕袾宏：《修設瑜伽集要施食壇儀》，《續藏經》第 59 冊，第 273 頁。

荼羅與此五級亦有其開合對應之道」〔註274〕，並在《七大緣起論》一書中詳
細論述。祩宏則以華嚴法界說對之進行解讀。如：

> 法界者，總該萬有，即是一心。元依一真法界，分而為四。一
> 理法界，法者軌生物解之義，理是性義，無盡事法同一性故。二事
> 法界，事是分義，一一義別有分劑故。三理事無礙法界，一切分劑
> 事法，一一如性融通，重重無盡故。實際理地不受一塵，不待淨而
> 自淨也。四事事無礙法界，事有染淨，固當簡別。而事界之中，又
> 有身器之別，此則淨事界之根身也。以根身是父母赤白二點所成，
> 並積生無始虛習，故淨之也。以六根四肢，各有法則，各有界限，
> 是故名為法界耳。〔註275〕

即依華嚴四法界說對淨法界真言進行闡解，而此又與《疏鈔》中關於「一心」
與四法界的論說內涵是一致的。祩宏並將華嚴四法界觀貫穿於《補注》中。如：

> 羅列香花（至）一毫端。

> 星羅布列名香鮮花，建此勝妙眾寶之壇，重重無盡之佛境，皆現
> 我一毫端字，不相妨礙也。而毛端不大，佛境不小，而能周徧含容互
> 無障礙，猶如一尺之境現千重影，此即事事無礙境界，廣狹無礙自在
> 門也。經云：於一毫端現寶王剎，坐微塵裏轉大法輪，帝網鏡珠隨意
> 遊入，依正大小隱顯互映。此非智巧所能，蓋為法應故爾。〔註276〕

意為在此法壇中，種種鮮花的羅布卻能周徧含容重重無盡之佛境，即是以華嚴
事事無礙的意涵對《施食壇儀》「羅列香花（至）一毫端」句進行詮釋。又如：

> 香煙堆裏（至）海印含。

> 佛之三身，神妙莫測。有求皆應，無願不從。寂然不動，感而
> 遂通。我今香煙堆裏，瞻望應現色身而降赴也。猶如海含萬象，分
> 明顯現。如印成文，不假先後。古德云：澄潭瑩淨，明鏡空懸，萬
> 象森羅，廓然虛鑒。今則信心懇切，一念湛寂，則千聖貞歸，萬靈
> 交會，豈獨三壇主乎。此二是理事無礙法界意，正請之文也。〔註277〕

意即按壇儀祈請，諸聖感通，正是以華嚴理事無礙的意涵對對《施食壇儀》「香
煙堆裏（至）海印含」句進行詮釋。如此等等，茲不贅述。

〔註274〕 孟曉路：《七大緣起論》，北京：宗教文化出版社，2008，第 185 頁。
〔註275〕 祩宏：《修設瑜伽集要施食壇儀》，《續藏經》第 59 冊，第 276 頁。
〔註276〕 祩宏：《修設瑜伽集要施食壇儀》，《續藏經》第 59 冊，第 278 頁。
〔註277〕 祩宏：《修設瑜伽集要施食壇儀》，《續藏經》第 59 冊，第 278 頁。

　　顯密圓通的一個重要表現就是顯教與密教教理的互融互通，如嚴耀中先生言「而漢傳密教之所以不同於其他的密教支流，一個重要方面就是在於它和中國佛教其他諸宗的結合上」〔註278〕，便強調顯教與密教的融通成為漢傳密教鮮明特色。以顯教教理對密教進行解讀，是顯密融通的一種重要表現形式，其中以華嚴學對密教教理進行解讀卻並非袾宏首創，如《中國佛教通史》所言「一行在《大日經疏》中將密宗的這類直接觀點作了華嚴宗式的解讀：『界有三種，所謂法界、心界、眾生界。離法界無別眾生界，眾生界即是法界；離心界無別法界，法界即是心界。當知此三種，無二無別。』這裡的法界就是，就相當於華嚴宗的『一真法界』，眾生界之所以與『法界』沒有區別，根本的原因就在於眾生界是依法界而起的」〔註279〕，便指出唐代時已有名僧一行以華嚴學對密教教理進行解讀的先例。顯然這種解讀並非僅是形式上的簡單互通，如嚴耀中先生所指出，華嚴學與密教在思想淵源、大悲精神、強調陀羅尼、強調儀軌等方面具有一致的表現，且彼此有著重要的影響〔註280〕，而是在深厚教理認同基礎上的一種詮釋。故袾宏在此的解讀闡發，正是顯密教理認同在晚明時代的一種發展表現。

　　最後，「一心」統攝三密。密教的修行方法為三密相應。如袾宏言：

　　　　庶登壇者，知三業相應之謂瑜伽。手之所結，必端必嚴，毋拈弄舞揚而類戲掉。口之所誦，必真必正，毋扭捏彈吒而淆密語。意之所作，必精必專，毋散心亂想而虧正觀。夫然後身與口協，口與意符，意與身會，而以此度生，亦以此自度，功德不可思議。瑜伽行人，願相與諦審而力行之。〔註281〕

所謂三密，即是身密、口密、意密。身密，即身結印契，是以手結手印為主，眼口臂足等相與輔之。口密，即口誦真言。意密，即心住瑜伽正觀。修行者通過三密修持可與本尊佛相感應，即為三密相應，如《中國佛教通史》言「三密被看作是密宗的基本表徵」〔註282〕，此為密教修行的基本方法。對三密相應，

〔註278〕嚴耀中：《漢傳密教》，上海：學林出版社，1999，第82頁。
〔註279〕賴永海主編：《中國佛教通史》（第7卷），南京：江蘇人民出版社，2010，第634頁。
〔註280〕嚴耀中：《漢傳密教》，上海：學林出版社，1999，第82～92頁。
〔註281〕袾宏：《瑜伽集要施食儀軌》，《續藏經》第59冊，第254頁。
〔註282〕賴永海主編：《中國佛教通史》（第7卷），南京：江蘇人民出版社，2010，第635頁。

袾宏以「一心」相會通。如：

> 梵語瑜伽，華言相應，謂三業同時，而不先後，共緣一境也。
> 手結印時，口必誦咒，意必作觀，三業齊施，無有參差，始名相應。
> 以相應故，則外無異緣，內有主宰。以有主宰故，豈非全身總是大
> 悲王。以無異緣故，正是脫體俱成嚂哩字。審如是，三密即是一心，
> 一法徧含諸法，方能上合十方諸佛本妙覺心，與佛如來同一慈力，
> 下合十方六道眾生，與諸眾生同一悲仰，世出世間，隨願即成，凡
> 有所作，皆獲如意。〔註283〕

即袾宏解為，三密相應即「外無異緣，內有主宰」，眾生依此而「全身總是大
悲王」、「脫體俱成嚂哩字」，即是「一心」真際顯現。正因三密即是「一心」，
眾生由此瑜伽行上合於諸佛微妙本心，下與眾生同一悲仰，而圓具一切功德。
由此，袾宏將三密歸攝為「一心」。又如袾宏在《疏鈔》中所言「是法平等，
無有高下。上而徹乎諸聖也，上亦與之俱。下而徹乎六凡也，下亦與之俱。良
以四諦、十二因緣、四等、六度、五戒、十善，萬行紛然。乃至八萬四千諸塵
勞門，唯是一心，真實性中無差別故」〔註284〕，即以「一心」上徹諸聖、下
徹六凡，而統攝佛陀的八萬四千教法。袾宏所言的八萬四千教法，自是暗含著
密教的三密相應的教學內容，故亦可以解讀為，袾宏已早在《疏鈔》中為「一
心」統攝三密的論說作了預設。

〔註283〕袾宏：《修設瑜伽集要施食壇儀》，《續藏經》第59冊，第271頁。
〔註284〕袾宏：《佛說阿彌陀經疏鈔》，《蓮池大師文集》，北京：九州出版社，2013，
　　　　第65頁。

第五章 「三教一家」論

　　明代時期，中華文化發展的主趨勢仍是儒、釋、道三教文化的充分融合與共同發展，即三教合一。在三教合一的大背景下，袾宏主導「三教一家」論。袾宏所言的三教一家，顯然並非儒、釋、道三家混然為一，如洪修平先生言「而（宋代以後的）佛教在論證三教一致、三教合一的同時，也肯定三教各有側重點，它是立足於佛教自身的立場來肯定儒道的合理內容的」〔註1〕，亦是從佛教立場論述三教一家而自成特色。下文將詳述。

第一節 「一心」統攝三教

　　儒、釋、道三教立宗不同，而各有其旨，如澄觀「自古諸德多雲三教之宗，儒則宗於五常，道宗自然，佛宗因緣」〔註2〕，即指此意。若就三教的差異而言，儒、釋、道三教在宗旨、性格等方面明顯具有多樣性的表現，而融合本為多樣性的統一，現若就三教的統一性而言，儒、釋、道三教又有著其內在的一致性。唐代以來，儒釋道三家為了適應新的發展需求，而加強交流、充實發展。宋明時期，宋明理學家就注意吸收佛道心性論，而為儒家構建出了系統的心性本體理論。至此，關於三教融合的探討也已不再局限於三教在調節社會功能與完善人格發展等具有共通性的話題，而更進一步在心性論的基礎上強調三教的統一。面對此融合趨勢，袾宏亦在心性論基礎上強調三教合一，而具體表現有主張三教一家、以佛為尊、「一心」統攝三教等內容。

〔註1〕洪修平：《中國佛學之精神》，上海：復旦大學出版社，2009，第276頁。
〔註2〕澄觀：《大方廣佛華嚴經隨疏演義鈔》，《大正藏》第36冊，第513頁。

首先，「三教一家」。如《正訛集・三教一家》：

> 人有恆言曰「三教一家」，遂至漫無分別，此訛也。三教則誠一
> 家矣。一家之中，寧無長幼、尊卑、親疏耶？佛明空劫以前，最長
> 也；而儒、道言其近。佛者天中天、聖中聖，最尊；而儒、道位在
> 凡。佛證一切眾生本來自己，最親也；而儒、道事乎外。是知理無
> 二致，而深淺歷然。深淺雖殊，而同歸一理。此所以為「三教一家」
> 也，非漫無分別之謂也。〔註3〕

即袾宏指出儒釋道三教之理，有聖凡之分、深淺之別，但「同歸一理」，故言
三教為一家。於此，袾宏儘管言三教一家，但已明確指出，三教非是無原則混
同後的一家，而是能各自保留自身性格的前提下的一家。

再次，以佛為尊。明代時期，三教合一的見解已經得到廣泛的認同。宋明
儒者出入佛道者多有之，他們對佛道的態度也有多種，可概括如下三類：一、
或受佛、道學影響，但並未透徹領悟，而以儒家教化為中心有闢佛、道之言
行，抑或有對佛、道學極力排除的激進表現；二、因解而信，融會佛、道學，
在思想中視儒釋道為水乳交融；三、通達佛、道學之理，但並不崇信，實為以
佛道解儒。隨各類不同，其視儒與佛的地位亦不同。對於儒門中倡言三教合一
者，可歸為第二與第三類。如泰州學派的焦竑，融合儒釋道三教，而倡言求仁
知性的儒家之旨，實為第二類論三教者；而其師耿定向，亦談儒佛，但非儒佛
互融，而僅是借用佛教闡釋儒家思想，如張學智先生所評論「佛與儒在他那裏
不是水乳交融，而是油水相分，只有外在的相似性。他的根本思想是儒家的，
他也未能深入到佛書中，利用佛教的思想資料。佛家名相事數在他這裡只是藉
以闡發儒家思想的媒介」〔註4〕，而可歸為第三類，如此不一一列舉。

道教學人中亦有注重在三教理論的貫通中講述內丹者，如全真龍門派王
長月言「自古聖賢仙佛，看破世情一切有為，凡所有相，皆是虛妄。便欲出世
超凡，了悟生死，深入山林，忘卻殞命，以求至道」〔註5〕，便是有意識在三
教義理融合的語境下詮釋丹道理論，而在《中國道教思想史》中被評價為「大
力倡導『三教一理』、『三教同源』，這是王常月思想的鮮明特色」〔註6〕。顯然

〔註3〕袾宏：《正訛集》，《嘉興藏》第33冊，第77頁。

〔註4〕張學智：《明代哲學史》，北京：北京大學出版社，2003，第281頁。

〔註5〕王常月：《碧苑壇經》，《古書隱樓藏書》，宗教：宗教文化出版社，2010，第57
頁。

〔註6〕卿希泰主編：《中國道教思想史》（第四卷），北京：人民出版社，2009，第36頁。

道教所言三教合一是以道教為重心的，如伍守陽「仙宗果位，了證長生。佛宗果位，了證無生。然而了證無生尤以了證長生為實詣，了證長生尤以了證無生為始終，所謂性命雙修者也。今我述斯宗，厥意在仙宗，其佛宗不過帶言而已」〔註7〕，即言仙道的長生與佛宗的無生可以互通，但其所述「意在仙宗」，便突出了以道教為本位的旨趣。

佛門內亦多有言三教合一者，如袾宏等「四高僧」皆是主張三教合一的代表人物。但三教合一，本就應是在三教保有多樣性前提下的統一，而並非是抹殺了三教各自的獨立性之後的無原則的混同，如上所言的儒、道皆強調在保任自身特質的前提下與別教的融合。袾宏亦強調在此融合的大潮中，儘管三教一家，但佛教並非是與儒道的無原則混同，亦非是儒道的附屬，而更是處於尊貴的地位。如袾宏所言「人有恆言曰「三教一家」，遂至漫無分別，此訛也。三教則誠一家矣。一家之中，寧無長幼、尊卑、親疏耶？佛明空劫以前，最長也；而儒、道言其近。佛者天中天、聖中聖，最尊；而儒、道位在凡。佛證一切眾生本來自己，最親也；而儒、道事乎外」，即指出儘管三教為一家，而佛教在於昌明宇宙真際，徹證自己本來面目，可謂「天中天、聖中聖」，故在三教之中為最長、最尊、最親。袾宏於此自是以佛教六道輪迴、諸法無我、究竟涅槃等義理為判斷標準，而此能否為儒、道學人所認同也是值得思考的，但就袾宏強調在三教合一中保留佛教自身性格的一面而言，還是有很大啟發意義的。

最後，「一心」統攝三教。既然袾宏就三教之理無有二致而言統一，即須指出其理同在何處。如袾宏在《修設瑜伽集要施食壇儀》所言：

> 混沌一炁即太極，所謂道生一者也。太極分兩儀，即一炁分為陰陽。輕清為天，重濁為地，所謂一生二者也。約小乘上說，一炁者即光音金藏雲，陰陽者即所雨之雨，清者先成天宮，濁者次成洲海。良以竺墳未至，儒老權說，設義未免究竟，故不繁釋。從陰陽化育人及萬物，即二生三三生萬物者也。是知外教以一炁為根本，人及萬物為枝末。在內教約理說，即第八識，王所未分，心境未彰，故云一炁也。謂依如來藏有生滅心，不生滅與生滅和合，非一非異，而成阿賴耶識。內有此識，外有空界，所謂晦昧為空者。故知一炁

〔註7〕伍守陽：《仙佛合宗》，《古本伍柳仙宗合集》，上海：上海古籍出版社，1990，第253頁。

是彼識體，不了本空，轉成能見能現，於是遂有根身器界之分，陰
陽化育之象。故楞嚴云：內之根身，外暨山河虛空大地，咸是妙明
真心中物。如是，則一心是根源，萬物為枝末矣。〔註8〕

即指出，儒家之太極化育萬物說與道家、道教之道生（一炁）萬物說皆為不究
竟之「權說」，而只有佛教的「一心」說才堪為究竟之說。下面進行詳細分析。

於此，袾宏以太極陰陽說作為儒家宇宙生化理論的主體思想。儒家學說，
幾經起伏，至宋明表現為理學昌盛。其中，朱熹為兩宋理學發展的集大成者。
在袾宏時期，朱子之學仍居於官學之位，當對袾宏有著不容忽視的影響。朱子
主理氣論，就宇宙的存在問題上亦言太極生成之說，如「太極非是別為一物，
即陰陽而在陰陽，即五行而在五行，即萬物而在萬物，只是一個理而已。因其
極至，故名曰太極」〔註9〕，即言太極既生陰陽而在陰陽中，既生萬物而遍在
萬物中。關於太極與萬物的關係，朱子又言「太極如一木生上，分而為枝幹，
又分而生花生葉，生生不窮。到得成果子，裏面又有生生不窮之理，生將出去，
又是無限個太極，更無停息」〔註10〕，即指出太極生出萬物，萬物又各具一太
極，而太極與萬物是本根與枝幹的關係。而考朱子言太極，又多是在對周敦頤
《太極圖說》與《易經》等的注解中闡發出來的。如周子言「無極而太極。太
極動而生陽，動極而靜，靜而生陰。靜極復動。一動一靜，互為其根；分陰分
陽，兩儀立焉。陽變陰合，而生水、火、木、金、土。五氣順布，四時行焉。
五行，一陰陽也；陰陽，一太極也；太極，本無極也。五行之生也，各一其性。
無極之真，二五之精，妙合而凝。『乾道成男，坤道成女』，二氣交感，化生萬
物。萬物生生，而變化無窮焉」〔註11〕，即以太極有動靜而生陰陽，陰陽變化
而生五行，陰陽五行而化生萬物，勾畫出一幅宇宙生化圖景。而周子《太極圖
說》關於太極陰陽的學說又與《易傳》有著內在的關聯，如張岱年先生的推證
「周子這種思想，大體是取諸《易傳》而加以改變。《易傳》的太極，此稱為
無極而太極。《易傳》謂兩儀生四象，四象生八卦，此以五行改易之。在後一
點，周子的學說亦可以說是《易傳》的太極陰陽論與《洪範》的五行論之綜

〔註8〕 袾宏：《修設瑜伽集要施食壇儀》，《續藏經》第 59 冊，第 273 頁。
〔註9〕 黎靖德編，王星賢點校：《朱子語類》（第 6 冊），北京：中華書局，1986，第
　　　　2371 頁。
〔註10〕 黎靖德編，王星賢點校：《朱子語類》（第 5 冊），北京：中華書局，1986，第
　　　　1931 頁。
〔註11〕 周敦頤：《太極圖說》，《周敦頤集》，北京：中華書局，2009，第 3～5 頁。

合」﹝註12﹞，即指出周子《太極圖說》的主要理論淵源為《易傳》的太極陰陽論。《易傳》是關於《易經》的解釋性作品，包括《彖傳》上下、《象傳》上下、《繫辭傳》上下等七種十篇文章，被稱為「十翼」。一般認為，《易傳》的出現與孔門後學有關。《易傳》將宇宙的本原表述為「太極」，如「《易》有太極，是生兩儀，兩儀生四象，四象生八卦」﹝註13﹞，意即以宇宙大化歷程的起始為太極，而由此無上太極而生兩儀（陰陽），由陰陽而生四象，由四象而生乾、坤、震、艮、離、坎、兌、巽等八卦。八卦分別對應天、地、雷、風、水、火、山、澤等，是自然中的八項最顯著的事物。這八種事物，如張岱年先生言「古人認為其餘一切現象之基本」﹝註14﹞，即意指由太極化生有一切事物現象。因《易傳》中蘊含有宇宙生化的思想，而被後儒重視，並在宋明理學中被大力發揮。袾宏即以此係太極陰陽說為儒家關於宇宙生化理論的主體思想，而同「一心」說相聯繫。

袾宏又將老子的「道生萬物」說作為道家與道教宇宙生化理論的主體思想。道家思想的核心是「道」。道的本意是道路，由春秋時期老子將之演繹成為一個獨立的形上學範疇。在老子的學說中，道具有多重內涵，而其中最重要的即是以道為宇宙的本原，如「有物混成先天地生。寂兮寥兮獨立不改，周行而不殆，可以為天下母。吾不知其名，強字之曰道。強為之名曰（大）。（大曰）逝，逝曰遠，遠曰反。故道大、天大、地大、人亦大。域中有大，而人居其一焉。人法地，地法天，天法道，道法自然」﹝註15﹞，即指出先天地而生的道無聲無形、獨立不變、無所不在而產生功用，可以作為宇宙的本原。從此段語句，至少可概括出作為宇宙本原的「道」的四個特徵：一、獨立，即一切事物皆處對待中，而道為超越對待的絕對；二、不變，即雖一切事物現象皆有生滅、變化，而道為恒常不變者；三、周行不殆，即道普遍於一切，無時不發生著功用，卻不會枯竭；四、「為天下母」，即是為萬物的本原，由此而產生一切事物現象。在關於宇宙生成的論說上，老子言「道生一，一生二，二生三，三生萬物」﹝註16﹞，即指出道的邏輯展次序開，由形上的

﹝註12﹞ 張岱年：《中國哲學大綱》，北京：崑崙出版社，2010，第 41 頁。

﹝註13﹞ 趙建偉，陳鼓應：《周易今注今譯・繫辭》，北京：商務印書館，2005，第 627頁。

﹝註14﹞ 張岱年：《中國哲學大綱》，北京：崑崙出版社，2010，第 32 頁。

﹝註15﹞ 朱謙之撰：《老子校釋》，北京：中華書局，2010，第 100～103 頁。

﹝註16﹞ 朱謙之撰：《老子校釋》，北京：中華書局，2010，第 174 頁。

存在而次序落實為現實上的宇宙萬物。其中,「一」為混沌未分的元氣,「二」為天地,「三」為陰陽和盅氣,而由陰陽和盅氣最終形成宇宙萬物。故道家關於宇宙生成的邏輯路徑可概括為:由道有元氣,又因元氣的陰陽相反相成作用而化生萬物。

　　道教是中國土生土長的一種以「得道成仙」為基本信仰的傳統宗教。道教與中國道家有著緊密的聯繫,如孫亦平先生言「(道教)源自上古時期的原始宗教、戰國方仙道和秦漢黃老道,在先秦老莊思想的基礎上,又融會吸收儒道墨陰陽神仙方技養生等諸家的思想,通過深化老子以及有關『道』的學說而建立起理論體系和修道方法」〔註17〕,即指出了道家思想在道教產生與發展中具有極其重要作用。孫亦平先生又指出道教裏對道詮釋的兩種傾向:一種是從道的信仰出發,把道人格化,以太上老君為創造宇宙、主宰萬物的最高神靈;另一種是延續漢魏以來以「元氣」為宇宙本原的傳統,而力圖對宇宙世界以及人的存在作出一個根本性的詮釋〔註18〕。如《太平經》「元氣恍惚自然,共凝成一,名為天也;分而生陰而成地,名為二也;因為上天下地,陰陽相合施生人,名為三也。三統共生,長養凡物名為財」〔註19〕,即以元氣化生天地,陰陽和合,再化生為人與萬物,構建出一幅由道→氣→天→地→人→萬物的宇宙化生圖景。《太平經》如此詮釋自是依據老子「道生一,一生二,二生三,三生萬物」而來,其中以「元氣」對應於「一」,漸次化生以成人與萬物。故在道教的道生萬物的歷程中,道氣具有極其重要的邏輯地位與作用。隨著道教理論的發展,開始用一氣(一炁)表示生天生地的原始性道氣,如《悟真篇》「道自虛元生一氣,便從一氣產陰陽。陰陽再合成三體,三體重生萬物昌」〔註20〕,便表達了由道生一氣(一炁),一氣(一炁)又生陰陽的生化路徑。因一氣(一炁)具有天地未分的原始混沌狀態的意涵,故又被稱為混沌一炁,如明代正一道的張宇初言「混沌未分之先,一炁胚渾於空洞之中也」〔註21〕,即言此中意味。明代之時,道教諸派可劃歸為正一與全真兩大教派,而其中正一派為「頗

〔註17〕孫亦平:《道教文化》,南京:南京大學出版社,2009,前言第 1 頁。
〔註18〕孫亦平:《道教文化》,南京:南京大學出版社,2009,第 86～87 頁。
〔註19〕楊寄林譯注:《太平經》,北京:中華書局,2013,第 1049 頁。
〔註20〕張伯端著,翁葆光等注:《悟真篇集釋》,北京:中央編譯出版社,2015,第 63 頁。
〔註21〕張宇初:《元始無量度人上品妙經通義》,《道藏》第 2 冊,天津:天津古籍出版社,1998,第 304 頁。

貴盛」，而「全真派在明代較為沈寂」〔註22〕，故正一道應為影響較大的道教教派。如《中國道教史》「明代正一道士中留下著述，對其教義有所闡發者，只有明初的張宇初、趙宜真」〔註23〕，可知張宇初、趙宜真的思想可視為明代時正一派的思想代表。而張宇初於《元始無量度人上品妙經通義》中言「太上曰：道生一，即一炁也。一生二，即兩儀也。三生萬物，即三景也。三炁合生為九炁，三炁乃天地之宗，萬物之根，皆由祖劫化生，而後開明天地，由之以生，是為天根也。上無復祖，惟道為身，道以虛無為宗，不可以象求，是曰強名，故無形無名、無聲無臭、大包天地、囊括宇宙。其上它無所祖者，道也。儒曰元極，釋曰真空，道曰太虛，其理一也」〔註24〕，即勾勒出了道→一炁→兩儀→三景→萬物的宇宙生化圖景。同時，張宇初又倡導三教歸一。故袾宏於此即以此係一炁生萬物說為道教宇宙化生理論的主體思想，並同「一心」說相聯繫，這也是符合明代道教發展的實際的。

　　袾宏將儒家的太極生萬物說與道家、道教的道（一炁）生萬物說，皆納入「一心」體系中加以評判。如袾宏所言「混沌一炁即太極，所謂道生一者也。太極分兩儀，即一炁分為陰陽。輕清為天，重濁為地，所謂一生二者也」，即將儒的「太極」與道的「混沌一炁」視為相當的範疇，而歸為「道生一」之「一」；又將儒的「兩儀」與道的「陰陽」視為相當，而歸為「一生二」之「二」。如此類推，袾宏歸納出儒以「太極」、道以「一炁」為根本，而「人及萬物為枝末」的結論。袾宏「一心」說本是依《起信論》、華嚴心性學等構建而成，故袾宏引《起信論》而言「謂依如來藏有生滅心，不生滅與生滅和合，非一非異，而成阿賴耶識」，即以阿賴耶識為「一心」真際的最初顯用，故在袾宏的「一心」體系中，儒的「太極」、道的「一炁」與阿賴耶識是相當的。又如袾宏言「內有此識，外有空界，所謂晦昧為空者。故知一炁是彼識體，不了本空，轉成能見能現，於是遂有根身器界之分，陰陽化育之象」，即言阿賴耶識「不了本空」而轉顯宇宙萬物，得出「一心是根源，萬物為枝末」的結論。在佛教中有《起信論》等論著乃至天台學、華嚴學等，已在「一心」真如與萬物化生的內容上皆有詳深細緻的論說。故袾宏依此評判「儒老權說，

〔註22〕任繼愈主編：《中國道教史》，上海：上海人民出版社，1990，第627頁。

〔註23〕任繼愈主編：《中國道教史》，上海：上海人民出版社，1990，第633頁。

〔註24〕張宇初：《元始無量度人上品妙經通義》，《道藏》第2冊，天津：天津古籍出版社，1998，第304頁。

設義未免究竟」，而融括儒家的太極生萬物說與道家、道教的道（一炁）生萬物說於其「一心」說中。

第二節　儒佛融通

　　儘管儒釋道三教在融合中發展，但三教在社會歷史中地位是不一樣的，如許建良先生言「與道家、佛家相比，儒家不該有不滿足，儘管沒有切實付諸實踐的動力，但總是不失在思想領域統治地位的特殊待遇」〔註25〕，即強調儒家在中國文化中長期居於正統地位。尤其宋以後，經過重新建構的宋明理學已能適應強化中央集權的需要，並成為官方的意識形態，而形成了以儒為主導、佛道為輔從的三教融合發展趨勢。在此新形勢下，佛教學者儘管提倡三教合一、三教一家等，但在具體對待儒與道的態度上往往有著不同的表現。袾宏對居於主流地位的儒家教化，一方面表現出了迎合的態度，而為佛教爭取一定的社會文化地位，同時又強調佛教自身的性格，突出佛教的優越性而導儒入佛，具體則表現有儒佛配合、儒佛在心性論與修行上的區別等內容。

一、「儒佛配合」

　　儒家思想傾向於社會治理，關懷現實，近人事、遠鬼神的入世特徵，而對社會的現實與發展有著極其重要的道德價值意義，如李振綱先生言「儒家站在人生之內體證宇宙萬物之生命本源，並據此體證追尋人在宇宙中的地位，審視人生的意義、命運及人對天地萬物的倫理義務和道德責任」〔註26〕，即強調此意，這也是儒家思想能成為中國社會文化主流的主要原因。面對儒家文化與社會現實緊密結合的應世姿態，袾宏提倡儒佛應相配合的觀點而調和儒佛。如《竹窗二筆‧儒佛配合》：

　　　　儒佛二教聖人，其設化各有所主，固不必歧而二之，亦不必強而合之。何也？儒主治世，佛主出世。治世，則自應如大學格致、誠正、修齊、治平足矣；而過於高深，則綱常倫理不成安立。出世，則自應窮高極深，方成解脫，而於家、國、天下不無稍疏。蓋理勢自然，無足怪者。若定謂儒即是佛，則六經論孟諸典，璨然備具，何俟釋迦降誕、達磨西來？定謂佛即是儒，則何不以楞嚴法華理天

〔註25〕許建良：《先秦儒家的道德世界》，北京：中國社會科學出版社，2008，第 2 頁。
〔註26〕李振綱：《中國古代哲學史論》，北京：中國社會科學出版社，2004，第 4 頁。

> 下，而必假羲農堯舜創制於其上？孔孟諸賢明道於其下，故二之合
> 之，其病均也。雖然，圓機之士，二之亦得，合之亦得，兩無病焉，
> 又不可不知也。〔註27〕

即袾宏指出，雖然儒教以治理現世為主，佛教以出世為主，但兩者有相統一的一面而不應強分為二，亦各有自身的獨立性格而不應機械性的和而為一，故應為兩相配合。對於治世，袾宏特舉「大學格致、誠正、修齊、治平足矣」，以昌明儒家在治理現實社會方面有著成熟、有效的理論與經驗。《大學》為儒家四書之一，以三綱八目為主要內容，其中八目為格物、致知、誠意、正心、修身、齊家、治國、平天下等，如錢穆先生言「大學的貢獻，在把全部複雜的人生界，內外，本末，先後，舉出一簡單的觀念與系統來統統包括了」〔註28〕，即強調此建設現實社會理想綱領的卓越價值。佛教義理側重於從生死輪迴中解脫，如將之用於治理現世則明顯「於家、國、天下不無稍疏」，而不可替代儒家理論的治世功用。又若從生死解脫的方面而言，儒家的「六經論孟諸典」等所述的治世良方並不能取代「釋迦降誕、達磨西來」的解脫效果。故兩者各有側重，如非「圓機之士」則難免會以一己之立場而非議另一方。袾宏又於《竹窗二筆·儒佛交非》中言：

> 自昔儒者非佛，佛者復非儒。予以為佛法初入中國，崇佛者眾，
> 儒者為世道計，非之未為過；儒既非佛，疑佛者眾，佛者為出世道
> 計，反非之亦未為過。迨夫傅韓非佛之後，後人又彷效而非，則過
> 矣！何以故？雲既掩日，不須更作煙霾故。迨夫明教空谷非儒之後，
> 後人又彷效而非，則過矣！何以故？日既破暗，不須更作燈火故。
> 核實而論，則儒與佛不相病而相資。試舉其略：凡人為惡，有逃憲
> 典於生前，而恐墮地獄於身後，乃改惡修善，是陰助王化之所不及
> 者佛也。僧之不可以清規約束者，畏刑罰而弗敢肆，是顯助佛法之
> 所不及者儒也。今僧唯慮佛法不盛，不知佛法太盛，非僧之福，稍
> 制之抑之，佛法之得久存於世者，正在此也。知此，則不當兩相非，
> 而當交相贊也。〔註29〕

〔註27〕 袾宏：《竹窗二筆》，《蓮池大師文集》，北京：九州出版社，2013，第405～406頁。

〔註28〕 錢穆：《中國思想史》，北京：九州出版社，2011，第101頁。

〔註29〕 袾宏：《竹窗二筆》，《蓮池大師文集》，北京：九州出版社，2013，第381～382頁。

即對於儒佛兩者之間的非議，袾宏指出，佛教初傳之時儒者以「世道計」的立場非佛，佛者也曾以「出世道計」的立場非儒，此在當時還可以理解，但在當今之時，兩者已融相發展，如仍盲目仿傚古人而「兩相非」，則會有不應時的過失。因佛教可「陰助王化之所不及者」，儒教亦有「顯助佛法之所不及者」，故兩者應「不相病而相資」。由此，袾宏表達了儒佛應相配合的觀點。

二、儒、佛在心性論與修行方法上的區分

佛教自傳入中國就與儒、道不斷交涉、互動，而中國文化傳統本就注重心性之學與體證踐行，故這種交互就日漸集中表現在心性論與心性修養方法等相關話題上了。宋明理學以建立心性本體與宇宙本體的學說為對儒學發展的最大貢獻，而此與佛教理論的發展密切相關，如方立天先生言「華嚴宗和禪宗石頭宗基於從真心出發展開的理事關係說，對程朱以理為核心的心性本體論是有參照、借鑒作用的；天台宗、三論宗的中道佛性說、禪宗的理與心相即說和本心說，對陸九淵的心本體論影響是比較大的；菏澤華嚴禪的靈知心體說與王陽明良知本體論的思想淵源關係是尤為密切的」〔註30〕，即指出佛教心性論對宋明理學心性本體建構的重要影響。同時，佛教心性論也在善惡、靜寂、覺知等方面深受儒家心性思想的影響。故儒、佛在心性論上既有著相近相融的方面，又各有著自身的性格，這也對兩家的心性修養方法產生著重要影響。

明代時期三教合一的發展出現了新局面，多有倡三教之旨一致者，如《中國儒學史》言「三教合一思潮最顯著的表現是明代後期的三一教」〔註31〕。於此特舉三一教為例。三一教由林兆恩所創，其創教宗旨為消除三教紛爭、平等和會三教，而具有融合三教的重要表現。如林兆恩言：「孔子之時中、老子之清淨、釋迦之寂定，皆吾心之本體者然也，故無時無處而不念『三教先生』者，蓋有似於侍立三教先生之側而不敢須臾違也」〔註32〕，即在心性論上持三教齊同的見解。顯然，這並非僅是林兆恩一個人對三教的態度，可作為宋明以來對三教合一理解的一種代表性的觀點。袾宏作為佛教高僧，固不願意看到這種可能會帶來取消佛教獨立性格的發展影響，故注重申明佛與儒、道在心性論與心

〔註30〕方立天：《中國佛教哲學要義》，北京：宗教文化出版社，2014，第450頁。
〔註31〕湯一介、李中華主編：《中國儒學史》（明代卷），北京：北京大學出版社，2011，第722頁。
〔註32〕林兆恩：《林子三教正宗統論‧心聖直指》，《四庫禁燬書叢刊》子部第18冊，北京出版社，1997，第155頁。

性修養方法上的區分。對袾宏關於佛儒的區分，現特舉幾個重要觀點進行論述。

首先，對陽明學之「良知」加以辨別。袾宏時代，在儒家諸說中與禪門心法最接近的當屬陽明心學。在學理淵源上，陽明心學與佛教「菏澤華嚴禪的靈知心體說」有著緊密的聯繫。現宗密真心思想為袾宏「一心」的重要理論來源，而宗密又是承學華嚴與菏澤家當的學統，故可以說袾宏思想與陽明學還是有著一定關聯的。袾宏特對陽明之「良知」以辨別。如《竹窗隨筆・良知》：

> 新建創良知之說，是其識見學力深造所到，非強立標幟以張大其門庭者也。然好同儒釋者，謂即是佛說之真知，則未可。何者？「良知」二字，本出子輿氏，今以三支格之：良知為宗，不慮而知為因，孩提之童無不知愛親敬長為喻。則知良者美也，自然知之，而非造作者也。而所知愛敬涉妄已久，豈真常寂照之謂哉？「真」之與「良」固當有辨。〔註33〕

袾宏指出，陽明學立良知的根據為「不慮而知」，並以童孩能夠愛敬親長為例證，而這種知儘管可以不假思慮，仍是一種妄心造作的慣性行為，還不是「真常寂照」下的自性流露，故陽明學之良知自非佛教之真知。可知，袾宏是在一定程度上肯定陽明學良知「識見學力深造所到」的，但又在真與妄的兩個向度下凸顯出佛教真知的理證深度，而與陽明良知相區分。

其次，特別提及楊慈湖。楊慈湖是陸九淵最得意的學生，其說亦引進佛家思想，如「孔子曰：『心之精神是謂聖』，即達磨謂『從上諸佛，惟以心傳心，即心是佛，除此心外更無別佛』」〔註34〕，便言儒佛解心而為一致，故袾宏特加以評判。如《竹窗隨筆・心之精神是謂聖》：

> 孔叢子云：「心之精神是謂聖，楊慈湖平生學問以是為宗，其於良知何似，得無合佛說之真知歟？」曰：精神更淺於良知，均之水上波耳，惡得為真知乎哉？且「精神」二字，分言之，則各有旨；合而成文，則精魂神識之謂也，昔人有言：「無量劫來生死本，癡人認作本來人」者是也。〔註35〕

〔註33〕 袾宏：《竹窗隨筆》，《蓮池大師文集》，北京：九州出版社，2013，第331頁。
〔註34〕 《四庫全書・慈湖遺書》第1156冊，上海：上海古籍出版社，1987，第898頁。
〔註35〕 袾宏：《竹窗隨筆》，《蓮池大師文集》，北京：九州出版社，2013，第331頁。

袾宏於此特指出楊慈湖之「精神」是「精魂神識」之意味，其與良知相比，猶
如水上之波紋，更遠離「一心」真際。

　　楊慈湖在修學歷程中常伴有神祕的體驗，如《楊氏易傳》「居姚氏喪，哀
慟切痛，不可云喻，既久略省察，曩正哀慟時，乃亦寂然不動，自然不自知，
方悟孔子哭顏淵至於慟矣而不自知，正合無思無為之妙，益信吾心有此神用妙
用」〔註36〕，便記有其感受心體「寂然不動」的經驗。又《慈湖學案》「沉思
屢日，一事偶觸，始大悟變化云為之旨，交錯萬變，而虛明寂然」〔註37〕，也
有關於楊慈湖對心體「虛明寂然」的體驗。袾宏對此特加以辨別。如《竹窗二
筆・喜怒哀樂未發（二）》：

　　　　慈湖楊氏謂灼見子思孟子病同原。然慈湖自敘靜中所證，空洞
　　　　寂寥，廣遠無際，則正子思所謂喜怒哀樂未發時氣象也。子思此語，
　　　　以深經微細窮究，故云猶未是空劫以前自己；若在儒宗，可謂妙得
　　　　孔氏之心法。其言至精至當，何所錯謬，而慈湖病之？慈湖既宗孔
　　　　氏，主張道學，而乃病子思，則夫子亦不足法矣，將誰宗乎？倘慈
　　　　湖於佛理妙悟，則宜直言極論儒佛同異，亦不應混作此語，似乎進
　　　　退無據。〔註38〕

袾宏於此指出楊氏「靜中所證，空洞寂寥，廣遠無際」等體驗，實即子思所言
「喜怒哀樂未發時氣象」，而離真知猶遠。

　　再次，對《中庸》諸範疇的評判。《中庸》所言「性」、「道」、「教」、「中」、
「和」、「誠」等範疇、命題多為唐、宋儒發揮，且《中庸》被朱熹列為四書之
一，成為宋儒重新構建儒家道德形上學的重要理論來源。袾宏亦對之非常重
視，而對《中庸》中諸命題進行評判。宋儒多依《中庸》「喜怒哀樂之未發，
謂之中」論性，而有將「喜怒哀樂之未發」理解為心體「寂然不動」者，如陳
來先生的總結「……程頤認為未發之中應當是『寂然不動』的。後來楊時更說：
『中也者，寂然不動之時也』」〔註39〕，可為例證。袾宏對此加以辨析。如《竹
窗二筆・喜怒哀樂未發（一）》：

　　　　予初入道，憶子思以喜怒哀樂未發為中，意此中即空劫以前自

〔註36〕《四庫全書・楊氏易傳》第14冊，上海：上海古籍出版社，1987，第213頁。
〔註37〕黃宗羲著：《慈湖學案》，《宋元學案》，北京：中華書局，1986，第2466頁。
〔註38〕袾宏：《竹窗二筆》，《蓮池大師文集》，北京：九州出版社，2013，第392頁。
〔註39〕陳來：《宋明理學》，北京：三聯書店，2011，第162頁。

己也。既而參諸楞嚴,則云:「縱滅一切見聞覺知,內守幽閒,猶為
法塵分別影事。」夫見聞泯,覺知絕,似喜怒哀樂未發,而曰法塵
分別者,何也?意,根也。法,塵也。根與塵對,順境感而喜與樂
發,逆境感而怒與哀發,是意根分別法塵也。未發則塵未交於外,
根未起於內,寂然悄然,應是本體;不知向緣動境,今緣靜境,向
固法塵之粗分別也,今亦法塵之細分別也,皆影事也,非真實也。
謂之幽閒,特幽勝顯、閒勝鬧耳,空劫以前自己,尚隔遠在。此處
更當諦審精察,研之又研,窮之又窮,不可草草。〔註40〕

祩宏指出,「喜怒哀樂之未發」的氣象實為「意根」尚未接交「法塵」的「寂
然悄然」之境,而按照《楞嚴經》的評判標準,此「寂然悄然」之境仍為遠離
真實性境的「分別影事」,而不可與佛教的真實性境相混淆。

　　《中庸》以「性」、「道」、「教」等範疇為儒學立義,而為唐、宋儒發揮,
並引起儒佛會通者的注意。祩宏又加以辨析。如《竹窗三筆‧中庸性道教義》:

　　　　妙喜以中庸性、道、教,配清淨法身、圓滿報身、千百億化身,
體貼和合,可謂巧妙。細究之,則一時比擬之權辭,非萬世不易之
定論也,作實法會則不可。何也?彼以仁義禮智言性,豈不清淨,
然非法身纖塵不立之清淨也。彼以事物當然之理言道,豈不圓滿,
然非報身富有萬德之圓滿也。彼以創制立法化民成俗為教,豈無千
百億妙用,然一身之妙用,非分身千百億之妙用也。大同而小異,
不可以不察也。或曰仁義禮智,孟子之言也,中庸止言天命而已。
予謂至誠能盡其性,而繼之以寬裕溫柔十六字,非仁義禮智而何?
故曰孟軻受業子思之門人也,不可不察也。〔註41〕

妙喜即宋大慧宗杲禪師,曾以《中庸》性、道、教標配佛教之法身、報身、化
身。祩宏指出,其說固為「體貼」、「巧妙」,但仍為一種權宜之說,不可執為
定論。儘管《中庸》有涉於天道之論,但其立義重在世間教化,如錢穆先生言
「(中庸)把自然扣緊在人性上,把道扣緊在人文教化上,這是把孟子來會通
到莊、老」〔註42〕,即強調此入世傾向。祩宏指出:《中庸》之「性」,為倫理

〔註40〕 祩宏:《竹窗二筆》,《蓮池大師文集》,北京:九州出版社,2013,第391~392
　　　　頁。
〔註41〕 祩宏:《竹窗三筆》,《蓮池大師文集》,北京:九州出版社,2013,第434頁。
〔註42〕 錢穆:《中國思想史》,北京:九州出版社,2011,第82頁。

道德層面上的仁義禮智，非佛法身纖塵不立之真如清淨；《中庸》之「道」，為事物當然之理則，非佛報身的萬德圓滿；《中庸》之「教」，為創制立法、化民成俗的世間教化，僅為一身妙用，非佛化身具有分身千百億的大妙用，故《中庸》性、道、教不可與佛教法身、報身、化身的圓滿功德相等而談。

最後，對孔子的相關心性思想加以評判。在《孟子》中有孔子「操則存，舍則亡，出入無時，莫知其鄉」之語，而為後儒發揮，亦引起儒佛會通者的關注。對此如袾宏在《竹窗隨筆·寂感》中言：

> 慈湖，儒者也，不觀仲尼之言：「操則存，舍則亡，出入無時，莫知其鄉。」則進於精神矣，復進於良知矣！然則是佛說之真知乎？
>
> 曰：亦未也。真無存亡，真無出入也。「莫知其鄉」則庶幾矣，而猶未舉其全也。〔註43〕

袾宏指出，佛教所提倡的真知為絕待無對之境，自然沒有存亡、出入等，故孔子所指並非真知。永覺元賢亦有相關的論述，如「孔子曰：操則存，舍則亡，出入無時，莫知其鄉。此正指妄心言之也。解者曰：心豈有出入，特以操舍而言矣。既可操舍，非妄而何」〔註44〕，即以孔子所言為妄心境界，而與袾宏所評大體一致。

《易傳·繫辭上》有「易無思也，無為也，寂然不動，感而遂通天下之故」之言，被認為是孔子之語，為後儒發揮，如陳兵先生言「佛教高僧中也不乏持此說者，如宋東林常總、孤山智圓等，便說過佛所言心性即是《易傳》「無思無為」之義。這對於學佛者尤其參禪者而言，是一個極為重要的問題，絕不可顢頇」〔註45〕，即指出《易傳》「無思無為」之語為儒佛融通中的一個常出現的話題，應加以重視，故袾宏加以辯解。如：

> 仲尼又云：「無思也，無為也，寂然不動，感而遂通天下之故。」夫泯思為而入寂，是莫知其鄉也。無最後句，則成斷滅；斷滅，則無知矣！「通天下之故」，無上三句則成亂想，亂想則妄知矣！寂而通，是之謂真知也。然斯言也，論易也，非論心也，人以屬之蓍卦而已。蓋時未至、機未熟，仲尼微露而寄之乎易，使人自得之也。

〔註43〕袾宏：《竹窗隨筆》，《蓮池大師文集》，北京：九州出版社，2013，第331～332頁。

〔註44〕道霈重編：《永覺元賢禪師廣錄》，《續藏經》第73冊，第567頁。

〔註45〕陳兵：《蓮池大師對「三教一家」說及儒、道的評判》，《西南民族大學學報》，2005（6），第74頁。

甚矣！仲尼之善言心也。信矣！仲尼之為儒童菩薩也。〔註46〕

袾宏指出，不與「感而遂通天下之故」相關聯的「無思也，無為也，寂然不動」只能是一種無有靈知的斷滅境界，而不與「無思也，無為也，寂然不動」相關聯的「感而遂涌天下」，也只能是「亂想」、「妄知」之境，故「寂而通」的寂通雙運才具有佛教真知境界的意味。華嚴五祖宗密有言「寂是知寂，知是寂知。寂是知之自性體，知是寂之自性用……實謂用而常寂，寂而常用。知之一字，眾妙之門」〔註47〕，即是以「寂」為體、「知」為用而言真心。在宗密的語境裏，寂對知而言，是心的自性體；知對於寂而言，是心的自性用。宗密以真心的體用而言寂與知，如董群先生言「這個思路，就和傳統的觀點一致了，僧肇等人都曾在這個思路上討論這層關係」〔註48〕，即指出宗密以寂與知為一個統一整體，實是一種承續中國佛學傳統思維的表現。袾宏承襲宗密而言「一心」「靈明洞徹，湛寂常恒」、「自性體自靈知」等，於此又將「寂」與「無思也，無為也，寂然不動」、「知」與「感而遂通天下」相對應，正是對中國佛學傳統思維的運用與發揮。

於此又可看出，袾宏面對孔子並未如對《中庸》、陽明學、楊慈湖等以一般的態度，而是大加稱讚「仲尼之善言心也」，充分肯定孔子關於心性的見解，意即儒家的究竟見解與佛教真知是相一致的，且稱「仲尼之為儒童菩薩也」，而可體會到袾宏融儒入佛的態度。

三、融儒家道德規範於佛教修行實踐

袾宏的儒佛融會不僅表現在相關的心性理論上，而且還將儒家的道德規範貫徹於佛教的日常修行與生活實踐。這主要通過如下幾個方面表現出來：

首先，將「仁」貫穿於宗教修行與世間教化。袾宏先以佛理釋「仁」。如：

【疏】彼諸佛等，即彌陀與六方諸佛也。「釋迦」，此云「能仁」，「牟尼」，此云「寂默」。

【鈔】能仁寂默，自有二義：一者對待說，則「能」者善權方便，曲就機宜；「仁」者至德洪恩，普沾萬類，是大悲利物也。「寂」則澄然不動，頓息萬緣；「默」則漠爾忘言，永離戲論，是大智冥理

〔註46〕袾宏：《竹窗隨筆》，《蓮池大師文集》，北京：九州出版社，2013，第 332 頁。
〔註47〕宗密：《圓覺經大疏釋義鈔》，《續藏經》第 9 冊，第 468 頁。
〔註48〕董群：《融合的佛教──圭峰宗密的佛學思想研究》，北京：宗教文化出版社，2000，第 243 頁。

也。二者圓融說，以悲即智故，終日度生，無生可度，動一靜也。
以智即悲故，不起一念。常度眾生，靜一動也。故知偏舉二字，乃
至一言，佛之全德，攝無不盡。〔註49〕

袾宏將「釋迦」釋為「能仁寂默」，並給予兩種解釋：一，就相對義而言，能
仁是大慈大悲救濟萬物，寂默為大智冥理；二，就圓融義而言，能仁為悲，寂
默為智，而佛的悲智不二境界即為「仁」的圓滿內涵。於此，袾宏運用華嚴學
一即一切的論證邏輯而融「仁」以佛的圓滿功德，又如「不知能仁即佛，一何
可笑」〔註50〕，即以「能仁」指意為佛。

　　袾宏雖以佛義釋仁，但仍指出不可將儒家道德意義上的「仁」與佛教義理
籠統而論。如《竹窗二筆·解禪偈》：

　　　　溫公作解禪偈，真學佛不明理者之龜鏡也。但其以言行可法為不
壞身，仁義不虧為光明藏，特一時救病語，非核實不易之論。夫謹言
行、修仁義，在世間誠可貴重，然豈便是金剛不壞之身，神通大光明
藏？何言之易也！又以君子坦蕩蕩為天堂，小人長戚戚為地獄，理則
良然，而亦有執理失事之病。豈得謂愚癡即牛羊，兇暴即虎豹，此外
更無真實披毛戴角之牛羊，利牙鋸爪之虎豹乎？吾恐世人見溫公辭
致警妙，必大悅而深信，其流之弊，撥無因果，乃至世善自足，不復
知有向上事；則此偈本以覺人，反以誤人，不可不闢。〔註51〕

即對溫公「仁義不虧為光明藏」之言，袾宏指出，如能於世間能修行仁義而為
難能可貴，而此與佛家所指的「金剛不壞之身」與「神通大光明藏」修行境界
並非同一意涵，故這種籠統而論實是一種執理失事的弊病表現。袾宏善說理、
事，於此即言「溫公辭致警妙」，其雖於理上似通，但事有不及，而會帶來撥
無因果、自誤誤人的流弊。

　　袾宏還注意將儒家之「仁」與佛教之「慈」結合起來，而貫徹仁慈於持
戒修行與世間教化中。《梵網經》有「善學諸仁者」之語，袾宏注為「仁者慈
悲孝順，利濟為懷，正善學戒者之稱也，猶世言厚德之士也」〔註52〕，即以
「慈悲孝順，利濟為懷」釋「仁」，賦予仁以菩薩戒修學的內涵。殺戒既為菩

〔註49〕袾宏：《竹窗隨筆》，《蓮池大師文集》，北京：九州出版社，2013，第332頁。
〔註50〕袾宏：《正訛集》，《嘉興藏》第33冊，第78頁。
〔註51〕袾宏：《竹窗二筆》，《蓮池大師文集》，北京：九州出版社，2013，第396頁。
〔註52〕袾宏：《梵網菩薩戒經義疏發隱》，《梵網經注疏》，北京：線裝書局，2016，第
　　　98頁。

薩戒十重戒之首，又為大乘佛教方便解脫五戒之首，如《梵網經》「佛言：佛子，若自殺，教人殺，方便讚歎殺，見作隨喜。乃至呪殺，殺因、殺緣、殺法、殺業，乃至一切有命者，不得故殺。是菩薩，應起常住慈悲心、孝順心，方便救護一切眾生。而自恣心快意殺生者，是菩薩波羅夷罪」〔註53〕，即由戒殺表現出佛教以慈為本、普度眾生的大乘菩薩精神。袾宏尤為重視殺戒，而言「不殺曰仁」〔註54〕，勸導世人不應殺生食肉。如《竹窗三筆‧殺生非人所為》：

> 虎豹之食群獸也，鷹鸇之食群鳥也，鱷獺鷺鷥之食魚蝦等諸水族也，物類之無知則然。具人之形，稟人之性，乃殺諸眾生而食其肉，可乎？是人中之虎豹鷹鸇鱷獺鷺鷥也。雖然，虎之害不及空飛，鱷之害不及陸走，人則上而天，下而淵，中而散殊於林麓田野者，釣弋網罟，百計取之無遺餘，是人之害甚於物也。孔子曰：「仁者，人也。」孟子曰：「仁，人心也。」人而不仁，是尚得為人乎？既名為人，必無殺生食肉之理矣。〔註55〕

即大肆殺生者雖具人之形、稟人之性，但其殺業之重，甚於虎狼。孔、孟皆言仁為人之本，即以仁為人與禽獸相區分的根本道德標準，故為人則不應殺生。於此，袾宏從儒家「仁」的道德價值出發，而得出人不應殺生的論斷。袾宏又在《自知錄》的「善門」中突出闡述「仁慈」，如：

> 救死刑一人為百善，免死刑一人為八十善，減死刑一人為四十善。若受賄徇情者非善。救軍刑、徒刑一人為四十善；免，為三十善；減，為十五善。救杖刑一人為十五善；免，為十善；減，為五善。救笞刑一人為五善；免，為四善；減，為三善。以上受賄者非善，偏斷不公者非善。居家減免婢僕之屬同論。

> 見溺兒者，救免收養，一命為五十善。勸彼人勿溺，一命為三十善。收養無主遺棄嬰孩，一命為二十五善。

> 不殺降卒，不戮脅從，所活一人為五十善。

> ……〔註56〕

〔註53〕《梵網經》，《大正藏》第 24 冊，第 1004 頁。
〔註54〕 袾宏：《緇門崇行錄》，《蓮池大師文集》，北京：九州出版社，2013，第 256 頁。
〔註55〕 袾宏：《竹窗三筆》，《蓮池大師文集》，北京：九州出版社，2013，第 419 頁。
〔註56〕 袾宏：《自知錄》，《蓮池大師文集》，北京：九州出版社，2013，第 285～286 頁。

通過諸多條則，袾宏將儒家之「仁」與佛教之「慈」關聯起來，並細化、量化為現實生活中的一行一動，而將純粹的道德說教轉化為現實行動中的道德要求，具有著重要的實踐意義。袾宏還在《緇門崇行錄》「善行」十類中突出「慈物」，中有忍苦護鵝、護鴨絕飲、贖養生命、悲敬行施、買放生池、割耳救雉、濟貧詣官、躬處癘坊、口吮腹癰、惠養羣鼠、氈被畜狗、穢疾不嫌、看疾遇聖、行先執箒、贍濟乞人、施戒放生、看病如己等豐富的內容，限於篇幅，不再贅述。

其次，將「忠」、「孝」貫穿於宗教修行與世間教化。儒家以人類最樸素的情感——血緣情感為依據，提倡子女敬事父母的道德價值觀念——「孝」，又將這種觀念推之於國家即為「忠君」，如孔子言「君使臣以禮，臣事君以忠」〔註57〕。袾宏強調「孝」的同時，亦將「忠」納入宗教修行的道德價值體系。如《山房雜錄》：

> 既受歸戒，諸惡莫作，眾善奉行，一心念佛求生淨土。諸惡，謂不忠、不孝、不仁、不義，如是諸惡不能盡舉，但瞞天昧心等事，便不應作。眾善，謂忠、孝、仁、義，如是眾善不能盡舉，但上順天理、下合人心等事，便應力行。〔註58〕

佛教戒律的一個基本原則就是在實踐上的止惡與行善，如「七佛通戒偈」所言「諸惡莫作，眾善奉行，自淨其意，是諸佛教」，即強調這種價值要求。袾宏於此，解釋止惡為止息「不忠、不孝、不仁、不義」等一切欺瞞天理、有昧人心之事，又解行善為應力行「忠、孝、仁、義」等一切順應天理、合乎人心之事，而將「忠」納入戒行實踐。袾宏不但貫「忠」的觀念以宗教修行中，還推廣於世間教化。袾宏在《自知錄》的「善門」中便將「忠孝類」列為首位，如：

> 事父母致敬盡養，一日為一善。守義方之訓，不違犯者，一事為一善。父母歿，如法資薦，所費百錢為一善。勸化父母以世間善道，一事為十善。勸化父母以出世間大道，一事為二十善。
>
> 事繼母致敬盡養，一日為二善。敬養祖父母同論。
>
> 事君王竭忠效力，一日為一善。開陳善道，利益一人為一善，利益一方為十善，利益天下為五十善，利益天下後世為百善。遵時

〔註57〕楊伯峻：《論語譯注》，北京：中華書局，2012，第 41 頁。
〔註58〕袾宏：《歸戒圖說》，《蓮池大師文集》，北京：九州出版社，2013，第 514 頁。

> 王之制，不違犯者，一事為一善。凡事真實不欺，一事為一善。
> ……〔註59〕

即將「孝」與「忠」並舉，並細化、量化落實於現實生活中。又如《緇門崇行錄敘》言「親生而後師教，瀆其親，是忘本也。戒雖萬行，以孝為宗。故受之以孝親。忠孝無二理，知有親不知有君，私也，一人有慶而我得優游於林泉，君恩莫大焉，故受之以忠君」〔註60〕，便舉孝親、忠君為「善行」十類之重要編目，並有蘭盆勝會、母必親供、居喪不食、泣血哀毀、荷擔聽學、鑿井報父、禮塔救母、悟道報父、割股出家、織蒲供母、誠感父骨、念佛度母、開陳報應、勸善弭災、規諫殺戮、巧論齋戒、較論供養、說法悟主、感悟東宮、勸斷屠殺、勸修懺法、受罰不欺、詠花諷諫等豐富內容。

如此，袾宏將儒家的「仁」、「孝」、「忠」等道德價值觀念與佛教義理相融通，而貫穿於宗教修行與世間教化，具有著重要的價值意義。

第三節　佛道融通

中國道教在明代中葉以前總體上是處於上升趨勢的，如《中國道教思想史》「明代中葉，在中國道教發展史上是一個分水嶺」〔註61〕，即強調明代中葉是中國道教發展的一個重要轉折時期，而從此「就逐漸進入了衰落期」〔註62〕。而在這一時期，道教思想在流遷中表現出了同儒佛理論融通、重視內丹操作規程、同民間道家信仰融通等重要的特徵。鑒於儒道在社會發展中的不同地位與作用，袾宏對道教的態度明顯與儒家有著較大的差別，已不再以應和的姿態強調相互配合，而是在肯定佛道同源的基礎上，更多的強調佛、道區別，突出佛教的優越價值。袾宏的佛道融通理論主要包括對老莊思想的評判、對道教內丹學中相關佛教見解的澄清等方面。

一、對老莊思想的評判

老、莊為代表的道家思想本為道教的理論源頭之一，而老子在道教之初即被尊為太上老君，莊子於唐代時又被詔封為南華真人，可顯示出老、莊在道教

〔註59〕袾宏：《自知錄》（上），《蓮池大師文集》，北京：九州出版社，2013，第285頁。
〔註60〕袾宏：《緇門崇行錄》，《蓮池大師文集》，北京：九州出版社，2013，第233頁。
〔註61〕卿希泰主編：《中國道教思想史》，北京：人民出版社，2009，第3頁。
〔註62〕卿希泰主編：《中國道教思想史》，北京：人民出版社，2009，第3頁。

中的地位與作用。明代道教中多有注重三教理論融通者，往往依老莊之言而與儒、佛融通。如《性命圭旨・大道說》：

> 儒曰「存心養性」，道曰「修心煉性」，釋曰「明心見性」。心性者，本體也。儒之「執中」者，執此「本體」之中也；道之「守中」者，守此「本體」之中也；釋之「空中」者，本體之中本洞然而空也。道之「得一」者，得此本體之一也；釋之「歸一」者，歸此本體之「一」也；儒之「一貫」者，以此本體之「一」而貫之也。余於是而知，不「執中」，不「一貫」，其成聖而孔子乎！不「守中」，不「得一」，其能玄而老子乎！不「空中」，不「歸一」，其能禪而釋迦乎！唯此本體，以其虛空無朕，強名曰「中」；以其霹出端倪，強名曰「一」。言而「中」，即「一」之藏也；「一」即「中」之用也。〔註63〕

《性命圭旨》出現於萬曆年間，相傳為伊真人弟子所作，主張三教合一、性命雙修。在心性論上，《性命圭旨》認為三教皆以心性為本體，即儒以「執中」、道以「守中」、佛以「空中」等，而實現對現實的超越與心性的復歸；在修行方法上，又認為儒為「一貫」、道為「守一」、佛為「歸一」等，雖各有特色，而實為相通。袾宏對這種說法並不贊同，更不願放任這種見解流行，而發起正本清源之辯。如《正訛集・三教同說一字》：

> 有謂釋言「萬法歸一」，道言「抱元守一」，儒言「一以貫之」，通一無別，此訛也。夫不守萬而唯守一，以吾一而貫彼萬，是萬與一猶二也。萬法歸一，止有一，更無萬，是萬與一不二也。又二教止說一，今更說「一歸何處」。是二教以一為極，而佛又超乎一之外也。嗚呼玄哉！〔註64〕

袾宏指出，儘管儒、釋、道皆言一，但內涵並不相同。道守一而不守萬，儒以一貫於萬，皆是以一與萬相對的層面上以一為宇宙萬物的根源，而佛教是在一與萬的不二意義上而言「萬法歸一」，更有超乎此一之外的論說，故兩者不可混同。

而追溯《性命圭旨》以道教為「守中」、「得一」的理論來源，可至於老、莊之言，如《道德經》「天地不仁，以萬物為芻狗；聖人不仁，以百姓為芻狗。

〔註63〕馮國超主編：《性命圭旨》，吉林：吉林人民出版社，2006，第31～32頁。
〔註64〕袾宏：《正訛集》，《嘉興藏》第33冊，第78頁。

天地之間，其猶橐籥。虛而不屈，動而愈出。多言數窮，不如守中」〔註65〕，
即言「守中」之義，又如《道德經》「昔之得一者：天得一以清，地得一以寧，
神得一以靈，谷得一以盈，萬物得一以生，侯王得一以為天下正。天無以清，
將恐裂；地無以寧，將恐發；神無以靈，將恐歇；穀無以盈，將恐竭；萬物無
以生，將恐滅；侯王無以貴高，將恐蹶」〔註66〕，即言「得一」之旨。又有儒
門後人以佛法本由老、莊而來，如袾宏指出「宋儒云：『佛典本出老、莊，世
人不知，駭謂奇語。譬之被虜，劫去家珍，反從虜借用。』此訛也」〔註67〕，
即言有宋儒以佛法為老、莊之教的派生法。此等以佛教義理與老莊之說相混同
的見解，當會對佛教發展帶來不利的影響，故袾宏加以辨別。如《正訛集·佛
法本出老莊》言：

> 老、莊之書具在，試展而讀之。其所談，虛無自然而已。虛無
> 自然，彼說之深深者也，尚不及佛法之淺淺。而謂佛從老、莊出，
> 何異謂父從子出耶？清涼大師以邪因、無因二科，斷老氏為外道。
> 況莊又不及老。

即袾宏指出，老莊之說主旨為「虛無自然」，與佛法相比則不免為一種粗淺之
談。袾宏於此特把佛法與老莊之說類比為父與子，既顯示出其佛道一家之意，
又表達了佛法更較老莊精深的意旨。

袾宏還在《竹窗隨筆·道原》對老子之「道」有較詳的論說。如：

> 或問：「《道德經》云：『吾不知其名，字之曰道。』則道之一言，
> 自老子始，而萬代遵之；佛經之所謂道者，亦莫之能違也。則何如？」
> 曰：著於《易》，則云「履道坦坦」。紀於《書》，則云「必求諸道」。
> 詠於《詩》，則云「周道如砥」。五千言未出，道之名已先立矣！況
> 彼之所謂道者，乃法乎自然。如其空無來原，自然生道，則清涼判
> 為無因；如其本於自然，方乃生道，則清涼判為邪因。無因邪因，
> 皆異計耳，非佛之所謂道也。佛道，則萬法由乎自心，非自然，非
> 不自然。經言「阿耨多羅三藐三菩提」者，是無上正覺之大道也，
> 尚非自然，何況法自然者！〔註68〕

〔註65〕 朱謙之撰：《老子校釋》，北京：中華書局，2010，第22～24頁。
〔註66〕 朱謙之撰：《老子校釋》，北京：中華書局，2010，第154～157頁。
〔註67〕 袾宏：《正訛集》，《嘉興藏》第33冊，第74頁。
〔註68〕 袾宏：《緇門崇行錄》，《蓮池大師文集》，北京：九州出版社，2013，第253～
354頁。

即有人主張佛經之「道」亦不能違之《道德經》之「道」，對此見解，袾宏加以評判。袾宏指出，「道」的觀念先於《道德經》而有，並有《易經》、《尚書》為證，故不為老子所獨創。又老子之「道法自然」，若依「空無來原，自然生道」之義理解，而被清涼據《中論》「諸法不自生，亦不從他生，不共不無因，是故知無生」〔註69〕判屬為「無因」而生道；又若依「本於自然，方乃生道」，即被清涼判屬為「邪因」而生道。袾宏又指出，佛教之道以心為萬法本原，已超越自然與非自然的對待，為求證無上正等正覺的圓滿之道，自非道家、道教「自然」或「法自然」之道所能比擬。由此，袾宏通過對老子之道的評判，凸顯出了佛教義理的卓越性。

袾宏還專門對莊子進行評價。如《竹窗隨筆‧莊子（一）》：

> 有俗士，聚諸年少沙彌講莊子，大言曰：「南華義勝首楞嚴。」一時緇流及居士輩無斥其非者。夫南華於世書誠為高妙，而謂勝楞嚴，何可笑之甚也！士固村學究，其品猥細不足較，其言亦無旨趣，不足辨，獨恐誤諸沙彌耳！然諸沙彌稍明敏者，久當自知；如言鍮勝黃金以詖小兒，小兒既長，必唾其面矣！〔註70〕

有人以《莊子》的義理勝於《楞嚴經》。對此見解，袾宏指出這是一種以「村學究」的眼光得出的一種可笑見解，且此言「無旨趣」，不足與辨。

老莊思想，作為中華文化的主要源頭之一，可謂義理深邃而難能定性以論，如僅老子「道」的內涵，即有多種理解。袾宏是依華嚴澄觀的理解加以評斷的，而如其無論是「無因」而生「道」，還是「邪因」而生「道」的論說，皆為「道」預設了一種所「生」的存在意味，已非老子形上、超越、絕對之「道」。儘管老子在道與萬物的關係上言「道生萬物」，但對於終極意義上的道，如許建良先生言「從生成的層面上來理解老子的『道』，仍然是學界的一種傾向」〔註71〕，又「《老子》不是在生成論的意義上立論的，而是在宇宙根源論的角度來具體運思的，這是應該引起注意的」〔註72〕，而在宇宙本根的意義上有著超越「生」與「所生」的內涵。故袾宏此說固有其道理，但其將老莊之說納入佛教思維系統的論斷能否為道家、道教所承認，仍是一個有待深入探討的話題。

〔註69〕龍樹：《中論》，《大正藏》第30冊，第2頁。
〔註70〕袾宏：《竹窗隨筆》，《蓮池大師文集》，北京：九州出版社，2013，第319頁。
〔註71〕許建良：《先秦哲學史》，上海：上海三聯書店，2014，第25頁注釋2。
〔註72〕許建良：《先秦哲學史》，上海：上海三聯書店，2014，第25頁。

二、對內丹學相關見解的澄清

明代時期，道教學人愈來愈關注內丹修煉之學，而在這個時期的內丹理論中也多有與佛教融通的內容，而如陳兵先生言「但出於見地與利益，一些道家人士有時對佛教也有非議之詞」〔註73〕，不可避免的會對佛教產生不利的影響，故袾宏又以佛教的立場而對道教內丹修煉中涉及佛教的相關見解加以澄清。

首先，對佛教「修性不修命」說的闡明。道教內丹學中把性命雙修作為個體生命的根本解脫原則，如《性命圭旨》「夫學之大，莫大於性命」〔註74〕，而在此指導原則下亦有內丹家對佛教加以評論，如《性命圭旨》「禪家專以神為性，以修性為宗，以離宮修定立教。故詳言性而略言命，是不知命也，究亦不知性」〔註75〕，即言佛教在生命修養上重性不重命而為缺憾。袾宏對此種說法加以辯證。如《正訛集‧性命雙修》：

> 道家者流，謂己為「性命雙修」，謂學佛為「修性不修命」，此訛也。彼蓋以神為性，氣為命。使神馭氣，神凝氣結而成丹，名曰「性命雙修」。以佛單言「見性」，不說及「氣」，便謂修性缺命，目為偏枯。自不知錯認「性」字了也。佛所言「性」，至廣至大，至深至玄，奚可對「氣」平說？氣在性中，如一波在滄海耳。見佛性者，盡虛空法界無不具足，何況一身之氣而不該攝？故曰：「但得本，不愁末。」則一修一切修，又豈止二事雙修而已。學仙如張紫陽真人，其論性、命極分曉，而大尊佛法，謂：「佛法先性，尤有勝焉。」可謂灼有見處。又李清庵真人論內外藥，以精、氣、神為外藥，元精、元氣、元神為內藥，而云：「高上之士不煉外藥，便煉內藥。」亦「先性尤勝」之說也。世人學仙者多，其知二公之微者蓋寡，吾是以闡之。〔註76〕

在此段文中，袾宏分三個層次進行辯駁。首先，袾宏指出，內丹家以神為性、氣為命，「神凝氣結而成丹」便謂為性命雙修，而以佛教無有論及「氣」的內容即言佛教「修性缺命」，這是實在是一種偏見。其次，袾宏又指出佛教所言

〔註73〕陳兵：《蓮池大師對「三教一家」說及儒、道的評判》，《西南民族大學學報》，2005（6），第76頁。
〔註74〕馮國超主編：《性命圭旨》，吉林：吉林人民出版社，2006，第35頁。
〔註75〕馮國超主編：《性命圭旨》，吉林：吉林人民出版社，2006，第36頁。
〔註76〕袾宏：《正訛集》，《嘉興藏》第33冊，第75頁。

的「性」義深邃廣大，非局限於道教與「氣」相對而言之「神」義，而是包括「氣」於內的。袾宏依一即一切的思辨邏輯指出，能見佛性而盡虛空、遍法界無不具足，自能該攝一身之氣，又豈止性命雙修。於此，袾宏對佛教「性」的解釋可理解為「性」該「性命」，即以佛教之「性」該攝道教之「性命」。最後，袾宏又言張伯端、李清庵等皆為道教修行有成者，而張伯端能贊「佛法先性」，李清庵能贊「內藥」，此皆為「先性尤勝」說者，可作為佛教具有卓越修性價值的一個佐證。在內丹學中，儘管內丹家主張性命雙修，卻有著修性與修命先後次序的區別，如戈國龍先生言「性命先後就是修性和修命的先後次序問題，這在內丹學中是一個重大的理論問題，一般認為內丹學南宗以『先命後性』為特徵，而內丹學北宗以『先性後命』為特徵」〔註77〕，即歸納出內丹學性命雙修中有「先命後性」與「先性後命」的分別。儘管張伯端被認為屬於南宗代表人物，但戈國龍先生又指出「南宗張伯端實際上認為『先性後命』、『先命後性』兩種方法皆可達到『性命雙修』的終極目標……他承認有『頓悟圓通』之法，頓悟圓通是屬於性功的覺悟，這相當於先性後命」〔註78〕，即言張伯端對『先性後命』、『先命後性』皆持認同的態度，而將佛教的頓悟圓通納入道教的性命雙修體系中歸屬為「先性後命」。從袾宏對佛教之「性」的詮釋來看，其對張伯端此舉是大力贊成的。由此，袾宏將佛教之「性」該攝道教之「性命」歸屬為道教體系中的「先性後命」，而將佛教與道教關於「性」的諍辯轉化為道教性命論內的「先性後命」與「先命後性」的辯論，完成了對佛教「修性不修命」說的辯駁。

其次，對佛教「不許出神」的闡明。道教修行中有「出神」的景象，如《自身清淨陰陽丹法程序》「煉神還虛為丹功的最高階段，純入性功，約為九年，前三年乳哺陽神，後六年有出神之景」〔註79〕，即描述出神為丹功「煉神還虛」的高級階段，而相關的「陰神」、「陽神」的問題亦為佛道兩家諍辯的內容之一。在出神中，「陰神」、「陽神」皆為個體生命的不同精神表現形式，如《脈望》「神有陰陽，因存思想念而後通靈者，亦能出入天門，預知未來，謂之陰神；積水火之氣，結而為神，身內生身，胎仙舞就，謂之陽神」〔註80〕，即對

〔註77〕戈國龍：《內丹學探微》，北京：中央編譯出版社，2012，第95頁。
〔註78〕戈國龍：《內丹學探微》，北京：中央編譯出版社，2012，第96頁。
〔註79〕胡孚琛：《丹道實修真傳——三家四派丹法解讀》，北京：社會科學文獻出版社，2012，第12頁。
〔註80〕趙臺鼎輯，武國忠點校：《脈望》，海口：海南出版社，2011，第134頁。

陰神、陽神進行了相關描述。道教在性命雙修的宗旨下以溫養陽神、聖胎出殼
為修道要義，認為佛教「修性不修命」僅能出陰神，而持道教比佛教優越的觀
點。對此見解，袾宏予以辯駁。如《竹窗隨筆・出神（一）》：

> 或問：「仙出神，禪者能之乎？」曰；「能之而不為也。楞嚴云：
> 『其心離身，反觀其面』是也。而繼之曰：『非為聖證，若作聖解，
> 即受群邪。』是能之而不為也。」又問：「神之出也，有陰有陽，楞
> 嚴所云，陰神也。仙出陽神，禪者能之乎？」曰：「亦能之而不為也。」
> 或者愕。曰：「毋愕也。爾不見初祖已沒，只履西歸乎？爾不見寶誌
> 公獄中一身、市中一身乎？爾不見溈山晏坐靜室，乃於莊上喫油滋
> 乎？然亦不名聖證，宗門呵之。昔一僧入定出神，自言：『我之出
> 神，不論遠近，皆能往來，亦能取物，正陽神也。』先德責云：『圓
> 頂方袍，參禪學道，奈何作此鬼神活計？』是故吾宗大禁，不許出
> 神。」〔註81〕

對「道教修仙能出神，佛教的禪悟能出神嗎」的問題，袾宏依據《楞嚴經》指
出佛教的修證是「能之而不為也」。在《楞嚴經》裏，佛陀講授了修證中易於
出現的五十種魔境，如「阿難！彼善男子修三摩提奢摩他中，色陰盡者見諸佛
心，如明鏡中顯現其像，若有所得而未能用，猶如魘人手足宛然見聞不惑，心
觸客邪而不能動，此則名為受陰區宇；若魘咎歇，其心離身返觀其面，去住自
由無復留礙，名受陰盡，是人則能超越見濁。觀其所由，虛明妄想以為其本」
〔註82〕，即以「其心離身返觀其面」為喻指意受陰銷盡時「去住自由無復留
礙」修行境界。但《楞嚴經》所講授的魔境是一種以色陰、受陰、想陰、行陰、
識陰等為次序而由淺入深的修證體現，故在受陰銷盡時還易於漸次現有想陰、
行陰、識陰等魔境。如《楞嚴經》「阿難！彼善男子，修三摩提受陰盡者，雖
未漏盡心離其形，如鳥出籠已能成就，從是凡身上歷菩薩六十聖位，得意生身
隨往無礙，譬如有人熟寐寱言，是人雖則無別所知，其言已成音韻倫次，令不
寐者咸悟其語，此則名為想陰區宇」〔註83〕，即言修證者於受陰銷盡時「得意

〔註81〕 袾宏：《竹窗隨筆》，《蓮池大師文集》，北京：九州出版社，2013，第343～344頁。
〔註82〕 《大佛頂如來密因修證了義菩薩萬行首楞嚴經》，《大正藏》第19冊，第148頁。
〔註83〕 《大佛頂如來密因修證了義菩薩萬行首楞嚴經》，《大正藏》第19冊，第149頁。

生身隨往無礙」，而為證入「想陰區宇」境界表現之一。可以得出，袾宏以道教的出神即為《楞嚴經》所言受陰銷盡而證入想陰區宇的「意生身」。又《楞嚴經》指出「若動念盡浮想銷除，於覺明心如去塵垢，一倫死生首尾圓照，名想陰盡，是人則能超煩惱濁。觀其所由，融通妄想以為其本」，即於此境界須「動念盡浮想銷除」，才能想陰銷盡而證入行陰區宇。袾宏即在此意義上指出佛教並非不能出神，而是「能之而不為也」。繼之，對「《楞嚴經》所說的意生身是陰神，不可比道教的陽神」的質疑，袾宏又以達摩只履西歸、寶誌現二身、溈山晏坐等為例，指出佛教亦能出陽神，而佛教以出離輪迴、涅槃寂靜為修行主旨，哪怕出陽神亦為「吾宗大禁，不許出神」。

有人還會發問：究竟出神有何過失，以致被視為「吾宗大禁」、「鬼神活計」？故袾宏又在《竹窗隨筆・出神（二）》言：

> 又問神有何過？曰：神即識也，而分粗細。有出有入者粗也。直饒出入俱泯，尚住細識。細之又細，悉皆渾化，始得本體耳。而著於出入以為奇妙，前所謂「無量劫來生死本，癡人認作本來人」也。〔註84〕

即袾宏指出，無論陽神與陰神皆是佛教所講的「識」的一種表現形態，而佛教修證正是由粗大到細微而如實體認「識」的過程。神「有出有入」，此在佛教修證體系內還僅是一種對粗大「識」的體認表現，須直到神「出入俱泯」，才能體認到「細識」。如此深入下去，才能「始得本體」。故如果修行者執著於「出入以為奇妙」的出神景象，則會隔閡於佛教出離輪迴、涅槃寂靜的修行主旨，而背離了修行的根本目標。袾宏此說自是有著佛教理論依據的。如《八識規矩頌》「性唯無覆五徧行，界地隨他業力生，二乘不了因迷執，由此能興論主諍。浩浩三藏不可窮，淵深七浪境為風，受薰持種根身器，去後來先作主翁。不動地前才捨藏，金剛道後異熟空，大圓無垢同時發，普照十方塵剎中」〔註85〕，即言二乘人只能了知善惡業是由六識造成的，並不能體認到阿賴耶識為末那識所執而發生諸種染法（二乘不了因迷執），但大乘法正是據阿賴耶識體認生死流轉，而無礙解脫。對「大圓無垢同時發，普照十方塵剎中」一句，馮寶瑛先生又依唐密理論釋「無垢」即為第九識——無垢識，如其言「（第八識自證分）與識大和合，即第九識。相宗不立第九識之名，惟分屬於八種識自證分之

〔註84〕袾宏：《竹窗隨筆》，《蓮池大師文集》，北京：九州出版社，2013，第344頁。
〔註85〕《八識規矩頌注》，《續藏經》第55冊，第447頁。

上。在因地，攝於一切種識；在果地，乃稱無垢識……若融歸無相，此識則轉為法界體性智，或一切智智」〔註86〕，即指出在唐密體系中以無垢識為比阿賴耶識更細微的識，可轉為法界體性智。通過對此《八識規矩頌》句頌的解讀，可知在佛教二乘法→大乘法→密乘法的修證理論中，呈現出一種對「識」由粗大到細微的體認特色。於此，袾宏將道教出神歸屬為對粗大「識」的體認階段，並指出如僅「出入以為奇妙」，恐怕還不能認識到生死的根本，而背離了生命解脫的主旨，從而凸顯出佛教修行的優越價值。

袾宏還對金丹之法與二乘坐禪、涅槃與成仙、泥洹與泥丸、道教人士取用佛家名詞、捨禪學仙等問題進行辨明，此已在陳兵《蓮池大師對「三教一家」說及儒、道的評判》、劉紅梅《蓮池大師的三教融通思想》等文中有詳細的論述，茲不贅述。

〔註86〕馮寶瑛：《佛法要論》（上），北京：宗教文化出版社，2008，第358～359頁。

第六章　雲棲袾宏融合思想的意義

　　雲棲袾宏的思想內容在中國佛學史乃至中國思想史上皆有著重要歷史地位與意義，如荒木見悟先生言「袾宏的信仰與行履，不僅是探究萬曆佛教的核心秘鍵，也是確認他對後世具有重大影響力的關鍵，和研究中國佛教的重要課題」〔註1〕。從總體上看，袾宏在「一心」基礎上融攝教內諸宗乃至儒道，此與宗密在「圓覺」、「真心」的根柢上倡禪教一致、以佛統儒道，以及永明延壽「舉一心為宗」〔註2〕論證禪教一致等，可謂是同一理路，又在思想方法上充分運用與發揮了華嚴理事無礙觀，亦是承續圭峰宗密、永明延壽等中國佛教學者所使用的傳統方法，故可以說袾宏的融合思想在理路與方法上並沒有創新發展。但袾宏面對晚明時期具體情況而以淨土為弘教主體，在理論上以「一心」為淨土建立心性論基礎而融納諸宗，乃至佛統儒道，在實踐體系上以持名念佛為主修內容而禪淨雙修，又有著在具體內容上的發揮，表現出獨到的理論與實踐特色。下文將具體探討袾宏的融合思想的學理價值與後世影響。

第一節　學理價值

　　晚明時代在中國佛教史上是一個特殊的歷史時期，如陳永革先生在《晚明佛教思想研究》中指出「佛教還源與佛教圓融構成了晚明佛教世俗化的進程中

〔註1〕（日）荒木見悟：《近世中國佛教的曙光——雲棲袾宏之研究》，周賢博譯，臺
　　　　北：慧明文化事業有限公司，2001，第18～19頁。
〔註2〕《宗鏡錄》，《大正藏》第48冊，第415頁。

的兩大思想主題，或者說成為晚明中國佛教復興思潮的兩大基本傾向」〔註3〕，即強調晚明佛教在發展上有回歸佛教本源的要求，同時又在世俗化發展中表現出圓融的特徵。陳先生此說甚是符合晚明佛教發展狀況，很有參考價值。本節將從教理還源與理論圓融這兩個方面對袾宏融合思想的學理價值進行論述。

一、教理還源

　　對於「佛教還源」，如陳永革先生言「晚明佛教在對其自身進行合理化的論證中，還須面對佛教弘化教化的本源問題，這就在客觀上構成了晚明佛教還源的思考取向」〔註4〕，即指出了晚明佛教在發展中不斷進行自身調整，而有一種還返本源的傾向。這種「佛教還源」在學理上則表現為向經典的回歸。袾宏的融合思想以「一心」統攝教內諸宗以及儒、道為顯著特徵，在心性理論上有向佛教經典的還源表現，而這種學理還源又是與禪宗的發展、演變緊密聯繫在一起的。

　　首先，袾宏以「教網滅裂，禪道不明」為明代佛教下行發展的內在原因。明代之時政教環境動盪，既有朱元璋對佛教的扶助與管制，亦有明世宗的排佛、壓禁，還有明神宗等晚明諸帝的寬放，使佛教在動盪的大氣候下顛簸發展。但此皆可歸納為佛教發展的外在因素，那麼，從佛教自身來看又應當如何認識這種明代佛教的下行發展呢？如本文《袾宏佛教融合的契理與契機》一章中已言，袾宏真正憂慮的是「教網滅裂，禪道不明」，即佛教的「教」、「禪」正理不能於「末法」時代闡明而引發的危機。且如前文所言，明代心學崛起，與禪學互釋互融，形成了儒、佛融合的新風潮，此既為佛教帶來了復興的機遇，也促成了一種「狂儒」與「狂禪」之風。明代佛教「教網滅裂，禪道不明」的一個極其重要表現就是這種狂放之風的盛行。袾宏屢屢教誡，意圖限範此狂放風氣。如《竹窗三筆·妄拈古德機緣（一）》中言：

　　　　古人一問一答，皆從真實了悟中來。今人馳騁口頭三昧，明眼人前，似藥汞之入紅爐，妖邪之遇白澤耳。若不禁止，東豎一拳，西下一喝，此作一偈，彼說一頌，如風如狂，如戲如謔，虛頭熾而實踐亡，子以為宗門復興，吾以為佛法大壞也。〔註5〕

〔註3〕陳永革：《晚明佛教思想研究》，北京：宗教文化出版社，2007，第15頁。
〔註4〕陳永革：《晚明佛教思想研究》，北京：宗教文化出版社，2007，第15頁。
〔註5〕袾宏：《竹窗三筆》，《蓮池大師文集》，北京：九州出版社，2013，第425頁。

即指出古德的機緣語錄皆從真修實證中來，但今有人沒有事行磨煉境界而「如風如狂，如戲如謔」般信口妄談，實為敗壞佛法的行徑。由此亦可理解袾宏制《雲棲僧約》中有「妄拈古德機緣者出院」〔註6〕的規定的原因。又如《竹窗隨筆·教外別傳》：

> 或謂：「教外果有別傳乎？則一代時教閒文也。教外果無別傳乎？則祖師西來虛行也。」曰：教外實有別傳，而亦實無別傳也。圓覺不云乎？修多羅如標月指。指非月也，謂指外別有月可也。而月正在所指中，謂指外別無月亦可也。執指為月，謂更無月者，愚也。違其所指，而別求所謂月者，狂也。神而明之，存乎其人而已。〔註7〕

即指「狂」為禪門修學中一種「違其所指，而別求所謂月者」的學風。追尋此狂放之風在思想上的根源，袾宏將之視為一種「心病」表現。如《竹窗二筆·論疏》中言：

> 是蓋有心病二焉：一者懶病，二者狂病。懶則憚於博究，疲於精思，惟圖省便，不勞心力故。狂則上輕古德，下藐今人，惟恣胸臆，自用自專故。新學無智，靡然樂從，予實憫之，為此苦口。

袾宏苦口悲憫地指出佛教義理學習中兩大「心病」為懶病與狂病，而狂病即有「惟恣胸臆，自用自專」等表現特徵。

進而，袾宏以禪宗極度發揮的心性理論為明代佛教教弛律馳的學理根源。袾宏屢屢論及狂放之風的表現與危害，那麼，其又如何在學理上認識這種虛浮之風呢？如《雲棲本師行略》「又以禪教二宗尚多流弊，禪門恒執理而廢事，講席多歧路以亡羊，甚至竊佛語為詞章，以機緣成戲論，如來慧命垪於懸絲，而法輪幾於覆轍矣，滔滔皆是。此非學者之過，抑亦唱導者之過也。師實愍焉，以為欲挽頹波，必須方便，因闡淨土之一門，用作狂瀾之砥柱」，即指出禪門偏重於在心、性、理而荒廢事，教門義理層疊幽嶂易使人迷途失措，幸有淨土具有注重念佛事行的特徵，而成為袾宏主弘淨土的主要原因之一。明代之時「禪宗盛行」〔註8〕，而又如郭朋先生言「在明代佛教（禪宗以外）的其他各宗中，只有淨土宗還具有影響，擁有信眾；其餘各宗，則都已氣息奄奄，僅存形式而已」〔註9〕，可推知袾宏於禪、教二門中較大的憂

〔註6〕袾宏：《雲棲共住規約別集》，《嘉興藏》第33冊，第163頁。
〔註7〕袾宏：《竹窗隨筆》，《蓮池大師文集》，北京：九州出版社，2013，第336頁。
〔註8〕黃懺華：《中國佛教史》，北京：東方出版社，2008，第281頁。
〔註9〕郭朋：《中國佛教簡史》，北京：社會科學出版社，2012，第275頁。

心應是「禪門恒執理而廢事」。

那麼隨之而來疑問是：為何禪宗的修學會帶來「恒執理而廢事」影響呢。袾宏則在學理上指向了禪宗極致發展的心性理論。賴永海先生在《中國佛性論》裏有對禪宗心性論的精彩點評，如「中國佛性思想發展到天台、華嚴二宗，已出現把生佛歸結於一心的唯心傾向。此一傾向自唐以後，愈演愈烈，至慧能創立禪宗，把即心即佛作為一宗之綱骨，標誌著中國佛性學說的唯心論已達到極端。但物極則反，作為對前期即心即佛佛性思想的反動，晚唐以降的後期禪宗，進一步衝破心的桎梏而每況愈下，把佛性推到一切無情物，『青青翠竹，盡是法身，鬱鬱黃花，無非般若』成為一時之風尚，即心即佛的祖師禪一變而為超佛越祖之分燈禪，『棒喝』、『機鋒』的神秘主義代替了心的宗教，六祖『革命』所播下的種子，終於長出了否定其自身的果實」〔註10〕，即指出禪宗心性論在中國佛教義理上表現出一種唯心傾向的極端發展，且在這種極端發展趨勢下，禪宗後期的心性理論已與慧能初意難能相符。

禪宗強調即心即佛、頓悟成佛等，可謂是把眾生之心提升到宇宙本體的高度，把眾生成佛轉化為一念頓悟的企及。由此，禪宗給人的印象正是修證成佛不再是歷經百千萬劫的苦行，而只要在生活中無念、無相、無住，隨緣自在，便可於剎那間成就無上佛果。在這樣的語境裏，此岸與彼岸的距離模糊了，眾生與佛的區分已不再明顯。但須強調的是，禪宗由自心頓悟的方法本非為廣大的下根凡夫而教設，如同袾宏言「六祖自云：『吾戒定慧接最上乘人。』今初心下凡，以秋毫世智，藐視西方，妄談般若。非徒無益，而又害之。故《壇經》者，慎勿示之初機。苟投非器，便落狂魔，誠可歎惜」，即指出慧能之法對大眾初機並不適用，違之還會帶來「妄談般若，非徒無益，而又害之」、「便落狂魔，誠可歎惜」等消極效果。於此可以看出，袾宏的態度很明確，即禪宗的教法不適應當時代更多的下根眾生而為明代佛教廢弛的重要原因之一。

袾宏又在《答四十八問序》中言：

> 若夫悟心外之無土，則一真湛而萬法泯，誰是西方？了土外之無心，則七寶飾而九蓮開，何妨本寂。……其或闡提根心，倔強猶昔，斷斷乎薄淨土而不修，守偏空而自足，亦末如之何也已矣悲

〔註10〕賴永海：《中國佛性論》，南京：江蘇人民出版社，2010，第163頁。

夫。〔註11〕

「本寂」即心性本來寂靜，是禪宗心性理論的重要內涵之一，如《壇經》「汝若欲知心要，但一切善惡都莫思量，自然得入清淨心體，湛然常寂，妙用恒沙」〔註12〕，可知袾宏於此借指禪宗的心性理論。意即袾宏指出，對上根的修學者而言，禪宗「本寂」之旨實與淨土往生的要義具有內在的一致性；而對「闡提根心，倔強猶昔」的下根人而言，禪宗「本寂」即意味著會成為「守偏空」的可悲之道。袾宏還有各種相關的說法而散見於其論著中。由此可知，袾宏將禪宗不適應初機、劣根眾生的原因指向了禪宗發揮到極致的心性理論，而為明代佛教教隳律馳的學理根源。

最後，袾宏意圖調整明代禪宗極致發展的心性理論，而還源於《大乘起信論》等經典中來。佛法有「三轉法輪」之說，其中二轉法輪以般若學為主要內容，而三轉法輪以如來藏佛性說為主。兩種教說本圓融無礙，但因後學理解的差異而產生分歧。在佛教向中土流傳中，因般若學與魏晉以來的玄學思潮在探討的話題與思辯風格等方面有著相近之處，終致互融、合流。但般若學與中土傳統文化觀念在關於宇宙存在、思維表達等方面仍有著很大的差異，而引起一批具有獨立精神的中土佛教學者的強烈回應，後有竺道生對涅槃佛性說進行詮釋，主張「眾生佛性」等見解，而成為中國佛教史上由中觀般若學向涅槃佛性學轉向的關鍵人物。相繼又有《大乘起信論》譯出，主張眾生皆能成佛的真心本覺說和直接顯現真心本覺而成佛的修持理論等，其心性論對天台宗、華嚴宗、禪宗皆有著極其重要的影響。永明延壽在《宗鏡錄》裏判中國佛教為「法相宗」、「破相宗」、「法性宗」，為後來的佛教學者所廣用。延壽此說是沿承宗密而來，如楊維中先生對延壽、宗密的歸納「宗密所說『三教』，『法相宗』，即唐玄奘所建立的法相唯識宗；『破相宗』，以四句百非破一切法相的三論宗。就華嚴五教判而言，前者相當於『相始教』，後者相當於『空始教』。相對於此，『法性宗』則相當於終、頓、圓等三大乘，也包括華嚴、天台二宗」〔註13〕，即以唐玄奘所創法相唯識為「法相宗」，三論宗為「破相宗」，又將天台、華嚴、禪宗等判歸為「法性宗」。現亦據此三宗來分析《起信論》在中國佛教中的影響。

〔註11〕袾宏：《答四十八問序》，《蓮池大師文集》，北京：九州出版社，2013，第483頁。

〔註12〕《六祖大師法寶壇經》，《大正藏》第48冊，第360頁。

〔註13〕楊維中：《中國唯識學通史》，南京：鳳凰出版社，2008，第855頁。

　　三論宗承龍樹中觀學主旨「以中道思想，特別是八不中道為核心理論」〔註14〕，但在中土「實際上一傳而衰落」〔註15〕。現思考其衰落的原因應是多方面的，但從「涉及到中國本土的思維習慣的問題」〔註16〕角度來看，三論宗所代表的思辨方式能否與中土的文化傳統相契合，應是一個值得深入思考的原因。

　　玄奘唯識學，如楊維中先生言「玄奘唯識學的真正秘密在於眾生之『心體』與佛教『理體』（實相、性空、真如、法性等等）兩分的立場」〔註17〕，可知其與《起信論》一系的古唯識學心性理論還有著明顯的區別。永明延壽起即倡導以《起信論》為底蘊的天台、華嚴、禪宗等與玄奘唯識的統一——「性」「相」融合，而「『性』『相』融通的必然結果，實質是『唯識學』的賡續而唯識宗的滅亡」〔註18〕，終將玄奘唯識納入《起信論》係古唯識學，故亦可以說「性」「相」融合反而加速了玄奘唯識宗的消失。

　　《起信論》對法性宗的重要影響則毋須多言。由上對中國佛教的前期發展與三論宗、玄奘唯識宗歷程的簡單歸結，可概知《起信論》一系的古唯識學心性理論在中國佛教發展中的存在影響。然而，一種理論所追求的理想價值意義並非總能在現實社會中帶來相應的效果。禪宗可以說是在中國佛教史上影響最大的一個宗派，亦受中華文化影響最深，而給人以「中國的文化與宗教似乎唯有禪宗可以代表」〔註19〕的印象。而就禪宗的修證風格來看，其自稱「教外別傳」，否認經典，否認佛祖，唯一的解脫依據就是「自心」。禪宗以自心本具佛性，而超越一切外在的約束，可謂將「唯心」論發揮到了極致，如荒木見悟先生言「中國人無論依儒還是依佛，對本來成佛、本來聖人、天人合一等觀念具有深刻的信念，立足在此本來主義的頂端無他，就是禪宗」〔註20〕，即指此意。而至五代禪宗巔峰發展，後轉入宋以來的巨變，乃至明代衰退及狂禪的盛行，從某種程度上看，不正是禪宗心性理論發展到極致，而在現實上由盛轉衰、漸不適應的一種外在表現嗎。

〔註14〕董群：《中國三論宗通史》，南京：鳳凰出版社，2008，導論第 1～2 頁。

〔註15〕董群：《中國三論宗通史》，南京：鳳凰出版社，2008，導論第 11 頁。

〔註16〕董群：《中國三論宗通史》，南京：鳳凰出版社，2008，導論第 12 頁。

〔註17〕楊維中：《中國唯識學通史》，南京：鳳凰出版社，2008，第 856 頁。

〔註18〕楊維中：《中國唯識學通史》，南京：鳳凰出版社，2008，作者的話第 2 頁。

〔註19〕杜繼文：《中國禪宗通史》，南京：江蘇人民出版社，2007，第 1 頁。

〔註20〕（日）荒木見悟著，廖肇亨譯：《中國佛教基本性格的演變》，《明末清初的思想與佛教》，上海：上海古籍出版社，2010，第 146～147 頁。

　　由上文可反映出，與《起信論》心性意涵相差甚遠的三論宗與玄奘唯識宗在中土皆不能長久弘傳，而將之發揮到極端的禪宗亦會漸不相適。那麼在明代特殊的歷史條件下，袾宏又應如何引導中國佛教的發展呢？從現有的資料可以得出，袾宏在外行上高度重視戒律，整理戒學論著等，而取得了顯著效果。但在學理上，袾宏並沒有另尋一種宗論作為調整明代佛教義理的利器，而是仍在傳統心性論的範限內對佛教義理進行調整，只是注意把發展到了極致的禪宗心性理論作了「佛教還源」，即還源到《大乘起信論》等經典中來。在近代佛教學者的判教中，如歐陽竟無等，皆以真如緣起之說始於《起信論》，故對天台、華嚴、禪宗而言，《大乘起信論》可稱得上其心性理論的源泉之一。袾宏有意以《起信論》為據而建構淨土宗的心性學，如其「一心」說，即是對《起信論》真如「一心」的還源與重申；又如《疏鈔》「上言靈明湛寂之體，本無清濁向背，畢竟平等，惟是一心。今謂約生滅門，以不如實知真如法一故，不覺心起而有其念，則無明所覆，失本流末，渾亂真體」，即是依《起信論》「一心二門」模式設立淨土修學的總綱；又如《疏鈔》「（一心）清濁向背，是事法界。（一心）靈明湛寂，是理法界。（一心）靈明湛寂而不變隨緣，清濁向背而隨緣不變，是理事無礙法界」，即依華嚴學以《起信論》「隨緣不變」、「不變隨緣」表述理事無礙，使「一心」兼顧事理，而對禪宗極致發展的心性論加以規限等。《疏鈔》中此等對《起信論》等的承襲內容，可謂不勝枚舉，如聖嚴法師言「本書（《疏鈔》）以《大乘起信論》的真如一心，及《華嚴經》的清淨唯心，作為『一心不亂』說之思想基盤」〔註21〕，即意指袾宏在學理上對心性理論的「佛教還源」。

　　綜上，袾宏以「禪門恒執理而廢事」為晚明狂禪表現的重點，而在學理上指向了禪宗極致發展的心性論，而意圖還源於《起信論》等經典中來。華嚴學兼重理事，其理事無礙觀可追溯至《起信論》真如緣起說。顯然，袾宏是依承華嚴學對《起信論》的理解路數而作的教理還源。袾宏本為「明末四高僧」之首，後有真可、憨山、智旭等皆有相關「佛教還源」的表現，如真可言「若傳佛心，有背佛語，非真宗也」〔註22〕，即強調以佛經對禪宗心學的極致發展加以約束，而可視為一種還源表現。故可言，袾宏在學理上為晚明佛教發展樹立了一個「佛教還源」的典範，對晚明佛教的復興有著重要的意義。

〔註21〕聖嚴法師：《明末佛教研究》，北京：宗教文化出版社，2006，第97頁。
〔註22〕《紫柏尊者全集》，《續藏經》第73冊，第195頁。

二、理論圓融

圓融為佛教理論的特質之一，而圓融又在佛學上有著多重表現，既有學理內部結構的圓融，也有學派間乃至與儒道的義理融通，還有理論與現實的協調統一等內容。同樣，祩宏融和思想中的理論圓融也有著多重表現，既有淨土本宗的學理圓融，又有淨土與禪、教、律、密等宗派間的理論圓融，還有佛與儒道的思想融通等。從中國佛教發展史來看，在祩宏的各種理論圓融中以諸宗融和論為人們關注的重點，而諸宗融和的核心機要即為禪淨合一，此在學理上主要表現為協調禪宗極致發展的心性理論與晚明現實相適宜的圓融。現從「本來性」與「現實性」相統一的哲學意義上言，祩宏的融合思想為中國淨土教理史上最高水平的圓融理論。

首先，「本來性」與「現實性」可視為中國佛學中的一對具有普遍意義的哲學範疇。隨著「眾生皆有佛性」觀念在佛教界的普遍，中國佛教裏出現有佛性「本有」論者，如賴永海先生言「本有說主張佛體理極，性自天然，一切眾生，本自覺悟，不假造作，終必成佛」〔註23〕，即概括出此「本有」的意涵大概。對之相對，亦有持佛性「始有」者，而致以中國佛教史上產生了本始之爭，如賴永海先生言「中國佛學越往後，越趨合流，這也是一個表現，即從起先的倡本倡始，談因說果，最後因果圓融，本始相即。這個思想主要體現在隋唐幾個佛教宗派中」〔註24〕，即指出本始之爭終以佛性「即本即始」的圓融說而達成一致，而為中國佛教發展的主流。儘管在中國佛學中言佛性「即本即始」，但在後來的發展中並沒有擺脫去佛性「本有」的烙印。如荒木見悟先生在《佛教與儒教》一書中將中國傳統文化中的「本有」意涵概括為「本來性」，如「那麼能兼容儒佛教……繁榮哲學性根源究竟是什麼？大概它就是被稱為『本來成佛』、『本來聖人』的那種『本來性』吧」〔註25〕，同時又將之在現實上的表現稱為「現實性」，如「針對本來性，另立一個現實性也不是沒有意義的，只有這樣，本來性才能作為無礙的實際存在，從容地在時空中穿行」〔註26〕，而建立了「本來性──現實性」這一對待意義的哲學概念。中國佛教義理作為一

〔註23〕賴永海：《中國佛性論》，南京：江蘇人民出版社，2010，第80頁。
〔註24〕賴永海：《中國佛性論》，南京：江蘇人民出版社，2010，第97頁。
〔註25〕荒木見悟著，杜勤等譯：《佛教與儒教》，鄭州：中州古籍出版社，2005，序論，第2頁。
〔註26〕荒木見悟著，杜勤等譯：《佛教與儒教》，鄭州：中州古籍出版社，2005，序論，第3頁。

種傳統意義上思想文化，可由中體現出具有普遍意義的哲學內涵，同時又應有著佛學自身的個性表達。在哲學上最具有普遍性的主題應是對智慧的追尋，如楊國榮先生言「就其本源而言，哲學的內涵與智慧的追求相聯繫」〔註27〕，而此在中國哲學中是在對「性」與「天道」的追問中展開的。其於儒家漸演化出了「性本善」的認識，又於佛教漸衍化有「佛性本有」的學說，且兩者更相交融演進。故荒木見悟先生將中國傳統思想中「本有」意蘊概括為「本來性」，並將其在現實上的表現意味歸括為「現實性」。其以兩者之間對立統一關係為軸要而對佛教中不同的學派和人物進行分析的做法，既在普遍的維度上表現了哲學理解的特點，又體現出中國佛教所特有的品性，而有著重要的參考與借鑒意義。

其次，禪淨合一又可在某種程度上理解為，希求「本來性」與「現實性」在對立中的統一。中國佛教各宗派中禪宗思想可對應於「本來性」。如《壇經》「惠能言下大悟，一切萬法，不離自性。遂啟祖言：『何期自性，本自清淨；何期自性，本不生滅；何期自性，本自具足；何期自性，本無動搖；何期自性，能生萬法。』祖知悟本性，謂惠能曰：『不識本心，學法無益；若識自本心，見自本性，即名丈夫、天人師、佛』」〔註28〕，即將佛性與自心聯繫在一起，而強調眾生皆本自具足、本自清淨、不生不滅的超越主體性。既然眾生的自性、本性即是佛，那麼眾生只要能夠「識自本心，見自本性」便可當即成佛，故慧能在成佛的修行方法又提倡頓悟成佛說，如「善知識！我於忍和尚處，一聞言下便悟，頓見真如本性。是以將此教法流行，令學道者頓悟菩提」〔註29〕，即強調這種當下頓悟的方法。由此可見，禪宗高度表現出「本來性」的傾向。

與此相對應，淨土宗以稱名念佛而往生西方淨土，則高度表現出「現實性」的傾向。淨土修學者僅需稱念阿彌陀佛名號即能往生，為易行殊勝；阿彌陀佛於因地時曾發四十八大願，念佛人得以借其願力往生，為他力殊勝；阿彌陀佛已證佛果，具有無上無量圓滿功德，故淨土學人憑藉彌陀願力修行，即是借彌陀之「果」修自己之「因」，而為快捷殊勝；據彌陀願力，一旦往生西方淨土即得不退轉位，與娑婆世界的易退轉相比，為解脫殊勝；此淨土宗持名念

〔註27〕楊國榮：《中國哲學史》，北京：中國人民大學出版社，2012，第 2 頁。
〔註28〕慧能：《六祖大師法寶壇經》，《大正藏》第 48 冊，第 349 頁。
〔註29〕慧能：《六祖大師法寶壇經》，《大正藏》第 48 冊，第 351 頁。

佛方法普適所有根機眾生，為普適根機殊勝；持名念佛可定心念佛，亦可散心念佛，在修行方法上不拘一格，為方便殊勝；在各宗修行中，菩提心可謂難發難行，而淨土宗以持名念佛即是為發菩提心，而為發菩提心殊勝，如此等等。此皆為淨土宗在現實層面上具有高度適應性的重要表現。故亦可以說，淨土宗是中國佛教中是一個最具有「現實性」傾向的宗派。袾宏正是希望憑藉高度「現實性」關注的淨土宗糾正表現有「本來性」禪宗的偏頗，即為禪淨合一，而此在一定哲學意義上又可言為，希求兩者於「本來性」與「現實性」對立中的統一。

最後，從「本來性」與「現實性」相統一的意義上言，袾宏的禪淨融合理論為中國淨土教理史上最高水平的圓融理論。中國淨土宗一般是以《無量壽經》、《阿彌陀經》、《觀無量壽經》為教典依據，而在袾宏之前，具有高度「現實性」傾向的淨土宗並沒有建構出太多系統、深入的心性論內容。在《觀經》中有「是心作佛、是心是佛」的心性內容，而為中國學僧所發揮，如聖凱法師言「在隋唐之際，各宗派祖師通過對《觀無量壽經》的解釋，尤其是關於『是心作佛、是心是佛』的解釋，使淨土思想具有分流的趨勢。淨影慧遠、天台智顗、吉藏等諸師重點發揮《觀無量壽經》的如來藏心性思想是『向上門』的提升，也是天台、禪宗、華嚴等宗派歸向淨土的內在因素，為後來『唯心淨土、自性彌陀』帶來了極大的影響；善導主要弘揚《觀經》的『稱名念佛』及『凡夫往生』，這也是『向下門』的滲透，是後來『指方立相』的淵源」〔註30〕，即指出天台、禪宗、華嚴等宗派據《觀經》「是心作佛、是心是佛」的一種「本有」論式的闡發，而與淨土相關聯，演化出「唯心淨土，自性彌陀」的命題。淨宗祖師善導則解「是心作佛、是心是佛」為因觀想而得佛現前，這實是一種具有高度關注「現實性」的解釋，而與其念佛往生的修學實踐內容相圓融，並為淨土學人所繼承。就諸宗祖師對《觀經》的不同理解及其分流發展而言，袾宏所努力進行的禪淨合一，在某種程度上就是對這兩種分流的融合，故在一定的哲學意義上言，此亦是對中國佛教義理關於「本來性」與「現實性」相統一的一種闡釋。在袾宏之前有永明延壽為禪淨合一作出了重大的努力與貢獻，如顧偉康先生言「倡『淨土唯心』則成了延壽一生最大的功績」〔註31〕，但永明

〔註30〕 聖凱：《晉唐彌陀淨土的思想與信仰》，北京：中國社會科學出版社，2009，第38頁。

〔註31〕 顧偉康：《禪淨合一溯源》，上海：上海社會科學院出版社，2012，第122頁。

並沒有在學理上完成禪、淨在「本來性」與「現實性」的意義上相統一的解說。直到袾宏的出現，才在《起信論》、《華嚴經》等教典的基礎上，以一種還源的「本有」論對「唯心淨土，自性彌陀」重新詮釋，而將「唯心淨土，自性彌陀」與稱名念佛緊密聯繫起來，宗成禪、淨在「本來性」與「現實性」意義上相統一的闡釋。

除禪淨合一外，袾宏融合思想中還有賢淨雙融、淨律融會、性相融合、顯密圓融，乃至佛與儒、道的融通等豐富的圓融內容，而袾宏思想正以「一心」統攝諸宗乃至儒、道為最突出的特徵，故可以在哲學意義上歸納為，袾宏的諸種圓融理論皆為「本來性」與「現實性」相統一的相關闡釋而為中國淨土教理史上最高水平的圓融理論。

第二節　後世影響

今天，我們以一種歷史發展的眼光來看待袾宏融合思想，可以說其既有積極促進中土佛教發展的歷史貢獻，但同時也為中土佛教的發展帶來一些問題。對之，我們應加以辯證分析。

一、對佛教發展的推動作用

在明代佛教的衰退下行的大形勢下，袾宏提倡以淨土為教體的融合發展，為晚明佛教的復興作出了非常重要的歷史貢獻。具體來說，主要表現在促進淨土宗的弘興、推進中土佛教的近代轉向、對居士佛教的重要影響等方面。

首先，促進淨土宗的弘興。從中國佛教的發展史來看，淨土宗的形成與發展明顯有著自己的特點。淨土宗在早期發展中，並不像其他宗派，而是沒有一個明確、連續的師承譜系，沒有自己的組織，沒有固定的僧團等，呈現出一種零散的、寓寄他宗的、民間化的等非獨立宗派性的表現，故也「只能選擇對於彌陀淨土信仰之流行以及形成淨土宗的實際貢獻」〔註32〕等方面來對淨土祖師進行評價。一般認為，唐代善導「集中國淨土學說與行儀之大成，使淨土宗具有完整的教法形態」〔註33〕，為淨土宗的實際創立者。淨土宗亦於其成熟，雖然此時已有了自己的信仰理論、判教系統、修學儀軌等，可以被稱為「宗」，但仍沒能作為一個獨立的宗派而存在。後隨著大量的信眾歸依，淨土宗漸風行

〔註32〕楊維中：《中國佛學》，南京：南京大學出版社，2009，第215頁。
〔註33〕陳揚炯：《中國淨土宗通史》，南京：鳳凰出版社，2008，第270頁。

於天下。善導之後，淨土分為三系，如《中國淨土宗通史》「禪教戒淨並修者，由慈愍慧日所強調，可以依然稱為慈愍流。專修稱名念佛者，其代表人物是少康，可以稱為少康流。重悟解者，迦才、飛錫、法照緬懷慧遠，可以以慧遠為代表，稱為慧遠流」〔註34〕，即指出「慈愍流」、「少康流」、「慧遠流」為淨土宗發展的三個流派。三流之中，少康專修持名念佛，簡便易行而被廣大民眾所接受，成為淨土宗的主流。如湯用彤先生言「有唐一代，淨土之教深入民間，且染及士大夫階層」，可見當時淨土信仰的流傳影響。儘管如此，但唐代之時，佛教諸宗競起，淨土並不為其中之突出者。

唐代以後，佛教各宗之間不斷交融會通，淨土也日益成為各宗兼修的法門。其間出現了兼修淨土的禪僧，如天衣義懷、無為子楊傑、禪淨合流、宗頤慈覺等，又有兼修淨土的天台宗師，如四明知禮、慈雲遵式、孤山智圓等，又有兼修淨土的華嚴宗師圓澄義和等，還有兼修淨土的律宗法師元照等，而在中國佛教史上出現了禪淨合流、臺淨合流、賢淨合流、律淨合流等各宗歸匯於淨土的興盛表現。此時期，淨土宗通過各宗兼修而普及於佛門，又由佛門影響於民間「成為中國民眾宗教的砥柱」〔註35〕，如呂澂先生言「宋代一般佛教徒著重實踐的傾向甚為顯著，故禪淨兩宗最為流行」〔註36〕，可知此時的中土佛教儘管禪宗的影響更大，淨土宗也已為兩大主流宗派之一。

元代時期，如陳揚炯先生言「這時的漢地佛教則以禪宗為主流，淨土宗的弘傳也主要靠禪宗」〔註37〕，即淨土仍處於禪宗之「寓宗」位置，而經明代袾宏、智旭、袁宏道等巨匠的大力弘傳，終至清代「禪宗、天台宗、華嚴宗、律宗的對立氣勢早已完全消失，互相混融會通，只在名義上保持著宗派的獨立和傳承」〔註38〕，而終於出現了淨土獨盛的局面。儘管「清代淨土宗，仍以佛家各派『共宗』的姿態而活動著」，但在諸宗匯歸淨土的潮流中各宗也「只在名義上保持著宗派的獨立和傳承」，故從總體上可說在「共宗」中淨土是居於主導地位的。

從上對淨土發展史的簡要梳理可知，淨土宗由初始寓寄他宗，後經明代發展，而轉變為在與各派「共宗」中居於主導的地位。在這一關鍵時期，袾宏對

〔註34〕陳揚炯：《中國淨土宗通史》，南京：鳳凰出版社，2008，第 320 頁。
〔註35〕陳揚炯：《中國淨土宗通史》，南京：鳳凰出版社，2008，第 369～370 頁。
〔註36〕呂澂：《中國佛教源流略講》，北京：中華書局，1979，第 388 頁。
〔註37〕陳揚炯：《中國淨土宗通史》，南京：鳳凰出版社，2008，第 427 頁。
〔註38〕陳揚炯：《中國淨土宗通史》，南京：鳳凰出版社，2008，第 467 頁。

淨土的弘興起著極大的促進作用。儘管在明代之前就已出現了各宗匯歸淨土的大趨勢，但正是順應此歷史大勢才有了袾宏推動晚明佛教發展新局面的出現。袾宏融合思想包括有禪淨合一、賢淨雙融、引律歸淨、性相融合、顯密圓融等內容，而促進了各宗與淨土的融通，如太虛言「雲棲法彙百餘卷，皆教宗賢首行專淨土而融通禪律及各家教義之至文。不惟明季來淨土宗風之暢盛得力於師，亦為淨土宗上下千古最圓純的一人」〔註39〕，即讚歎袾宏融合發展的巨大貢獻。故可以總結為，袾宏的融合思想是順應中國佛教融合發展的歷史趨勢的一種表現，並有力推動這種融合大潮的繼續發展，而在此發展大潮的影響下淨土宗終於迎來了獨盛的境況，並有取代漢地大乘佛教的傾向，而被稱為「淨土教」。

其次，推進中土佛教的近代轉向。如潘桂明先生言「袾宏是宋明佛教向近代佛教過渡的關鍵人物」〔註40〕，即言袾宏在中土佛教的近代轉向中有著重要的歷史作用，而這還須從中土佛教中後期禪宗與淨土的發展狀況談起。自中唐以來，禪宗逐漸成為影響中土佛教發展的中堅力量。禪宗提倡由頓悟自心而成佛，可謂將涅槃理想的彼岸拉回於此岸，貼近了眾生與佛的距離，而增強了佛教民間化、大眾化的發展傾向，也帶來了中唐以後禪宗快速發展的影響。至五代時期，華嚴、天台、唯識等宗漸行低落，而禪宗信眾如潮，以致漢地佛教幾乎成了禪宗的天下。如太虛法師言「中國佛學特質在禪」〔註41〕，儘管其所言之「禪」是括禪宗在內的更寬泛意義上的禪，但不可否認，禪宗之所以能成為中土佛教最具影響力的宗派應有著充分的內在根據。就在禪宗主導中土佛教發展之際，亦有一條暗流在形成，並日漸在中土佛教中產生勢力作用，即淨土宗的逐漸壯大與影響。淨土宗以僅需稱念彌陀便可「橫出三界」，如賴永海先生言「由於它符合中土佛教由博而約、由繁而簡的發展趨勢，因此，自善導正式創立淨土教之後，很快就蔚為大宗」〔註42〕，以具有簡捷、易行、方便等殊勝特徵，而在信眾中廣為流傳。由上文對淨土宗發展歷程的簡要論述中可知，淨土宗以易行性、方便性滲透於他宗的修行中，並以寓寄的方式廣泛於佛門、影響於民俗，逐漸普及，終由各宗匯歸淨土轉為一門獨盛，而代替禪宗成為中土影響最大的宗派。

〔註39〕 太虛：《佛學常識》，北京：中華書局，2010，第 211 頁。
〔註40〕 潘桂明：《中國居士佛教史》，北京：中國社會科學出版社，2000，第 784 頁。
〔註41〕 太虛：《佛學常識》，北京：中華書局，2010，第 78 頁。
〔註42〕 賴永海：《中國佛性論》，南京：江蘇人民出版社，2010，第 235 頁。

　　禪宗與淨土在修行理念與方法上皆有著很大的區別，如賴永海先生言「如果說，中唐以後的禪宗是以注重心性解悟，提倡超佛越祖的自尊、自信去否定印度的傳統佛教，那麼，淨土教正好從相反的方向，即以信願行為宗本，以自悲為特點，把傳統佛教注重三學兼修的傳統修行方法掃地出門。淨土教與禪宗兩面夾擊，把傳統的佛教與佛教的傳統掃除殆盡」，即概括禪宗與淨土在修行上相互消長，而對中土佛教的發展有著重要的影響。總體上來看，兩者的離合、消長等表現皆為中土佛教發展中的重要內容。太虛法師著有《禪臺賢流歸淨土行》一文，中對中國佛教禪、臺、賢、淨等宗的發展表現進行了梳理。儘管此處所言之「禪」是相對於定、慧的「禪那」意，但從太虛的梳理中可反映出禪宗與淨土關係變動而對中土佛教發展的重要影響。

　　太虛法師將淨土興盛過程歸結為四個階段，即依教律修禪之淨、尊教律別禪之淨、透禪融教律之淨、奪禪超教律之淨等。太虛指出，在第一階段，即依教律修禪之淨階段，念佛即修禪，而此依教修心禪中的念佛禪即是淨土宗的根源。此時還說不上淨土與禪宗有什麼關係。在第二階段，即尊教律別禪之淨階段，如太虛言「就是在這一時期，如道綽、善導、懷感、慈愍等祖師，對於離教律而別傳的宗門禪，莫不痛加駁斥」〔註43〕，已明顯表現出淨土與禪宗之間的一種緊張關係。在第三階段，即透禪融教律之淨階段，如太虛言「不透宗門禪，已不能修任何行，因此與前期斥禪修淨者不同。它不但透禪，而且還要融攝一切教律。故真正能成為中國佛教主潮的淨土禪，即在此一時期」〔註44〕，即指出淨土透於禪宗、融於教律，而為淨土宗盛行的時代。此時淨土與禪宗以融合為主，並影響著中國佛教的發展方向。袾宏即為這一時期的淨土宗師之一。在第四階段，即奪禪超教律之淨階段，如太虛言「別禪、透禪之淨，對教律均尊之融之，而與宗門禪抗。至此期，乘禪之衰，轉由淨土宗承襲其超教律，且倚透禪之勢而奪禪，而成為僅存孤零的念彌陀名號之勢」〔註45〕，此時淨土已奪超禪、教、律等，大行於中土，而「從學派意義上說，淨土教取代大乘佛教已經成熟」〔註46〕。無疑，太虛的梳理劃分具有非常重要的價值意義，如陳揚炯先生言「太虛以念佛方法之演變為線索，由禪、教、律、淨的關係角度，把淨土宗的歷史分為四個階段……實際上，把中國佛教史的輪廓也簡明地勾

〔註43〕太虛：《佛學常識》，北京：中華書局，2010，第 201 頁。
〔註44〕太虛：《佛學常識》，北京：中華書局，2010，第 202 頁。
〔註45〕太虛：《佛學常識》，北京：中華書局，2010，第 213 頁。
〔註46〕陳揚炯：《中國淨土宗通史》，南京：鳳凰出版社，2008，第 480 頁。

畫出來了」〔註47〕，即強調此意義。

　　由太虛四個階段的歸結，我們可看出淨土對禪宗以別禪、透禪、奪禪的關係變化而貫穿於中國佛教的發展中。如太虛總結「那兩個時代的中國佛法主潮是禪、臺、賢合宗，唯此第三期方可稱為代表中國佛法的淨土宗時代」〔註48〕，即在第一、第二階段為中土佛教天台、華嚴、禪宗等宗興盛的時代，此時淨土還沒有表現出強勁的勢頭，而在第三階段，儘管禪宗仍為最盛，淨土已表現出橫透融納的大勢力，終在第四階段而吞奪禪宗，成為中土佛教最大影響力的宗派。袾宏為第三階段的淨土宗師，倡導禪淨合一，而實為透禪歸淨，如太虛的評價「師固曾參禪悟入，然未據禪席，但開雲棲專修念佛。雲棲法彙百餘卷，皆教宗賢首行專淨土而融通禪律及各家教義之至文。不惟明季來淨土宗風之暢盛得力於師，亦為淨土宗上下千古最圓純的一人」，即強調其為明末淨土的弘興作出了巨大貢獻。儘管袾宏以透禪歸淨為要旨，但其仍為禪宗保留有一方之地，而在奪禪超教律的階段，有蕅益學人成時堅密、玉峰古昆、沈善登等以深信切願持名等推動淨土發展，已帶來廢禪、廢學之風，如成時堅密有「持名三大要」，即被太虛評為「依此自行化他，一廢萬行，二廢參禪，三廢學解矣」〔註49〕，又沈善登有《念佛四大要訣》，而「依此，則一不可修定，二不可參禪……」〔註50〕，如此等等。終至印光法師，如太虛言「綜上源因，而充盈成熟為碩果，則成蓮宗十三代靈巖印光祖師之淨土」〔註51〕，而產生了「清末民初以來，淨土一直為漢傳佛教最重要的修行法門，也為漢傳佛教各宗派的共同信仰」〔註52〕的新影響。

　　由上分析，可見袾宏在中土佛教轉型中作用，如學者劉紅梅的概括「而蓮池之攝禪歸淨，實為從永明延壽禪淨雙修思想，走向蕅益之消禪歸淨及至印光法師嚴辨禪淨界限的轉折點，反映了明末佛教向近現代佛教的修行轉向」〔註53〕，便是強調這種推動轉向的歷史價值。

〔註47〕陳揚炯：《中國淨土宗通史》，南京：鳳凰出版社，2008，第 483～484 頁。
〔註48〕太虛：《佛學常識》，北京：中華書局，2010，第 202 頁。
〔註49〕太虛：《佛學常識》，北京：中華書局，2010，第 214 頁。
〔註50〕太虛：《佛學常識》，北京：中華書局，2010，第 215 頁。
〔註51〕太虛：《佛學常識》，北京：中華書局，2010，第 215 頁。
〔註52〕賴永海主編：《中國佛教通史》（第 15 卷），南京：江蘇人民出版社，2010，第 274 頁。
〔註53〕劉紅梅：《蓮池大師思想研究》〔D〕：〔博士學位論文〕，成都：四川大學道教與宗教文化研究所，2004，第 152 頁。

　　再次，推動居士佛教的興盛。隨著晚明佛教的復興，居士佛教也興隆起來「而其中由蓮池大師推動的居士佛教運動最為卓有成效」〔註54〕。聖嚴法師曾對彭際清《居士傳》作了統計，在明代居士的傳記中「其中只有四人是萬曆以前的人，其他的有 67 人的正傳及 36 人的附傳，均屬於萬曆年間以至明代亡國期間（公元 1573～1661 年）的人物」，可見居士佛教「明末時代，極為隆盛」〔註55〕。聖嚴法師又指出了明末儒道學者能夠轉入佛教的兩個顯著原因，如「1. 由於宋明儒學家的抬頭，給了佛教的大刺激，所以有雲棲袾宏、紫柏真可、憨山德清、蕅益智旭等傑出僧人，被後人稱為明末四大師的出現，使得士大夫階層的讀書人，向心於佛教。2. 由於中央政府的腐敗，使得人民體會到生命財產的沒有保障，故以佛教的因果觀來解釋他們的命運，並且求於此身死後，往生西方極樂世界」〔註56〕，而此兩者中淨宗祖師袾宏皆為關鍵或重要的關聯因素，可知袾宏對晚明居士佛教的巨大影響。從相關材料來看，袾宏對居士佛教的影響是多方面的，但顧及本文的主題，於此僅從禪淨、儒佛關係方面略加論述。

　　《中國佛教通史》中言「淨土修學成為晚明居士佛教的一大特色與主導內容」〔註57〕，即指出晚明居士修行有以淨土念佛為主要修行的表現，而主弘淨土的袾宏在化導居士時亦注重因勢利導表現出禪淨相通、儒佛融貫的風格。如《古杭雲棲蓮池大師塔銘》：

　　　　侍郎王公宗沐問：「夜來老鼠唧唧，說盡一部《華嚴經》。」師
　　云：「貓兒突出時如何？」王無語。師自代云：「走卻法師，留下講
　　案。」又書頌曰：「老鼠唧唧，《華嚴》歷歷。奇哉王侍郎，卻被畜生
　　惑。貓兒突出畫堂前，床頭說法無消息。無消息，大方廣佛華嚴經，
　　世主妙嚴品第一。」〔註58〕

從袾宏對王宗沐的對答來看，其中不乏禪語機鋒的表達，而儼然一位禪門巨匠風範。又：

〔註54〕賴永海主編：《中國佛教通史》（第 14 卷），南京：江蘇人民出版社，2010，第
　　　　8 頁。
〔註55〕聖嚴法師：《明末佛教研究》，北京：宗教文化出版社，2006，第 200 頁。
〔註56〕聖嚴法師：《明末佛教研究》，北京：宗教文化出版社，2006，第 206 頁。
〔註57〕賴永海主編：《中國佛教通史》（第 12 卷），南京：江蘇人民出版社，2010，第
　　　　508～509 頁。
〔註58〕德清：《古杭雲棲蓮池大師塔銘》，《蓮池大師文集》，北京：九州出版社，2013，
　　　　第 673 頁。

　　　　侍御左公宗郢問：「念佛得悟否？」師曰：「返聞聞自性，性成

無上道，又何疑返念念自性耶？」〔註59〕

念佛為淨土修行方法，開悟是禪宗的入道要門，故「念佛得悟否」明顯是一個
禪淨融通的問題。對此，袾宏據《楞嚴經》「返聞聞自性，性成無上道」而發
揮為「返念念自性」，正是以禪淨相融接引居士修行的一種表露。如此例證，
不勝枚舉。據聖嚴法師統計，《居士傳》中親近袾宏的居士有 24 人，而其中禪
淨雙行、先禪後淨者便有嚴敏卿、郝熙載、嚴澂、朱白民、王道安、虞長孺、
鮑性泉、陶周望等人。可見袾宏禪淨融合之風對居士的重要影響。

　　袾宏儒佛融會亦對居士佛教有著重要的影響。袾宏在淨土弘傳中注意將
佛教戒律與儒家倫理相結合，如劉紅梅女士言「蓮池儒佛並弘、格盡人倫的修
行理念是淨宗思想的本土化，不僅當機於明末社會，就人類道德滑坡的趨勢來
看，敦篤倫常、盡倫盡性之教育越來越具有重要的現實意義。倫常為本、以德
立基也是未來淨土修行的必然基石」〔註60〕，即強調袾宏這種儒佛貫融風格的
重要價值。不僅如此，袾宏還能夠純熟運用於在度化中。如：

　　　　仁和令樊公良樞問：「心雜亂，如何得靜？」師曰：「置之一處，

無事不辦。」坐中一士曰：「專格一物，是置之一處。辦得何事？」

師曰：「論格物，只當依朱子豁然貫通去，何事不辦得？」或問師：

「何不貴前知？」師云：「譬如兩人觀《琵琶記》，一人不曾經見，

一人曾見而預道之，畢竟同觀終場，能增減一齣否？」〔註61〕

即對有人憑朱子「格物致知」的駁詰，袾宏則妙解以答，而可見袾宏在學理上
的儒佛貫通與度化中純妙運用。晚明居士中本就多有先儒後佛之士，此類人中
又多有儒佛觀念相雜的表現。在袾宏化導的居士中便有陶周望、嚴澂等皆為儒
佛兼雜者。如《居士傳》：

　　　　陶周望，名望齡，號石簣居士，會稽人也。萬曆十七年，舉會

試第一，成進士，授編修。與同官焦弱侯相策發。始研求性命之學。

已而請假歸，過吳江，與袁中郎論學三日。上剡溪，謁周海門，參

〔註59〕德清：《古杭雲棲蓮池大師塔銘》，《蓮池大師文集》，北京：九州出版社，2013，
　　　　第 673 頁。
〔註60〕劉紅梅：《蓮池大師思想研究》〔D〕：〔博士學位論文〕．成都：四川大學道教
　　　　與宗教文化研究所，2004，第 156 頁。
〔註61〕德清：《古杭雲棲蓮池大師塔銘》，《蓮池大師文集》，北京：九州出版社，2013，
　　　　第 673～674 頁。

叩甚力。〔註62〕

　　　（嚴澂）師事管東溟，傳其學，既又與瞿元立參究宗乘，以陰
　　為中書舍人，官至邵武知府。晚而家居，奉雲棲之教。〔註63〕

即可知陶周望、嚴澂等的儒者身份及與明理學家之間關係，而又皆秉承雲棲之
教。由上可見，祩宏儒佛貫通之風對居士佛教的重要影響。

二、問題反思

　　儘管祩宏在一定程度上促進中土佛教的發展，但其沒有引領中土佛教走
出下行發展的歷史進程，並帶來了一些新的問題，這也是值得我們深入反思
的。

　　首先，祩宏並沒有改變中土佛教的下行發展總進程。儘管祩宏順應中華文
化融合發展的大趨勢「致力於佛教內部各宗派的融合統一」〔註64〕，帶動晚明
佛教的復興「給原本衰敗的佛教帶來了另一番新局面，取得了繼往開來的新成
果」〔註65〕，但並沒有改變中土佛教下行發展的總體趨勢。入清以後，中土佛
教繼續沿著晚明佛教「四大師」所調整的方向前進，而如郭朋先生言「有清一
代，佛教各宗（特別是禪、淨二宗）都還在勉強地活動著，但是，從思想史的
角度來說，只不過是前代佛教的一種微弱的歷史回聲和即將乾涸了的歷史河
流中的餘濕而已」〔註66〕，即強調清代佛教為明以來的下行發展趨勢的餘緒。
又如《中國佛教通史》「中國佛教的衰落不自清代始，唐宋以後已趨衰微，其
間雖然有過幾次短暫的中興，但它那江河日下的總趨勢卻是無法改變的。這是
近代以來一般學者對中國佛教歷史發展的一種宏觀論斷」〔註67〕，亦為此意。
顯然，非但祩宏之禪淨合一、律淨融會、性相融通等融合路徑，乃至其餘「三
大師」的努力皆未能解決晚明佛教下行發展的根本問題。

〔註62〕 彭紹升撰，張培鋒校注：《居士傳校注》，北京：中華書局出版社，2014，第374
　　　　～375頁。
〔註63〕 彭紹升撰，張培鋒校注：《居士傳校注》，北京：中華書局出版社，2014，第337
　　　　頁。
〔註64〕 潘桂明：《中國居士佛教史》，北京：中國社會科學出版社，2000，第775頁。
〔註65〕 黃家章：《印光思想、淨土信仰與終極關懷》，北京：社會科學文獻出版社，
　　　　2013，第208頁。
〔註66〕 郭朋著，《明清佛教》，福建人民出版社，1982，第494頁。
〔註67〕 賴永海主編：《中國佛教通史》（第14卷），南京：江蘇人民出版社，2010，第
　　　　126頁。

　　其次，內在的不圓融。在哲學意義上言，融合即為多樣性的統一。袾宏以「一心」作為淨、教、禪、律、密等相統一的根坻，故袾宏融合的要核即在於此「一心」的絕對性內涵。在《疏鈔》中袾宏先依宗密的「真心」來規定「一心」，再將之納入《起信論》的「一心二門」的模式中，並通過對「一心」的「即心是佛」、「即佛是心」、「心者唯識」、「三密即是一心」等詮釋而與禪宗、法相唯識學、密教理論相融通。如此「一心」，即為袾宏諸宗統一的基礎。於此需要指出的是，袾宏雖在「一心」的基礎上融通各宗，但並沒有具體對各宗教義加以揀別。就各宗教義的同處而言，袾宏主張「盡萬法不出一心之體」，以一切經典、一切法門皆不離「一心」之旨，故無論華嚴四法界觀，還是天台「一心三觀」，還是禪宗「即心即佛」、「頓悟成佛」，還是法相唯識「萬法唯識」，律宗「心地法門」等皆為「一心」呈現，這亦可以說是各宗派共通的內涵，而為袾宏諸宗統一的基礎。但各宗派在「心」的內涵上還有著各自獨到的解讀，而非全然相同或一律等齊。玄奘唯識學即「於眾生之『心體』與佛教『理體』（實相、性空、真如、法性等等）兩分的立場」而與《起信論》一系有著重大的區分。儘管華嚴、禪宗等被一起劃為「法性系」宗派，但其在「心性」的界說上仍有著差異，如華嚴學以「性起」範式展開心性理論，禪宗強調當下的現實之心，故兩者各有側重。故可以說，袾宏的融合理論實難做到在周全詮釋心性問題的同時並能圓融協調各宗的理論限範。如楊維中先生言「也應該看到，由於四種心性論範式（三論、天台、華嚴、禪宗）的理論基礎相距甚遠，因而這些吸收往往更多地呈現出油水分離之態。因而中國佛教諸宗心性論之間的『不可同約性』要遠遠大於其圓融性」〔註68〕，即指出了中土佛教融合發展在心性論上難以避免的「不可同約性」問題。對此，袾宏同樣不能拿出一個有效的解決方案。

　　再次，濃厚的「出世間」傾向。袾宏的諸宗融合，亦可說是以淨土思想對諸宗融透，而促進了淨土信仰的流傳、普及。因淨土學以希求往生西方淨土為修行的現世目標，故在淨土修學中不可避免的表現有強烈的出離現實世界的傾向。同理，袾宏作為弘興淨土的宗師，在其教法中亦保留有此顯著特色。袾宏在教說中時刻警醒應以了脫生死、往生西方為人生追求的理想，如《古杭雲棲蓮池大師塔銘》「顧志在出世，每書『生死事大』四字於案頭。從遊講藝，必折歸佛理，業已棲心淨土矣。家戒殺生，祭必素。居常太息曰：『人命過隙

〔註68〕楊維中：《中國佛學》，南京：南京大學出版社，2009，第 301 頁。

耳，浮生幾何！吾三十不售，定超然長往矣，何終身事齷齪哉」」〔註69〕，即
記述袾宏早年便憂心生死無常，棲心淨土，而此亦成為其後來主弘淨土的重要
原因。從袾宏的著述中，可以深刻的感覺到袾宏已將了脫生死、往生西方的淨
土修行目標貫穿於弘法教化與宗教生活中。在袾宏看來，各種學說唯佛教為
尊，佛門之內以淨土為勝，唯稱名念佛是人生第一要務，而除此之外，一切名
利、是非、外道學問等皆不利於修行。至於世間的苦難，社會的治理、國計民
生等問題，顯然並非袾宏關注的重點，如袾宏言「仲尼主世間法，釋迦主出世
間法也」〔註70〕，即以「世間法」與「出世間法」二分為袾宏儒佛觀的重要內
容。在此觀念下，國計民生等「世間」問題應推歸儒門，而自己身為佛門中人，
理應以「出世間」的態度面對人生現實。袾宏「出世間」的態度，就是憑依淨
土的修學來祈求人生的圓滿與社會的發展，如學僧釋見曄的總結「袾宏以為心
包太虛，量周沙界，廣大無邊。它是一切善、惡之起源，所以眾生必須修齋作
福，庶可默化虔消，化除眾生的苦迫。所以當袾宏面對人間困難時，其解決之
道是以唯心的方式，盼借宗教力量如淨心、發願、來淨化渾濁社會；或依個人
的修證功德，感應三寶加被；或借念佛願生西方，來消化人間苦難」〔註71〕，
即將之稱為一種「唯心的方式」。袾宏之後，有蕅益智旭等繼續擴大了淨土的
影響。入清以後，雍正皇帝非常認同袾宏的淨土觀念，而加以推助，後淨土信
仰終成為中國佛教中主流影響。但由於淨土信仰的「出世間」傾向比較濃重，
以致在清末民初之際達到極致，而被太虛、印順等此際中土佛教稱為「死人的
佛教」，如印順法師言「因為中國的佛教末流，一向重視於——一死，二鬼，
引出無邊流弊」〔註72〕，即強調此中流弊，而提倡重人生、重入世的「人間佛
教」。

　　綜上，袾宏以融合發展的路徑啟動了晚明佛教的復興，並對近世中土佛教
乃至中國文化的發展皆有著重要的影響，故袾宏為首的「四大師」出現，而被
《中國佛教通史》譽為晚明佛教復興的「時代性標誌」〔註73〕。但袾宏作為晚

〔註69〕 德清：《古杭雲棲蓮池大師塔銘》，《蓮池大師文集》，北京：九州出版社，2013，
　　　　第 671 頁。
〔註70〕 袾宏：《竹窗隨筆》，《蓮池大師文集》，北京：九州出版社，2013，第 332 頁。
〔註71〕 釋見曄：《明末佛教發展之研究——以晚明四大師為中心》，臺北：法鼓文化事
　　　　業股份有限公司，2007，第 126 頁。
〔註72〕 印順：《人間佛教緒言》，《人間佛教論集》，北京：中華書局，2010，第 70 頁。
〔註73〕 賴永海主編：《中國佛教通史》（第 12 卷），南京：江蘇人民出版社，2010，第
　　　　180 頁。

明特殊歷史條件下的學僧，其思想中仍有局限之處，故對之我們還應以一種全面、客觀的態度看待，才能做出如實的評價。

結　語

　　袾宏的融合學說作為一種在中國晚明社會、經濟、政治、歷史、文化等特定條件下的思想結晶，不可避免帶有中土佛教文化與晚明時代的烙印，但從總體上看，仍屬於中國傳統佛學範域下一種思想表現。太虛法師曾概括中國佛教主流的四大基本特點，即本佛、重經、博約、重行等〔註1〕。現據此四點特徵來分析袾宏的融合思想：袾宏在教內諸宗融合中先確立淨土學為佛陀的真實知見，又借力華嚴提升淨土至等齊的地位，並尤為重視《佛說阿彌陀經》等，而可見其「直承於佛，推本於佛」的立意，故可謂是「本佛」的、「重經」的；在淨土學的闡發上，袾宏博引經論、涉及諸宗，而以理事圓融突出「一心」要旨，而可見其「博覽而約要」〔註2〕的學風，故可謂是「博約」的；在修學實踐上，袾宏把修行的重心落實在念佛實踐上，並以「事持」念佛與「理持」念佛統攝佛門六度萬行，即為「依所約要旨，而本之去實踐修行」〔註3〕，故可謂是「重行」的。故從總體上看，袾宏融合思想無論在方法上充分發揮理事無礙的融合方法，還是在內容上凸顯「一心」主旨、以淨土為弘教主體統攝教內諸宗、融通三教等，皆為中國傳統佛學範域下的一種思想表現，如太虛法師言「故天台、賢首、宗門下及晚期淨土行諸祖，雖疊受旁流的影響，仍還由保持著這主流而演變下來」〔註4〕，即符此意。

　　中國佛教經歷了明清的衰落之境，在近代終於出現了新發展，其中一個重

〔註1〕太虛：《佛學常識》，北京：中華書局，2010，第220頁。
〔註2〕太虛：《佛學常識》，北京：中華書局，2010，第220頁。
〔註3〕太虛：《佛學常識》，北京：中華書局，2010，第220頁。
〔註4〕太虛：《佛學常識》，北京：中華書局，2010，第220頁。

要的表現就是「面向現實社會人生的人間佛教成為近代佛教文化思潮的主流」
〔註5〕。顯然，中國佛教經歷了一個既承揚傳統，又不斷適應時代的革新發展
過程。僅就人間佛教的內容來看，「人間淨土」即為人間佛教的重要內容之一，
如太虛曾著專門撰寫《人間淨土論》一文，而可見其重視程度，且這種觀念對
中國當代佛教發展仍有著深刻的影響。「淨土」本是傳統的佛學觀念之一，更
是淨土學中的一個基本範疇。現「人間淨土」理念便是一種將傳統的「淨土」
觀念與現代社會緊密結合的佛學發展，從中可見人間佛教的在新時代下的理
論與實踐創新。可以說，這種創新本就是一種高水平的理論融合，是中國傳統
一貫融合思維的新發展，亦是中華文化創生精神的時代體現。

今天，全球一體化的發展日益滲透到我國的經濟、政治、文化等各個領域，
而在新的時代背景下，如何處理傳統與現代、民族與世界、道德與科學等衝突，
從自己的文化傳統中走出一條民族特色的現代化道路，正是中國佛教乃至中
華文化發展中亟需解決的難題。在這種多元文化交匯的背景下，不可避免的會
出現異質文化的碰撞、衝突，而從謀求人類共同生存與發展的總趨勢來看，和
諧共存、融合發展將是多元文化交流的共同目標。融合的最基本內涵為多樣性
的統一，祩宏即以「一心」為教內諸宗以及儒、道、佛能夠統一的基礎，又在
方法上充分發揮了華嚴學理事無礙的方法論而展開融合思想。這給我們的啟
示就是，如何在世界多元文化交流的舞臺上建立異質文化相統一的基礎，將是
全球文化實現和諧共存、融合發展的關鍵；同時如何將中國傳統文化中的優良
方法運用於今天取得成效，也是一個值得深入思考的問題。在肯定中國佛教融
合思維具有積積現實意義的同時，我們還應該認識到其消極的一面，如中國佛
教融合思維一貫是以一種超越的態度對待矛盾與衝突，而「試圖通過思想視域
的提升，在新的理論制高點上反觀並會通自身與其他思想學說的矛盾衝
突……從消極的一面來說，則表現出了妥協性和調和性，有其自身的歷史局
限」〔註6〕，故對此還須辯證的看待。

〔註5〕洪修平：《中國佛教與佛學》，南京：南京大學出版社，2016，第150頁。
〔註6〕洪修平：《中國佛教與佛學》，南京：南京大學出版社，2016，第297頁。

參考文獻

一、古典文獻

1. 《大正藏》〔DB/CD〕‧臺北：中華電子佛典協會，2001。
2. 《卍新纂續藏經》〔DB/CD〕‧臺北：中華電子佛典協會，2001。
3. 《維摩詰所說經譯注》〔M〕‧徐文明譯注，北京：中華書局，2012。
4. 《正法眼藏》〔M〕‧董群釋譯，臺北：佛光文化事業有限公司，民國 86〔1997〕。
5. （宋）大慧宗杲著，《正法眼藏》〔M〕‧董群點校，鄭州：中州古籍出版社，2016。
6. 《四庫禁燬書叢刊》〔M〕‧北京出版社，1997。
7. 《四庫全書》〔M〕‧上海：上海古籍出版社，1987。
8. 《周易今注今譯》〔M〕‧趙建偉，陳鼓應注譯，北京：商務印書館，2005。
9. 《周易譯注》〔M〕‧周振甫譯注，北京：中華書局，2012。
10. 《老子校釋》〔M〕‧朱謙之撰，北京：中華書局，2010。
11. 《論語譯注》〔M〕‧楊伯峻譯注，北京：中華書局，2012。
12. 《詩經》〔M〕‧劉毓慶、李蹊譯注，北京：中華書局，2011。
13. 《楚辭》〔M〕‧孫雪霄點校，上海：上海古籍出版社，2015。
14. （戰國）左丘明著：《國語》〔M〕‧（三國）韋昭注，上海：上海古籍出版社，2015。
15. 《孟子譯注》〔M〕‧楊伯峻譯注，北京：中華書局，1960。
16. 《莊子補正》〔M〕‧劉文典撰，北京：中華書局，2015。

17.《荀子集解》〔M〕‧王先謙撰，北京：中華書局，1988。

18.（漢）董仲舒著：《春秋繁露》〔M〕‧北京：中華書局，1975。

19.《太平經》〔M〕‧楊寄林譯注，北京：中華書局，2013。

20.（漢）王充著：《論衡校注》〔M〕‧張宗祥校注、鄭紹昌標點，上海：上海古籍出版社，2010。

21.（魏）王弼注：《老子道德經注校釋》〔M〕‧樓宇烈校釋，北京：中華書局，2008。

22.（東晉）常璩著：《華陽國志新校注‧漢中志》〔M〕‧劉琳校注，成都：四川大學出版社，2015。

23.（唐）慧能著：《新版‧敦煌新本六祖壇經》〔M〕‧楊曾文校寫，北京：宗教文化出版社，2001。

24.（宋）周敦頤：《周敦頤集》〔M〕‧北京：中華書局，2009。

25.（宋）朱熹撰：《四書章句集注》〔M〕‧北京：中華書局，1983。

26.（宋）黎靖德編：《朱子語類》〔M〕‧王星賢點校，北京：中華書局，1986。

27.（宋）程顥、程頤：《二程遺書》〔M〕‧北京：中華書局，1981。

28.（宋）張伯端著：《悟真篇集釋》〔M〕‧翁葆光等注，北京：中央編譯出版社，2015。

29.（明）黃宗羲著：《宋元學案》〔M〕‧北京：中華書局，1986。

30.（明）王守仁著：《王陽明集》〔M〕‧王曉昕等點校，北京：中華書局，2016。

31.（明）雲棲袾宏：《蓮池大師全集》〔M〕‧上海古籍出版社，2011。

32.（明）紫柏：《紫柏老人集》〔M〕‧北京：北京圖書館出版社，2005。

33.（明）憨山：《憨山老人夢遊集》〔M〕‧北京：北京圖書館出版社，2005。

34.（明）智旭：《藕益大師全集》〔M〕‧臺北：佛教書局，民國七十八年。

35.（明）伍守陽、（清）柳華陽著：《古本伍柳仙宗合集》〔M〕‧上海：上海古籍出版社，1990。

36.《性命圭旨》〔M〕‧馮國超主編，吉林：吉林人民出版社，2006。

37.（明）趙臺鼎輯：《脈望》〔M〕‧武國忠點校，海口：海南出版社，2011。

38.（明）沈善洪主編：《黃宗羲全集》〔M〕‧杭州：浙江古籍出版社，1992。

39.（明）王夫之：《船山全書》〔M〕‧第十二冊，長沙：嶽麓書社，1992。

40. （清）彭紹升撰：《居士傳校注》〔M〕·張培鋒校注，北京：中華書局出版社，2014。

二、其他專著

（一）中文著述

1. 董群：《融合的佛教——圭峰宗密的佛學思想研究》〔M〕·北京：宗教文化出版社，2000 年。

2. 董群：《祖師禪》〔M〕·杭州：浙江人民出版社，1997。

3. 董群：《慧能與中國文化》〔M〕·貴州：貴州人民出版社，2001。

4. 董群：《中國三論宗通史》〔M〕·南京：江蘇人民出版社，2008。

5. 董群：《佛家倫理與中國禪學》〔M〕·北京：宗教文化出版社，2007。

6. 石峻等編：《中國佛教思想資料選編》〔M〕·北京：中華書局，2014。

7. 梁啟超：《佛教研究十篇》〔M〕·北京：中華書局，1989。

8. 梁啟超：《中國近三百年學術史》〔M〕·北京：東方出版社，2003。

9. 梁啟超：《清代學術概論》〔M〕·朱維錚校訂，北京：中華書局，2016。

10. 太虛：《佛教常識》〔M〕·北京：中華書局，2010。

11. 布頓大師：《佛教史大寶藏論》〔M〕·郭和卿譯，北京：民族出版社，1986。

12. 釋印順：《淨土與禪》〔M〕·北京：中華書局，2011。

13. 釋印順：《如來藏之研究》〔M〕·北京：中華書局，2011。

14. 釋印順：《中國禪宗史》〔M〕·北京：中華書局，2011。

15. 釋印順：《淨土學論集》〔M〕·北京：中華書局，2010。

16. 釋印順：《人間佛教論集》〔C〕·北京：中華書局，2010。

17. 釋印順：《大乘起信論講記》〔M〕·北京：中華書局，2010。

18. 釋印順：《中觀論頌講記》〔M〕·北京：中華書局，2011。

19. 釋印順：《印度之佛教》〔M〕·北京：中華書局，2011。

20. 釋印順：《禪與淨土》〔M〕·北京：中華書局，2011。

21. 印順《華雨集》〔M〕·北京：中華書局，2011。

22. 呂澂：《印度佛教源流略講》〔M〕·上海：上海人民出版社，1979。

23. 呂澂：《中國佛教源流略講》〔M〕·北京：中華書局，1979。

24. 呂澂：《呂澂佛學論著選集》〔M〕·（1～5卷），濟南：齊魯書社，1991。

25. 湯用彤：《漢魏兩晉南北朝佛教史》〔M〕·北京：中華書局，1983。

26. 湯用彤：《隋唐佛教史稿》〔M〕·北京：中華書局，1982。

27. 湯用彤：《湯用彤學術論文集》〔M〕·北京：中華書局，1983。

28. 熊十力：《佛家名相通釋》〔M〕·北京：中國大百科全書出版社，1985。

29. 方東美：《中國哲學精神及其發展》〔M〕·北京：中華書局，2012。

30. 方東美：《華嚴宗哲學》〔M〕·北京：中華書局，2012，第 467 頁。

31. 周叔迦：《周叔迦佛教論著集》〔M〕·北京：中華書局，1991。

32. 任繼愈主編：《中國佛教史》〔M〕·（1～3 卷），北京：中國社會科學出版社，1981/1985/1988。

33. 任繼愈等著：《中國佛教論文集》〔C〕·西安：陝西人民出版社，1984。

34. 黃懺華：《中國佛教史》〔M〕·上海：上海文藝出版社，1990。

35. 方立天：《中國佛教哲學要義》〔M〕·北京：中國人民大學出版社，2012。

36. 方立天：《佛教哲學》〔M〕·北京：中國人民大學出版社，2012。

37. 方立天：《中國佛教文化》〔M〕·北京：中國人民大學出版社，2012。

38. 方立天：《隋唐佛教》〔M〕·北京：中國人民大學出版社，2006。

39. 方立天：《魏晉南北朝佛教》〔M〕·北京：中國人民大學出版社，2012。

40. 方立天：《中國佛教與傳統文化》〔M〕·北京：中國人民大學出版社，2012。

41. 方立天：《禪宗概要》〔M〕·北京：中華書局，2011。

42. 方立天：《方立天講談錄》〔M〕·北京：九州出版社，2014，第 313 頁。

43. 杜繼文、魏道儒：《禪宗思想通史》〔M〕·南京：江蘇人民出版社，2007。

44. 杜繼文：《漢譯佛教經典哲學》〔M〕·南京：江蘇人民出版社，2008。

45. 杜繼文：《中國佛教的多民族性與諸宗派的個性》〔C〕·北京：中國社會科學出版社，2008。

46. 杜繼文：《中國禪宗通史》〔M〕·南京：江蘇人民出版社，2007。

47. 賴永海等編：《中國佛教通史》〔M〕·南京：江蘇人民出版社，2010。

48. 賴永海：《中國佛性論》〔M〕·南京：江蘇人民出版社，2010。

49. 洪修平：《禪宗思想的形成與發展》〔M〕·南京：江蘇人民出版社，2011。

50. 洪修平：《中國儒佛道三教關係研究》〔M〕·北京：中國社會科學出版社，2011。

51. 洪修平：《中國佛學之精神》〔M〕·上海：復旦大學出版社，2009。

52. 洪修平：《中國禪學思想史》〔M〕·北京：中國人民出版社，2007。

53. 洪修平：《中國佛教與佛學》〔M〕·南京：南京大學出版社，2016。

54. 洪修平、孫亦平:《惠能》〔M〕·南京:南京大學出版社,2010。

55. 洪修平、孫亦平:《慧能評傳》〔M〕·南京:南京大學出版社,1998。

56. 洪修平、孫亦平:《十大名僧》〔M〕·上海:上海古籍出版社,1990。

57. 孫亦平:《道教文化》〔M〕·南京:南京大學出版社,2014。

58. 楊維中:《中國唯識宗通史》〔M〕·南京:江蘇人民出版社,2008。

59. 楊維中:《中國佛學》〔M〕·南京:南京大學出版社,2014。

60. 楊維中:《中國佛教心性論研究》〔M〕·北京:宗教文化出版社,2007。

61. 楊維中:《如來藏經典與中國佛教》〔M〕·南京:江蘇人民出版社,2012。

62. 李焯芬、淨因法師:《逆境中的從容》〔M〕·北京:中華書局,2011。

63. 徐小躍:《禪與老莊》〔M〕·南京:江蘇人民出版社,2012。

64. 聖凱:《晉唐彌陀淨土的思想與信仰》〔M〕·北京:中國社會科學出版社,2009。

65. 聖凱:《中國佛教懺法研究》〔M〕·北京:宗教文化出版社,2004。

66. 黃家章:《印光思想　淨土信仰與終極關懷》〔M〕·北京:社會科學文獻出版社,2013。

67. 霍韜晦:《現代佛學》〔M〕·北京:社會科學出版社,2003。

68. 郭朋:《明清佛教》〔M〕·福州:福建人民出版社,1982。

69. 郭朋:《中國佛教簡史》〔M〕·北京:社會科學出版社,2012。

70. 郭朋:《中國佛教思想史》〔M〕·北京:社會科學文獻出版社,2012。

71. 魏磊:《淨土宗教程》〔M〕·北京:宗教文化出版社,1998。

72. 陳兵、鄧子美:《二十世紀中國佛教》〔M〕·北京:民族出版社,2000。

73. 儀刀,稚文甫:《晚明思想史論》〔M〕·東方出版社,1996。

74. 潘桂明《中國居士佛教史》〔M〕·北京:中國社會科學出版社,2000。

75. 潘桂明:《中國佛教思想史稿》〔M〕·南京:江蘇人民出版社,2009。

76. 潘桂明,吳偉忠:《中國天台宗通史》〔M〕·南京:鳳凰出版社,2008。

77. 潘桂明:《智顗評傳》〔M〕·南京:南京大學出版社,2006。

78. 江燦騰:《明清民國佛教思想史論》〔M〕·中國社會科學出版社,1996。

79. 陳揚炯:《中國淨土宗通史》〔M〕·南京:江蘇古籍出版社,2000。

80. 勞政武:《佛教戒律學》〔M〕·北京:宗教文化出版社,1999。

81. 智隨編注:《阿彌陀經要解略注》〔M〕·長沙:嶽麓書社,2012。

82. 釋印光:《印光法師文鈔》〔M〕·北京:宗教文化出版社,2008。

83. 釋聖嚴：《明末佛教研究》〔M〕·北京：宗教文化出版社，2006。

84. 張學智：《明代哲學史》〔M〕·北京：中國人民大學出版社，2012。

85. 南炳文主編：《佛道秘密宗教與明代社會》〔M〕·天津：天津古籍出版社，2002。

86. 唐大潮：《明清之際道教「三教合一」思想論》〔M〕·北京：宗教文化出版社，2000。

87. 陳霞：《道教勸善書研究》〔M〕·成都：巴蜀書社，1999。

88. 陳永革：《晚明佛教思想研究》〔M〕·北京：宗教文化出版社，2007。

89. 陳永革：《陽明學派與晚明佛教》〔M〕·北京：中國人民大學出版社，2009。

90. 夏清瑕：《憨山大師佛學思想研究》〔M〕·上海：學林出版社，2007。

91. 顧康偉：《禪淨合一溯源》〔M〕·上海：上海社會科學院出版社，2012。

92. 曹剛華：《明代佛教方志研究》〔M〕·北京：中國人民大學出版社，2011。

93. 孟曉路：《七大緣起論》〔M〕·北京：宗教文化出版社，2008。

94. 孟曉路：《儒學之密教——龍溪學研究》〔M〕·保定：河北大學出版社，2007。

95. 陳玉女：《明代的佛教與社會》〔M〕·北京：北京大學出版社，2011。

96. 李振綱：《中國古代哲學史論》〔M〕·北京：中國社會科學出版社，2004。

97. 臧克和，劉本才：《實用說文解字》〔M〕·上海：上海古籍出版社，2012。

98. 張舜徽：《說文解字約注》〔M〕·鄭州：中州書畫社，1983。

99. 臧克和，劉本才：《實用說文解字》〔M〕·上海：上海古籍出版社，2012。

100. 張奇臻：《新說文解字》〔M〕·武漢：崇文書局，2011。

101. 張岱年：《中國哲學大綱》〔M〕·北京：商務印書館，2015。

102. 葛本儀：《現代漢語詞彙學》〔M〕·濟南：山東人民出版社，2004。

103. 楊國榮：《中國哲學史》〔M〕·北京：人民大學出版社，2012。

104. 張立文：《中國哲學思潮發展史》〔M〕·北京：人民出版社，2014。

105. 張立文：《中國哲學邏輯結構論》〔M〕·北京：中國社會科學出版社，2002。

106. 吳汝鈞：《佛教的概念與方法》〔M〕·北京：世界圖書出版公司，2015。

107. 任宜敏：《中國佛教史——明代》〔M〕·北京：人民出版社，2009。

108. 陳美東主編：《簡明中國科學技術史話》〔M〕·北京：中國青年出版社，2009。

109. 呂思勉：《中國通史》〔M〕·北京：中華書局，2015。

110. 商傳：《走進晚明》〔M〕·北京：商務印書館，2014。

111. 孟森：《明史講義》〔M〕·上海：上海古籍出版社，2011。

112. 南炳文、湯綱：《明史》〔M〕·上海：上海人民出版社，2014。

113. 白壽彝主編：《中國通史》〔M〕·上海：上海人民出版社，2013。

114. 麻天祥：《中國禪宗思想發展史》〔M〕·武漢：武漢大學出版社，2007。

115. 麻天祥：《中國禪宗思想史略》〔M〕·北京：中國人民大學出版社，2007。

116. 魏道儒：《中國華嚴宗通史》〔M〕·南京：鳳凰出版社，2008。

117. 魏道儒：《華嚴學與禪學》〔C〕·北京：宗教文化出版社，2011。

118. 道堅：《淨土宗概論》〔M〕·北京：宗教文化出版社，2015。

119. 胡建明：《宗密思想綜合研究》〔M〕·北京：中國人民大學出版社，2013。

120. 孟曉路：《七大緣起論》〔M〕·北京：宗教文化出版社，2008。

121. 高振農：《大乘起信論譯注》〔M〕·北京：中華書局，2012。

122. 釋大安：《淨土宗教程》〔M〕·香港：文化中國出版有限公司，2015。

123. 羅時憲講述：《現觀莊嚴論略釋講義》〔M〕·香港：佛教法相學會，2005。

124. 蔣維喬：《中國佛教史》〔M〕·北京：中華書局，2015。

125. 紀華傳：《江南古佛——中峰明本與元代禪宗》〔M〕·北京：中國社會科學出版社，2006。

126. 王建光：《中國律宗通史》〔M〕·南京：鳳凰出版社，2008。

127. 歐陽竟無：《唯識抉擇談》〔M〕·《歐陽竟無佛學文選》〔M〕·武漢：武漢大學出版社，2009。

128. 呂建福：《中國密教史》〔M〕·北京：中國社會科學出版社，1995。

129. 馮寶瑛：《佛法要論》〔M〕·北京：宗教文化出版社，2008。

130. 嚴耀中：《漢傳密教》〔M〕·上海：學林出版社，1999。

131. 卿希泰主編：《中國道教思想史》〔M〕·（第四卷），北京：人民出版社，2009。

132. 張岱年：《中國哲學史大綱》〔M〕·北京：崑崙出版社，2010。

133. 任繼愈主編：《中國道教史》〔M〕·上海：上海人民出版社，1990。

134. 錢穆：《中國思想史》〔M〕·北京：九州出版社，2011。

135. 湯一介、李中華主編：《中國儒學史》〔M〕·（明代卷），北京：北京大學出版社，2011。

136. 陳來：《宋明理學》〔M〕·北京：三聯書店，2011。

137. 卿希泰主編：《中國道教思想史》〔M〕‧北京：人民出版社，2009。

138. 戈國龍：《內丹學探微》〔M〕‧北京：中央編譯出版社，2012。

139. 胡孚琛：《丹道實修真傳——三家四派丹法解讀》〔M〕‧北京：社會科學文獻出版社，2012。

140. 陳永革：《晚明佛教思想研究》〔M〕‧北京：宗教文化出版社，2007。

141. 許建良：《先秦儒家的道德世界》，北京：中國社會科學出版社，2008。

142. 許建良：《先秦哲學史》，上海：上海三聯書店，2014。

143. 董群：《宗密的融合論思想研究》〔M〕‧高雄：佛光山文教基金會，2001。

144. 董群：《禪與創新》〔M〕‧臺北：東大圖書公司，2007。

145. 釋見曄：《明末佛教發展之研究——以晚明四大師為中心》〔M〕‧臺北：法鼓文化事業股份有限公司，2007。

146. 龔鵬程：《晚明思潮》〔M〕‧臺北：里仁書局，1994。

147. 江燦騰：《晚明佛教叢林改革與佛學諍辯之研究一以憨山德清的改革生涯為中心》〔M〕‧臺北：新文豐出版公司，1990。

148. 傅偉勳主編：《從傳統到現代佛教倫理與現代社會》〔M〕‧臺北：東大圖書公司，1990。

149. 李孝定編述：《甲骨文字集釋》〔M〕‧臺北：中央研究院歷史語言研究所，1991。

150. 釋東初：《中國佛教近代史》〔M〕‧臺北：中華佛教文化館，1974。

151. 楊國平：《紫柏真可佛學思想研究》〔D〕：〔博士學位論文〕‧2002。

152. 胡漫漫：《紫柏大師的佛學思想研究》〔D〕：〔碩士學位論文〕‧2004。

153. 劉瑩：《憨山德清三教會通思想研究》〔D〕：〔博士學位論文〕‧2013。

154. 陳明海：《李贄儒道佛三教思想研究》〔D〕：〔博士學位論文〕‧2013。

155. 劉紅梅：《蓮池大師思想研究》〔D〕：〔博士學位論文〕‧2004。

156. 夏志前：《楞嚴經與晚明佛教》〔D〕：〔博士學位論文〕‧2009。

（二）學術期刊

1. 錢耕森：《大道和生學》〔J〕‧《衡水學院學報》2015：17（2）。

2. 劉紅梅：《論明末佛教與天主教的文化交涉——以蓮池袾宏為中心》〔J〕‧《遼寧行政學院學報》2008：10（11）。

3. 劉紅梅：《蓮池大師的禪淨關係論》〔J〕‧《安徽大學學報》2003：27（6）。

4. 劉紅梅：《蓮池大師的三教融通論》〔J〕‧《宗教學研究》2003：21（4）。

5. 劉紅梅：《雲棲袾宏的儒佛觀》〔J〕·《安徽大學學報》2008：32（2）。

6. 劉紅梅：《晚明三教融合背景下的佛教禮儀改革——蓮池袾宏對水陸法會的規範和整治》〔J〕·《銅陵學院學報》2008：9（6）。

7. 李廣寧：《從對「持名念佛，一心不亂」的詮釋看蓮池、蕅益淨土觀之差異》〔J〕·《法音》2015：34（6）。

8. 黃公元：《從明末四大高僧看永明延壽對晚明佛教的深刻影響》〔J〕·《世界宗教研究》2010：16（5）。

9. 王堃：《淨土宗八祖蓮池大師及其思想特色》〔J〕·《法音》2004：23（5）。

10. 肖雨：《蓮池大師》〔J〕·《五臺山研究》1999：14（2）。

11. 肖雨：《略談蓮池大師名號的緣由》〔J〕·《五臺山研究》2002：17（4）。

12. 陳兵：《蓮池大師對「三教一家」說及儒、道的評判》〔J〕·《西南民族大學學報》2005：26（6）。

13. 陳兵：《晚唐以來的三教合一思潮及其現代意義》〔J〕·《四川師範大學學報》2007：34（4）。

14. 陳兵：《蓮池大師對邪外和迷信的批判》〔J〕·《法音》2003：22（12）。

15. 周黃琴：《論雲棲袾宏與天主教人士的「異域」對話》〔J〕·《法音》2015：33（10）。

16. 梁一群：《明代「三教合一」中異同辨析的意義——基於蓮池《竹窗隨筆》的解讀》〔J〕·《浙江學刊》2010：47（2）。

17. 林嘯：《蓮池賢淨圓融思想研究——以《阿彌陀經疏鈔》為例》〔J〕·《中南大學學報》2012：18（4）。

18. 吳莉葦：《晚明杭州佛教界與天主教的互動——以雲棲袾宏及其弟子為例》〔J〕·《中華文史論叢》2014：54（1）。

19. 何清、王益：《雲棲袾宏詩學觀初探》〔J〕·《中華文化論壇》2015：21（11）。

（三）外文典籍

1. 于君方：《The Renewal of Buddhism in China: Chu-hung and the Late Ming Synthesis》〔M〕·紐約：哥倫比亞大學出版社，1981。

2. （日）荒木見悟：《陽明學の位相》〔M〕·東京：研文出版，1992。

3. （日）荒木見悟：《陽明學と仏教心學》〔M〕·東京：研文出版，2008。

4. （日）荒木見悟：《中國心學の鼓動と仏教》〔M〕·福岡：中國書店，1995。

5. （日）荒木見悟：《明末宗教思想研究》〔M〕·東京：創文社，1979。

（四）外文譯著

1. （日）荒木見悟：《近世中國佛教的曙光——雲棲袾宏之研究》〔M〕·周賢博譯，臺北：慧明文化事業有限公司，2001。

2. （日）荒木見悟：《明末清初的思想與佛教》〔M〕·廖肇亨譯，上海：上海古籍出版社，2010。

3. （日）荒木見悟：《佛教與儒教》〔M〕·杜勤，舒志田等譯，鄭州：中州古籍出版社，2005。

4. （日）松本文三郎：《彌勒淨土論》〔M〕·張元林譯，北京：宗教文化出版社，2001。

5. （日）忽滑谷快天：《中國禪學思想史》〔M〕·朱謙之譯，上海古籍出版社，1994。

6. （日）柳田聖山：《中國禪思想史》〔M〕·吳汝鈞譯，臺北：臺灣商務印書館，2010。

7. （日）鐮田茂雄：《簡明佛教史》〔M〕·鄭彭年譯，上海：上海譯文出版社，1986。

8. （日）望月信亨：《中國淨土教理史》〔M〕·釋印海譯，世界佛學名著譯叢，臺北：華宇出版社，1986。

9. （日）吉岡義豐：《中國民間宗教概說》〔M〕·余萬居譯，世界佛學名著譯叢，臺北：華宇出版社，1985。

10. （美）肯尼斯·k·田中：《中國淨土思想的黎明——淨影慧遠〈觀經義疏〉》〔M〕·馮煥珍、宋婕譯，上海：上海古籍出版社，2008。

11. （美）黃仁宇：《萬曆十五年》〔M〕·北京：中華書局，1982。

12. （比利時）鐘鳴旦：《楊廷筠——明末天主教儒者》〔M〕·北京：社會科學文獻出版社，2002。

13. （加）卜正民：《為權力祈禱：佛教與晚明中國紳士社會的形成》〔M〕·張華譯，南京：江蘇人民出版社，2008。

後　記

　　2014 年，我一個人拖著行李來東南大學報到的情景還歷歷在目，而時光流逝不覺已有十年，這一切彷彿太快。東大四年的學習生活，為我的人生增添了鮮活的血液，使我收穫巨豐，這實得益於諸多良師益友的教導與幫助。

　　本文是在我的導師董群先生指導下完成的博士畢業論文。董老師學識淵博、治學嚴謹、品德高尚、平易近人。宗喀巴大師云：「能令學者相續之中，下至發起一德，損減一過，一切善樂之本源者，厥為善知識。故於最初，依師軌理，極為緊要。」想我初入東大經月餘卻連一篇參會論文都無法下筆的困頓情景，現能在董老師教導下順利完成學業，其中有老師的多少心血自不待多言。董老師不但在學術上對我悉心指導，而且在為人處事、待人接物等生活細節上多加教悔，使我在諸多方面都得以進步。承蒙師恩，才有我在東大的成長與學習進步。在此謹向董老師表示崇高的敬意和衷心的感謝！同時，許建良老師、魏福明老師、喬光輝老師、王珂老師等也為本書的提綱修改、內容寫作等提出了許多有價值的參考意見，在此一併作謝。我也從人文學院樊和平老師、徐嘉老師、許建良老師與南京大學淨因老師、徐小躍老師、楊維中老師、孫亦平老師等課堂上學到了很多知識與方法，亦表示真誠的感謝。人文學院的許多同學也曾給我許多幫助，不再一一列舉。我還要感謝父母對我讀博的全力支持，沒有他們的支持我也不可能在東大踏實學習。我還要感謝東南大學，尤其是人文學院為我提供一個良好的學術環境與成長平臺。

　　我也明白，本文的完成與出版對我學術之路來說只是一個起點，還有更長、更遠的路要走。我將牢記恩師的教誨，努力前行。最後，再次深切感謝各位老師！

周天策

2023 年 6 月長清湖